·추·천·사·

우리 목회자에게 부여된 설교의 특권은 어떤 것과도 비교할 수 없는 영광이며 또한 어깨를 누르는 부담이기도 합니다. 어떤 이들은 진리보다도 설교를 멋지게 하려고 하기도 하고 본인의 성숙의 무게보다 더한 말들을 하려고도 합니다.

이런 때에 찰스 스윈돌 목사님의 신약 인사이트 시리즈가 나오게 된 것은 모든 목회자들을 위한 축복이라고 생각합니다. 그는 50년 가까이 사역을 하면서 단 한 번의 소란스러운 소문도 내지 않고 모든 교인에게 존경을 받은 목회자입니다. 탁월한 삶의 안목으로 진리를 발견하고, 가장 풍성한 언어로 본문의 강해를 전하는 목회자입니다. 그런가 하면 그는 가장 말씀을 잘 교육하는 달라스 신학교를 맡아 후학들을 교육하여 미국에서 가장 영향력 있는 신학교로 발전시켜나갔습니다.

이 책은 그의 50년 말씀 강해 사역의 결산입니다. 어렵고 난해한 설명이 아니라 진리에 대한 분명한 이해와 전 생애를 통해 입증한 진리의 말씀을 그만이 할 수 있는 언어의 연금술사적 표현으로 이 강해를 완성했습니다. 이 시리즈는 가볍고 빈약한 말씀으로 얼룩진 한국 교회의 강단에 풍성한 말씀의 은혜를 가져다줄 것입니다. 성경 본문을 다시 보게 만들고, 진리의 깊은 뜻에 목회자 자신이 먼저 은혜를 받게 하며, 전해야 할 메시지를 분명하게 정리해 주는 가이드가 될 것입니다. 한국 강단에 말씀이 흥왕되기를 간절히 바라며 젊은 목회자뿐만 아니라, 말씀 앞에 오늘도 씨름하며 간절히 사모하는 모든 설교자에게 진심으로 이 책을 권합니다.

홍정길 목사_남서울은혜교회 원로 목사

찰스 스윈돌은 우리 시대 하나님의 선물입니다. 그는 가장 신실한 강해 설교의 모본을 보이신 분입니다. 그는 학자는 아니지만 언제나 본문에 성실한 설교자입니다.

그는 주석/ 석의의 기본을 중시하면서 본문을 강해하는 분입니다. 그러면서 탁월한 적용으로 우리를 삶의 마당으로 안내합니다. 이번에 도서출판 디모데가 『찰스 스윈돌의 신약 인사이트』 시리즈를 펴낸 것에 대해 한국 교회와 더불어 축하하며 기뻐하고 싶습니다.

그만큼 한국 교회 강단이 풍성해질 것을 기대하기 때문입니다. 설교자들은 옷을 팔아서라도 이 시리즈를 비치하고, 모든 성경 연구자는 새로운 재산 목록으로 이 시리즈를 추가하십시오. 이 시리즈가 오늘의 허약한 강단을 부요하게 하고, 위기에 처한 한국 교회를 살리는 보약이 될 것을 예감합니다. 진지하게 말씀을 묵상하는 모든 이에게 이 책은 우리 시대의 동의보감이 될 것입니다. 찰스 스윈돌이 이미 끼친 영향력보다 더 오래, 그리고 더 깊게 이 시리즈는 말씀을 연구하는 모든 사람의 길잡이가 될 것입니다.

함께 귀한 보화를 나누는 기쁨으로 이 책을 추천합니다.

이동원 목사_지구촌교회 원로 목사

찰스 스윈돌 목사님은 저 개인의 판단으로는 현재 생존하고 있는 설교자 가운데 최고의 설교자라고 늘 생각해왔습니다. 제가 미국에 거주했던 오랜 시간 동안 기회가 있을 때마다 스윈돌 목사님의 설교를 들으면서 하나님의 말씀이 얼마나 귀하고 위대한 진리인지를 강하게 느끼곤 했습니다. 특히 설교를 전달하는 그분의 능력은 누구와도 비교가 되지 않습니다. 사실 이러한 판단은 저만의 느낌이 아니고 그분의 설교를 들어본 전 세계 수많은 기독교인들이 같은 판단을 하고 있다고 생각합니다. 스윈돌 목사님의 설교는 거의 강해식 설교인데 성경 말씀의 현실적 가치를 남김없이 드러내줍니다. 설교자들이 본받아야 할 모델임에 틀림없습니다. 달라스 신학대학원 총장을 은퇴한 스윈돌 목사님은 달라스에 교회를 개척하신 후 오늘까지도 설교를 하고 계십니다. 그 설교 시리즈를 〈인사이트 포 리빙〉(Insight for Living)이라 부릅니다. 이번에 디모데에서 출판한 『찰스 스윈돌의 신약 인사이트』 시리즈는 그분의 설교를 주석 형태로 정리하여 출판한 것으로서, 비록 활자화된 책이 그분의 현장 설교를 그대로 반영할 수는 없겠지만, 그래도 그분의 탁월한 말씀 선포를 최대한 반영한 것이라 할 수 있습니다. 한국의 모든 목회자와 신학생과 한국 교회에 이 시리즈가 소중한 자료로 사용되어지고, 독자들에게 큰 은혜를 끼치게 될 것을 기대해마지 않습니다.

김상복 목사_세계복음주의연맹(WEA) 회장, 할렐루야교회 원로 목사

포스트모던 시대에 살고 있는 현대 크리스천들과 목회자들과 선교사들에게 있어서 가장 큰 취약점은 날이 갈수록 성경 말씀이 그들로부터 멀게 느껴진다는 사실이다. 찰스 스윈돌 목사님의 설교와 성경 강해는 이런 추세를 돌이키고도 남음이 있음을 지난 47여 년 동안 그의 설교를 듣고 하나님의 말씀이 주는 감동을 다시 찾은 미국 교회 회중들에 의해 충분히 입증된 바 있다. 이 『찰스 스윈돌의 신약 인사이트』 시리즈도 현대 한국 크리스천들과 목회자들과 선교사들로 하여금 말씀에 대한 이해와 적용을 할 수 있도록 도움으로써 다시 한 번 성경의 원저자가 의도했던 감동을 주기에 충분할 것이다.

성경 말씀이 처음 선포되었을 때 이를 들은 회중에게 일어났던 임팩트가 재현되기 위해서는 최소한 다음 두 가지 여건이 재조성되지 않으면 안 된다. 첫째, 하나님이 원래 의도하셨던 대로 그 의미(meaning)가 정확하게 전달되어야 한다. 둘째, 듣는 이들의 마음속에 말씀이 들어가서 하나님이 그 말씀을 통해 의도하셨던 일이 선명하게 드러나야 한다. 이럴 때 비로소 우리는 전해진 말씀이 자신들과 연관성(relevance)이 있다는 사실을 피부로 느끼게 될 것이다. 이를 다시 한국 상황에 맞게 정리하면 성경에 대한 이해와 아울러 이 말씀을 듣는 회중, 즉 한국 사람들의 마음에 대한 이해가 깊지 않으면 안 된다는 말이다. 이에 한 가지 중요한 요소를 더 보탠다면 이 둘 사이에 다리를 놓는 것, 즉 커뮤니케이션이 잘 되어야 한다는 것이다.

이 시리즈는 이 세 가지 모두를 탁월하게 이해한 이 시대의 가장 저명한 강해자 가운데 한 사람이 그의 전 생애를 건 결실이기도 하다. 이를 사용하는 한국 크리스천들과 목회자들과 선교사들에게도 다시 한 번 하나님의 말씀이 가슴속 깊이 파고들어가 원저자이신 성령이 의도하신 대로의 메시지에 따라 삶이 변화되며, 급기야 그 가치관과 세계관이 성경적이 되어 더 이상 얄팍한 크리스천이라는 비난을 받지 않게 되기를 간절히 기원하며 이 시리즈를 모든 사람에게 추천한다.

이태웅 목사_한국글로벌리더십연구원 원장

찰스 스윈돌 목사님은 우리 시대 최고의 목회자요 설교자로서 이미 수많은 저서를 통해 우리에게 잘 알려진 존경받는 저술가이기도 하다. 『찰스 스윈돌의 신약 인사이트』 시리즈는 목회자에게 유익을 주는 또 하나의 저서이다. 이 책은 목회자들의 설교나 성경 공부 준비에 아주 요긴한 좋은 지식을 제공하고 있어 대단히 유익하다.

김경원 목사_서현교회

"나는 성경 말씀을 고찰하고 선포하는 일에 중독되었다고 서슴없이 말할 수 있습니다." 이것은 찰스 스윈돌 목사님이 서문에서 고백한 내용이다. 그는 설교자로서 하나님의 말씀을 정확하고, 명료하고, 현실적이고, 통찰력 있게 전달하고자 애썼으며 이 일에 자신의 전 생애를 헌신했다. 이 책은 지난 50여 년 동안 설교하고 가르치면서 하나님의 진리를 이해하고 설명하고 적용한 귀한 책이다.

김병삼 목사_만나교회

찰스 스윈돌 목사님은 본문 주해와 적용에 탁월한 강해 설교자이다. 그에게는 원어로 말씀을 분석하는 지력과 말씀을 삶에 실제적으로 적용하는 통찰력이 있다. 그에게는 하나님의 말씀인 로고스(Logos), 그 말씀을 자신 있게 전하는 설교자의 에토스(Ethos), 그리고 열정과 헌신으로 가득한 설교자의 파토스(Pathos)가 있기에 이 시리즈가 말씀을 사랑하는 평신도와 목회자에게 큰 유익이 되리라 확신한다.

노창수 목사_워싱턴 중앙장로교회

찰스 스윈돌은 모든 사역자에게 존경을 받는 분입니다. 그분의 분명한 성경 강해와 실천적인 적용의 원리는 모든 곳, 모든 사람에게 깊은 영향력을 끼치고 있습니다. 이번에 디모데에서 출간된 『찰스 스윈돌의 신약 인사이트』 시리즈는 설교를 준비하는 신학생으로부터 담임목사에 이르기까지 매 주일 말씀을 선포하는 사역자들의 목마름을 해갈시켜줄 좋은 도움서입니다. 모든 분들의 일독을 적극 추천합니다.

박은조 목사_샘물교회

지난 반세기를 말씀을 전하는 일에 헌신해온 찰스 스윈돌 목사님은 과연 이 시대 가장 탁월한 설교자답게 모든 설교자를 위하여 대단히 귀한 선물을 준비했다. 설교자 치고 자료의 중요성을 모르는 사람이 어디 있을까? 이번에 그가 펴낸 이 새로운 시리즈는 어렵고 난해한 주석들과 너무도 평범한 설교집들 사이에서 방황하던 설교자들에게 마침표를 찍어줄 것이다.

박정근 목사_부산영안침례교회

내가 처음 강해 설교를 배운 후 연습을 위해 참고한 것이 찰스 스윈돌의 성경 공부였다. 그가 말씀을 묵상한 내용은 깊이도 있지만 적용의 포인트가 아주 신선했다. 무엇보다도 의사소통에 천재적인 능력을 보여주었다. 그는 자신이 강조하는 것처럼 성경 신학자는 아니다. 그럼에도 불구하고, 아니 그렇기 때문에 그의 성경 해석은 모든 사람에게 쉽게 전달이 된다. 이 시리즈는 성경을 공부하는 사람들에게 부담을 주지 않으면서도 실제적으로 많은 도움을 줄 것이다.

방선기 목사_직장사역연구소 소장

신약의 성경들과 관련된 주석들을 많이 읽어보았지만 찰스 스윈돌 목사님의 시리즈만큼 인사이트풀한 책은 없었습니다. 방대한 자료를 제시하며 깊이 있게, 여러 가지 관점으로 볼 수 있도록 인도하는 『찰스 스윈돌의 신약 인사이트』 시리즈는 신기할 정도로 한결같이 친절하고 생생한 언어를 사용해 성경의 원저자들을 만난 것 같은 기분을 느끼게 합니다. 가르치는 사람이라면 꼭 읽고 공부하시기를 권합니다. 다만, 이 책을 펼치시기 전에 조심해야 할 일이 있습니다. 이 책을 읽는 사람이라면 누구나 이 시리즈의 전도사가 될 것이기 때문입니다.

서정인 목사_한국컴패션 대표

명료하면서도 풍성한 표현, 정확하면서도 깊은 이해, 어렵지 않으면서도 부족함이 없는 성경 해석서가 있기를 바라왔는데 주님은 그런 축복을 찰스 스윈돌 목사님을 통해 우리에게 주셨습니다. 훌륭한 목회자로, 탁월한 설교자로서 그의 47년 목회 사역의 귀중한 자료들을 망라한 이 책을 말씀에 대한 갈증을 느끼는 모든 목회자, 특별히 설교를 준비하는 모든 설교자에게 진심으로 권합니다.

이찬수 목사_분당우리교회

오늘날 교계의 가장 빼어난 지도자 가운데 한 분으로 나는 주저 없이 찰스 스윈돌 목사님을 꼽는다. 그는 탁월한 지도력을 갖춘 목회자이고, 건강한 신학적 안목을 지닌 성경 강해자이며, 선명한 복음을 선포하는 설교자이다. 그러나 내가 그를 존경하는 진짜 이유는 말과 행실이 일치하는 그의 성숙한 신앙 인격 때문이다. 평생 스캔들 한 번 없이 수많은 사람들에게 거룩한 영향력을 미친 그의 47년 사역의 결정체가 책자로 출간되었다니 말할 수 없이 기쁘고 감사하다. 전통적 주석과 달리 성경을 통합적으로 꿰어내는 통찰력이 그의 라디오 사역인 〈인사이트 포 리빙〉(Insight for Living)을 연상시킨다. 이 보석 같은 책자를 모든 성도와 신학도와 설교자에게 자신 있게 추천한다.

정민영 선교사_WBT 부총재

찰스 스윈돌 목사님은 우리에게 잘 알려져 있는 목사님이다. 그가 가진 성경 공부와 강해 설교에 대한 탁월한 은사는 우리로 하여금 성경을 전체적으로 그리고 세밀하게 바라볼 수 있도록 도와준다. 그리고 그가 저술한 여러 책들은 누구나 성경을 바로 이해할 수 있도록 도와줄 뿐만 아니라 말씀을 삶에 적용하고 실천하는 데 대단히 훌륭한 가이드가 된다. 이번에 디모데에서 출판한 『찰스 스윈돌의 신약 인사이트』 시리즈는 목회자들의 설교 사역에 대단히 큰 도움을 줄 것이라고 확신한다.

정주채 목사_향상교회

드디어 기다리던 작품이 나오게 되어 기쁘다. 찰스 스윈돌, 그는 실천적 성경 해석가요 본문을 살아나게 하는 설교자이다. 그는 '그때 거기서' 주어졌던 말씀을 '지금 여기에서도' 적용되도록 실용적 인사이트를 준다. 특히 그는 어느 본문에서도 예수 그리스도가 나타나도록 설교의 절정을 이루는 원리와 비법을 자연스럽게 제시해준다. 그래서 말씀을 듣는 사람들을 부활의 능력으로 소생시켜준다. 이것이 그가 만들어내는 인사이트 주석의 핵심이다.

조봉희 목사_지구촌교회(서울)

본문에 대한 세밀한 통찰력과 시대를 읽어내는 예리한 지성이 청중을 사로잡는 수사학과 버무려진 책이다. 본문을 통하여 하나님의 음성을 읽어내는 영성과 그 음성을 청중의 삶에 적용하기 위한 찰스 스윈들의 열정과 사랑이 집대성되었다. 이 책에는 천상의 소리를 지상의 소리로 만드는 비법이 고스란히 담겨 있다.

최명덕 목사_건국대학교 교수

『찰스 스윈돌의 신약 인사이트』 시리즈를 통해 찰스 스윈돌 목사님을 우리 개인의 서재로 초대하고, 그분과 함께 목회 동역자로 일할 수 있는 길이 가능해졌다. 성경에 대한 그분의 애정과 깊은 영성은 모든 목회자에게 엄선된 자료, 탁월한 분석과 요약, 놀라운 통찰력, 감동과 도전을 준다. 우리는 더 이상 성경 본문 속에서 방황할 필요가 없다. 왜냐하면 이제 성경의 핵심으로 바로 뛰어들어갈 수 있기 때문이다.

홍인종 목사_장로회신학대학원 교수

찰스 스윈돌의 신약 인사이트

요한일 · 이 · 삼서, 유다서

Swindoll's Living Insights NT Commentary #14: 1, 2 & 3 John, Jude

찰스 스윈돌
신약 인사이트 시리즈

김희수 옮김

SWINDOLL'S NEW TESTAMENT INSIGHTS

1, 2 & 3 John, Jude

요한일·이·삼서, 유다서

디모데

차례

■ 지도·도표·사진과 보충설명 목록

머리말

60년이 넘도록 나는 성경을 애독해왔습니다. 성경을 향한 그 사랑에 내가 해병대 복무 중에 받은 복음 사역으로의 부르심이 더해져 나는 달라스 신학교에 입학하게 되었습니다. 그 4년 동안 나는 하나님의 말씀을 사랑하는 훌륭한 하나님의 사람들 밑에서 수학하는 특권을 누렸습니다. 그분들은 무오한 하나님의 말씀을 추앙하고, 신중하게 가르치며, 열정적으로 설교하고, 행동으로 실천하는 모범을 보여주었습니다. 나는 내 것이라고 선포된 위대한 유업에 대해 하나님께 감사하지 않고 보낸 주가 한 주도 없었습니다! 하나님의 진리를 이해하고 설명하고 적용하는 일에 이토록 헌신하도록 나를 키워준 그 훌륭한 신학자들과 멘토들에게 나는 영원한 빚을 지고 있습니다.

45년 이상을 나는 이 일에 정진해왔습니다. 그리고 얼마나 이 일을 사랑하는지 모릅니다! 고백하건대 나는 성경 말씀을 고찰하고 선포하는 일에 중독되었다고 서슴없이 말할 수 있습니다. 그렇기 때문에 이 시리즈–특히 하나님이 기록하신 말씀 속에 남겨신 진리를 설명하고 이해를 돕는–는 내 삶에서 매우 중요한 의미를 가집니다. 오랜 세월 힘을 다해 성경을 성실하게 연구하면서 발견한 소중한 서적들을 모아 널찍한 서재를 만들었습니다. 생의 마지막 날까지 내 인생의 가장 중요한 목표는 하나님의 말씀을 정확하고, 명료하며, 현실적이고, 통찰력 있게 전달하는 것입니다. 찾아볼 수 있는 많은 정보가 담겨진 신뢰할 만한 서적들이 없었다면 나의 작업은 몇 십 년 전에 '고갈'되어버렸을 것입니다.

내가 가장 많이 그리고 즐겨 사용한 책들은 성경의 본문을 더 잘 이해하는 데 유용한 책들입니다. 대부분의 주석가들이 그렇듯이 나는 끊임없이 나의 재능을 연마하고 더 날카롭게 해줄 문헌들을 찾고 있습니다. 다시 말해서, 복잡한 것을 단순하고 이해하기 쉽게 만들어주고, 내가 살고 있는 21세기 세상의 관점에서 신성한 진리와의 관련성을 볼 수 있게 해주는 통찰력 있는 해설과 눈으로 보는 듯한 생생한 서술을 제공하며, 그 진리들을 내가 쉽게 잊지 못하도록 마음속 깊이 새겨주는 자료들을 찾는다는 뜻입니다. 그런 책을 발견하면 나는 그것을 손에서 놓지 않고 탐독한 후에 나중에 다시 찾아보기 위해 내 서재에 보관합니다. 그리고 정말로, 나는 자주 그 책들을 찾아봅니다. 신선한 통찰이 부족하거나 적합한

이야기나 예화가 필요할 때, 또는 본문 해석이 잘 풀리지 않아 빠져나올 방법을 찾을 수 없을 때 찾아볼 수 있는 자료들이 있다는 게 얼마나 다행인지 모릅니다. 열정적인 주석가들에게 서재는 반드시 있어야 합니다. 나의 멘토 중 한 분이 이런 말을 한 적이 있습니다. "도대체 다른 어디에서 자네 손바닥에 만 명의 교수들을 올려놓을 수 있겠나?"

최근에 나는 내가 방금 설명한 것과 같은 충분한 자료들이 턱없이 부족하다는 사실을 알게 되었습니다. 그리고 문제를 한탄하기보다는 내가 그 해답의 일부가 되자는 생각을 품게 되었습니다. 그러나 그 해답은 큰 임무를 떠맡는 것이 될 터였습니다. 신약의 모든 책과 편지들을 망라하는 저술 작업은 너무나 벅차고 두렵게 느껴졌습니다. 그러나 내가 지난 50년이 넘도록 신약 성경의 대부분을 가르치고 설교했다는 사실을 깨달았을 때 안도감이 밀려왔습니다. 내 자료 파일들은 이 시대의 필요에 부응하는 새로운 의미가 보태어져 세상에 나가 주님의 신선한 말씀을 갈망하는 사람들의 삶에 적용되기를 기다리며 숨어 있던 메시지들에 대한 주석들로 가득했습니다. 이거면 됐다! 나는 그 모든 파일을 바탕으로 신약 주석을 집필하기로 계획을 세웠습니다.

직접 편집을 해준 마크 게이더(Mark Gaither)와 마이크 스비겔(Mike Svigel)의 지칠 줄 모르는 노고에 감사의 마음을 전합니다. 그들은 신약 성경 27권의 각 장과 구절들을 모두 섭렵하는 작업을 멋지게 해냈습니다. 그들은 원고를 성경 본문에 충실하고 흥미롭고 독창적이면서도 읽기 편한 문체로 다듬고 자연스럽게 내 목소리가 드러나게 해주었습니다. 그 과정을 지켜보는 것은 또 다른 즐거움이었습니다.

내가 50년이 넘도록 섬겨온 미국 여러 지역의 교인들에게도 깊은 감사를 드립니다. 매년 하나님의 메시지를 지키고 전달하는 소명을 수행하면서 그분들의 사랑, 지원, 인내 그리고 수많은 격려의 말을 들을 수 있었던 것은 행운이었습니다. 나는 목자로서 그 양 떼들을 이루 말할 수 없이 사랑했습니다. 또한 내가 지금 기쁨으로 섬기고 있는 텍사스 주 프리스코에 있는 스톤브라이어 교회(Stonebriar Community Church)의 양 떼들은 더더욱 그렇습니다.

마지막으로, 공부와 설교와 글쓰기에 중독된 나를 이해해준 아내 신시아(Cynthia)에게 감사합니다. 아내는 내가 이 일을 하는 것을 한 번도 반대한 적이 없습니다. 언제나 내가 최선을 다하도록 격려해주었습니다. 그녀의 애정 어린 지원과 더불어 35년이 넘도록 인사이트 포 리빙(Insight for Living)을 훌륭히 이끌어온 그녀의 헌신에 힘입어 "때를 얻든지 못 얻든지" 나의 소명에 충실할 수 있었습니다. 평생을 함께 사역하면서 형성된 동역자로서의 관계는 그렇다 치더라도, 나에 대한 그녀의 헌신이 없었다면 이 시리즈는 결코 시작되지 못했을 것입니다.

이 책에 당신의 손길이 닿을 수 있어서 그리고 궁극적으로 당신의 서가에 놓일 수 있게 되어서 정말 기쁩니다. 나의 끊임없는 기도와 바람은 이 책들이 당신이 성경을 공부하고 적용하는 데 유용하게 쓰이는 것입니다. 내가 오랜 세월에 걸쳐 깨달았듯이 당신 또한 하나님의 말씀은 시대를 초월하는 진리라는 사실을 깨닫는 데 이 책이 도움이 되기를 기도합니다.

"풀은 마르고 꽃은 시드나
우리 하나님의 말씀은 영원히 서리라"(사 40:8).

찰스 스윈돌(Charles Swindoll)
텍사스주 프리스코

스트롱 번호 체계

찰스 스윈돌의 신약 인사이트 주석은 스트롱의 단어 연구 번호 체계를 사용하여 초보자와 경험자를 막론하고 성경 학도들이 성구사전, 사전, 신학사전 등 유익한 원어 자료를 더 신속하고 간편하게 찾아볼 수 있도록 했다. *Strong's Exhaustive Concordance of the Bible*을 통해 보편화된 스트롱 번호 체계는 대다수 성경 헬라어 및 히브리어 참고문헌에 쓰이고 있다. 고대 히브리어, 아람어, 헬라어 철자에 익숙하지 않은 이들도 해당 번호만 찾아보면 각 단어에 대한 정보를 바로 얻을 수 있다. 애매한 활용과 어형 변화의 사전적 형태를 신속히 찾아볼 수 있어 성경 원어를 아는 이들에게도 도움이 된다. (로고스 역간 『개역개정 · 개역한글 비교성구사전 스트롱 원어코드』를 참고하라.–역주)

본문에 헬라어 단어를 언급할 때마다 괄호 안에 스트롱 번호를 병기했다. 예컨대 '사랑'을 뜻하는 헬라어 단어 *agapē*(26)의 경우 스트롱 번호 체계와 연계된 모든 헬라어 자료에 같은 번호 26이 쓰인다.

간혹 본문에 히브리어 단어가 언급될 때도 있는데 스트롱 히브리어 번호는 헬라어 번호와는 완전히 별개로 앞에 H가 붙는다. 예컨대 '속죄소'를 뜻하는 히브리어 단어 *kapporet*(H3727)는 '속량하다, 선물로 호의를 얻다'는 뜻의 *kopher*(H3722)에서 파생했다.

요한일·이·삼서 인사이트

생의 황혼 녘에 주님의 '사랑하는 제자'는 현실을 직시하며 신앙이 어린 독자들의 믿음과 소망과 사랑을 되살리겠다는 일념으로 이 서신서를 썼다. 요한은 그의 서신을 읽는 독자들이 그리스도와 동행하는 진실하고 파급력 있는 삶을 회복하기를 바랐다. 그릇된 세상 속에서 올바른 삶을 살라는 요한의 메시지는 예나 지금이나 동일한 울림으로 우리에게 다가온다.

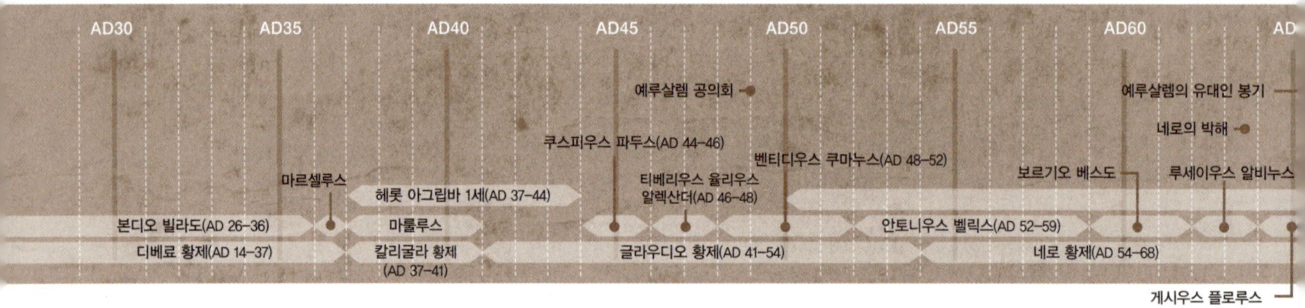

요한은 에베소에서 이 편지들을 썼을 것으로 추정되지만, 정작 서신이 발송된 시기는 밧모섬에 유배되었던 시절일 수도 있다. 요한 서신의 수신인은 에베소 인근 소아시아 서부의 마을과 도시에 거주하는 그리스도인들이었을 것이다.

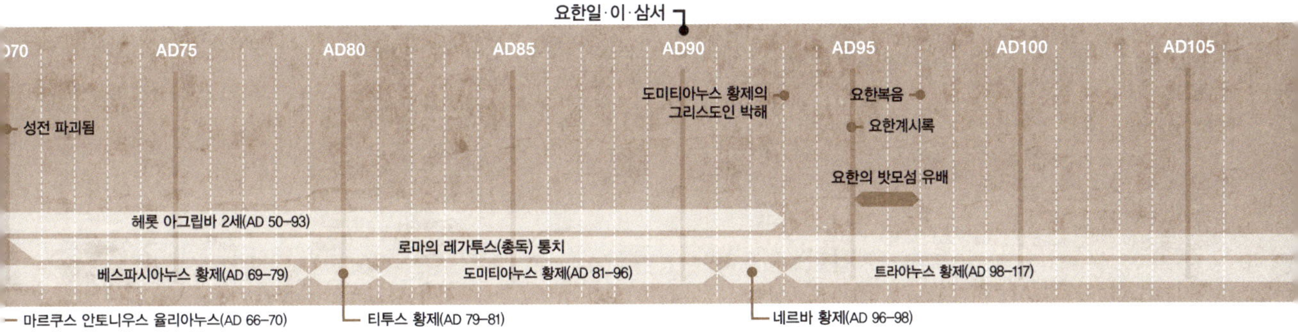

요한일·이·삼서

서론

장수를 누리고 인생의 황혼기에 접어든 사도 요한은 생각을 정리하고 세태를 살핀 뒤 양피지와 잉크를 가지고 책상 앞에 앉아서 교회에 전하는 마지막 말을 간명하게 적었다. 열두 사도의 일원으로 예수님과 동고동락했던 이후로 많은 변화가 있었다. 예수님과 함께 짧지만 치열했던 3년여의 시간을 보낸 뒤 요한은 길고 고단한 60년의 세월을 더 살았다. 교회는 이미 타락하기 시작했다. 2세대, 3세대의 그리스도인들이 교회를 인수하면서 초창기 신앙의 생기가 이울어갔다. 초기 예수님의 추종자들이 보여주었던 흥분 대신 꼭 집어 말하기 힘든 나른한 권태감이 감돌았다. 처음의 설렘은 가라앉았고, 거세게 타오르던 헌신의 불꽃은 희미하게 깜박이는 불씨로 사그라들었다.

그런 환경에서 이단의 작은 씨앗은 쉽게 뿌려지고 빠르게 자란다. 역동적인 열정 대신 권태로운 무관심만 남은, 현실에 안주하는 교회들은 사교(邪敎)의 먹잇감이다. 뿐만 아니라 사랑, 진리, 환대와 같은 핵심 가치마저도 시간이 흐르면서 훼손되거나 오도되거나 남용될 수 있다. 불행하게도 요한 시대의 교회가 딱 이런 모습이었다. 그리고 요한이 이 편지들을 쓰게 된 연유도 바로 그 때문이었다.

한눈에 보는 요한일서

단락	기쁨이 충만한 삶	정결한 삶
주제	"우리가 이것을 씀은 우리의 기쁨이 충만하게 하려 함이라"(1:4). • 하나님의 아들과 함께 빛 가운데서 행함으로.	"나의 자녀들아 내가 이것을 너희에게 씀은 너희로 죄를 범하지 않게 하려 함이라"(2:1). • 우리의 대언자께 사랑 안에서 순종함으로.
핵심 용어	생명, 기쁨, 교제	우주, 자녀들, 빛/어둠, 화목제물
본문	1:1–10	2:1–17

한눈에 보는 요한이서

단락	서론	진리 안에서 행하라
주제	사적인 인사	서로 사랑하라. 순종으로 행하라.
	사랑을 독려하고 확인함.	
핵심 용어	진리…자녀들…가르침	
본문	1:1–3	1:4–6

한눈에 보는 요한삼서

단락	가이오에 대한 증언	디오드레베에 대한 규탄
주제	"진리 (안에서) 행하는" 가이오를 칭찬하고 격려함(1:3–4).	디오드레베의 악행과 교만을 나무람.
핵심 용어	사랑하는…행하다	
본문	1:1–8	1:9–10

분별하는 삶	확신에 찬 삶
"너희를 미혹하는 자들에 관하여 내가 이것을 너희에게 썼노라"(2:26). • 거룩하신 자와 함께 진리로 검증함으로써.	"내가 하나님의 아들의 이름을 믿는 너희에게 이것을 쓰는 것은 너희로 하여금 너희에게 영생이 있음을 알게 하려 함이라"(5:13). • 우리의 화목 제물을 알고 믿음으로써.
기름 부음, 거하다	사랑, 이기다
2:18–4:6	4:7–5:21

오류에 맞서라	결론
그릇된 가르침을 조심하라. 올바른 가르침을 계속하라.	사적인 작별 인사
분별하라는 권고	
1:7–11	1:12–13

데메드리오에 대한 증언	결론
요한은 데메드리오를 디오드레베와 대비되는 훌륭한 귀감으로 세움.	요한은 가이오를 "대면"(1:14)하기 바라며 문안함.
1:11–12	1:13–15

요한일서

연로한 요한이 오늘날 요한일서로 알려진 이 편지를 쓴 시기는 살 날보다 산 날이 훨씬 많은 88세에서 93세 사이였을 것으로 추정된다. 대충 아흔 살이라고 치자. 그렇게 연로한 노인이 당시의 세태를 예리하게 파악하고 있었다는 게 놀랍지 않은가? 사실 나는 그의 나이 때문에 그가 전보다 더 명료하게 세상을 볼 수 있었다고 말하고 싶다. 그리고 바로 그게 마음에 걸려 그는 이 편지를 쓰게 되었다.

생의 황혼 녘에서 주님의 "사랑하는 제자"는 현실을 직시하며 신앙이 어린 독자들의 믿음과 소망과 사랑을 되살리겠다는 일념으로 이 서신서를 썼다. 요한은 독자들이 그리스도와 동행하는 진실하고 파급력 있는 삶을 회복하기를 바랐다. 그릇된 세상 속에서 올바른 삶을 살라는 요한의 메시지는 예나 지금이나 동일한 울림으로 우리에게 다가온다.

요한일서의 저자, 장소, 시기

총 5장으로 이루어진 이 메시지의 저자는 한 번도 자신의 이름을 밝히지 않지만, 글쓴이의 정체를 알려주는 몇 가지 단서가 있다. 첫째, 저자는 "우리가 보고 들은 바를 너희에게도 전함은"(요일 1:3)이라며 자신이 예수님의 삶과 사역을 목도한 사도의 일원임을 분명히 밝힌다. 따라서 잠재적인 후보군이 예수님의 열두 제자 중 하나로 좁혀진다. 그렇다면 그 중 누구일까?

이 편지의 언어, 문체, 주제가 네 번째 복음서와 유사하다는 점이 저자를 찾는 데 도움이 된다. 네 번째 복음서도 저자의 이름을 명시하지 않지만, 셜록 홈즈 같은 명탐정이 아니어도 후보자를 한 사람으로 좁힐 수 있다. 네 번째 복음서의 저자는 자신을 "예수님이 사랑하신 제자"(요 13:23, 19:26, 20:2, 21:7, 20)라고 간접적으로 칭한다. 이 말이 사도 요한을 일컫는 거라고 단정할 수 있는 몇 가지 이유가 있다. 첫째, 저자는 자신이 직접 목격한 일을 기록한 열두 사도 중 한 사람이어야 했다. 요한복음 21장 24절에서 저자는 이렇게 말했다. "이 일들을 증언하고 이 일들을 기록한 제자가 이 사람이라 우리는 그의 증언이 참된 줄 아노라." 둘째, "예수님이 사랑하신 제자"라는 표현은 예수님과 개인적으로 친밀한 관계임을 암시하기 때문에 저자는 예수님의 '최측근'이었던 세 제자 곧 베드로, 야고보, 요한(마 17:1, 막 5:37, 14:33) 중 하나였을 개연성이 가장 높다. 셋째, 저자는 베드로와 자신을 따로 거론했고(요 20:2), 야고보는 너무 일찍 순교당해서 복음서를 쓸 수 없었다(행 12:2). 따라서 네 번째 복음서의 저자에 대한 합리적인 결론은 하나만 남는다. 바로 세베대의 아들이고 야고보의 형제인 요한이다(막 3:13-17).[1]

요한복음의 저자를 특정할 수 있기 때문에 우리는 그 지식을 근거로 요한일서의 저자를 알아낼 수 있다. 또 그것을 바탕으로 요한이서와 삼서의 저자도 밝힐 수 있다. 왕년의 한 해설자는 이 추론을 다음과 같이 설명했다. "복음서가 없었다면 서신서를 쓴 사람을 확신할 수 없었을 것이다. 첫 번째 서신서가 없었다면, 짧은 두 개의 서신서를 쓴 사람을 확정할 수 없었을 것이다. 두 번째 서신서가 없었다면, 세 번째 서신서를 누가 썼는지 갈피를 잡지 못했을 게 분명하다. 그러나 지금으로서는 합리적인 의심의 여지가 없다."[2]

요한의 복음서와 세 편의 서신서 중 첫 번째 서신서와의 밀접한 관계 때문에 우리는 요한을 이 편지의 저자로 확정할 수 있다. 또 요한이서와 삼서의 관계 그리고 그것들과 요한일서 사이의 공통점을 볼 때 저자에 관한 퍼즐이 완성된다.

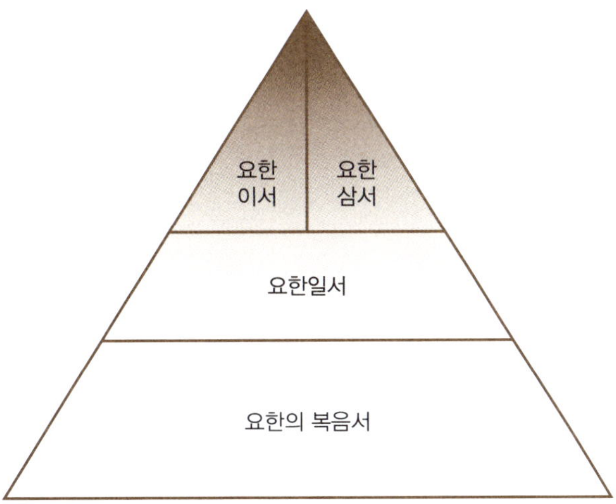

저자: 요한복음의 저자가 분명하기 때문에 요한일서의 저자를 특정할 수 있을 뿐 아니라 요한이서와 삼서의 저자도 알 수 있다.

이 증거 외에도, 초기 그리스도인들은 요한이 네 번째 복음서와 요한일서를 썼다는 것을 확신했다. 실제로 이 책들은 2세기 중반 로마 교회에서 사용된 신약성경 목록인 무라토리 목록(Muratorian Canon, 현존하는 최고의 신약성경 목록표. 18세기 초 로도비코 무라토리가 밀라노에서 발견하였다.–역주)에 인증된 요한의 글로 포함되어 있다.

> 복음서의 네 번째 책은 제자 중 하나인 요한(이 썼다)…그러므로 "우리가 듣고, 눈으로 보고, 자세히 보고 우리의 손으로 만진 바를 너희에게 썼다"고 분명히 밝히면서 자신을 소개한 것은 참으로 절묘하다! 그것은 요한이 이렇게 자신이 직접 보고 들은 당사자일 뿐만 아니라 주님에 관한 모든 놀라운 일을 순서대로 기록한 자라고 밝혔기 때문이다.[3]

이미 2세기 초(AD 110년경)에 요한의 제자인 서머나의 폴리캅이 요한일서 4장 2–3절을 이렇게 풀어서 썼다. "예수 그리스도가 육신으로 오셨다고 고백하지 않는 사람은 적그리스도다."[4] 그다음 세대에 폴리캅의 제자인 리용의 이레니우스는 요한이라는 이름을 가진 제자가 요한복음과 요한일서를 썼다고 분명히 밝혔다.

> 주님의 제자 요한은 다음과 같은 말로 (이것을) 확증한다. "오직 이것을 기록함은 너희로 예수께서 하나님의 아들 그리스도이심을 믿게 하려 함이요 또 너희로 믿고 그 이름을 힘입어 생명을 얻게 하려 함이니라."…역시 같은 이유로 그는 서신서에서 이렇게 증언하였다. "아이들아 지금은 마지막 때라 적그리스도가 오리라는 말을 너희가 들은 것과 같이 지금도 많은 적그리스도가 일어났으니 그러므로 우리가 마지막 때인 줄 아노라."[5]

요한은 자신을 요한일서의 저자로 밝히기를 꺼렸을 뿐 아니라 수신인도 밝히지 않았다. 그는 이 편지를 개인이나 특정 교회를 대상으로 쓴 것이 아니라 그가 잘 아는 많은 교회가 이 편지를 공유하기를 바랐던 것 같다. 이 편지가 '공동서신'(Catholic Epistles)에 포함되는 것도 그런 연유다. 여기서 '공동'(catholic)이라는 말은 '지역적'의 반대 의미인 '보편적'이라는 뜻이다.

요한은 처음에 이 서신을 그의 마지막 안식처였던 에베소 인근의 교회들에 보냈던 것으로 보인다. 거기에는 소아시아 서부에 흩어져 있는 여러 교회뿐만 아니라 요한계시록 2-3장에 언급된 일곱 교회도 포함되어 있었을 것이다. 그러나 이 편지는 그 지역을 기점으로 널리 퍼져나가 전 세계의 모든 교회가 그 심오한 메시지에 담긴 축복을 누리게 되었다.

요한이 염두에 둔 원래 독자들의 정확한 위치를 꼭 짚어낼 수 없듯이 이 편지가 쓰인 장소도 특정하기 어렵다. 요한이 말년에 서아시아 서부에 있는 에베소에 거주했다는 것은 알려진 사실이다. 그런데 90년대 초반, AD 81년에서 96년 사이에 재임했던 도미티아누스 황제 치하에서 박해가 일어났다. 이때 사도 요한은 체포되어 끓는 기름 속으로 던져졌으나 기적적으로 목숨을 보존했다고 전해진다.[6] 그러자 '차선책'으로 요한은 에게해에 있는 작은 밧모섬에 유배되었고, 거기서 계시록을 썼다(계 1:9). 박해가 끝난 뒤 요한은 유배에서 풀려나 소아시아의 교회들 사이에서 사역하다가 트라야누스 황제가 등극한 후인 AD 98년경에 세상을 떠났다.[7]

요한은 첫 번째 서신을 밧모섬에 유배되었던 중이나 전후에 썼을 수도 있지만, AD 90년경에 썼을 가능성이 가장 높다.

요한일서의 배경

사도 요한은 그의 첫 번째 서신서에서 다음과 같이 옳고 그름에 대한 단순명료한 세계관을 제시한다. 그리스도/적그리스도, 빛/어둠, 진리/거짓, 의(義)/죄, 아버지의 사랑/세상의 사랑, 하나님의 영/세상의 영, 하나님의 자녀/사탄의 자녀. 요한은 이런 식으로 주위를 에워싼 상대주의의 안개에 휩싸여 타협하고 굴복한 독자들의 마음속에서

AD 81년에서 96까지 재임했던 도미티아누스 황제는 그리스도인을 박해했고, 사도 요한을 밧모섬에 유배했다.

요한일서가 기록된 배경

누가 기록했는가? 세베대의 아들 사도 요한

언제 기록했는가? AD 90년경

어디서 기록했는가? 에베소 또는 밧모섬

왜 기록했는가? 신자들이 아버지와 아들과 사귐이 있고, 성령 안에서 서로 사귐으로 기쁨을 누리며, 정결하고, 분별하며, 확신에 찬 삶을 살게 하기 위해서(요일 1:3-4, 2:1, 5:13).

이미 희미해지기 시작한 경계선을 다시 또렷하게 긋는다. 그러나 요한은 진리에 대해 단호했지만, 그렇다고 해서 사랑을 소홀히 하지 않는다. 하나님에 대한 사랑과 서로에 대한 사랑은 이 편지의 주요 주제다(참조. 요일 4:7). 이렇게 요한의 첫 번째 서신은 진리와 오류를 분별하는 것은 중요하지만, 반드시 사랑으로 해야 한다고 가르친다.

요한은 그의 복음서에서 그랬듯이, 요한일서의 목적을 명확하게 기술했다. 그는 처음부터 편지를 쓰는 이유를 알렸다. "우리가 보고 들은 바를 너희에게도 전함은 너희로 우리와 사귐이 있게 하려 함이니 우리의 사귐은 아버지와 그의 아들 예수 그리스도와 더불어 누림이라 우리가 이것을 씀은 우리의 기쁨이 충만하게 하려 함이라"(1:3-4). 뒤에 가서 요한은 두 가지 목적을 덧붙인다. "너희로 죄를 범하지 않게 하려 함"(2:1)과 "너희에게 영생이 있음을 알게 하려 함"(5:13)이다. 요컨대, 요한은 독자들이 아버지와 아들과 교제를 나누고 성령 안에서 서로 교제함으로써 기쁘고, 정결하며, 분별력 있고, 확신에 찬 삶을 살게 하려고 이 편지를 썼다.

독자들이 이러한 고귀한 목표에 도달할 수 있도록 요한은 세 가지 문제에 집중했다. 신자들의 열정, 거짓 교사들에게 맞서 굳게 설 수 있는 능력, 영생에 대한 확신이다. 요한은 자기들의 죄로 인한 실패 때문이든 그들 안에 있는 거짓 교사들 때문이든, 좌절 속에서 힘들어했을 사람들로 가득한 교회들에게 편지를 썼다. 이 노(老)사도는 이런 신자들의 열정에 불을 지펴서 그들이 주님을 더 가까이 따르고 교회 사이에 불화의 씨앗을 뿌리려는 자들에게 맞서 굳게 설 수 있기를 바랐다. 그러면 그들과 하나님과의 관계는 공고해지고 그들의 삶에 역사하시는 그분의 손길을 확신하게 될 것이다.

요한일서의 개요

요한은 성령의 능력을 힘입어 아버지와 아들과 친밀해지면 기쁨이 충만한 삶, 정결한 삶,

분별하는 삶, 확신에 찬 삶을 살게 된다는 사실을 가르치려고 이 편지를 네 단락으로 나누어 썼다.

- 교제는 기쁨이 충만한 삶을 낳는다(1:1-10).
- 교제는 정결한 삶을 낳는다(2:1-17).
- 교제는 분별하는 삶을 낳는다(2:18-4:6).
- 교제는 확신에 찬 삶을 낳는다(4:7-5:21).

교제는 기쁨이 충만한 삶을 낳는다(1:1-10). 이 단락의 핵심 구절은 요한일서 1장 4절이다. "우리가 이것을 씀은 우리의 기쁨이 충만하게 하려 함이라." 성령의 능력으로 하나님의 아들을 통해 하나님과 친밀한 교제를 누릴 때 우리 안에는 기쁨이 차오른다. 우리가 어둠이 아닌 빛 속에서 행할 때 기쁨이 찾아온다. 무지와 죄, 거짓 안에서 행하는 자들은 불안과 죄책감, 혼란의 고통을 거두게 된다. 세상 사람들이 삶을 진정으로 누리는 신자들을 목도하는 것은 얼마나 신선한 발견인가! 당신의 기쁨이 충만하게 하라.

교제는 정결한 삶을 낳는다(2:1-17). 요한은 2장 1절에서 이렇게 말한다. "나의 자녀들아 내가 이것을 너희에게 씀은 너희로 죄를 범하지 않게 하려 함이라." 우리가 하나님과 개인적으로 친밀한 관계를 맺고 있으면 죄와 싸워 이길 수 있다. 우리는 유혹을 이겨낼 수 있다. 유혹이 사라지거나 우리가 아예 죄를 짓지 않는다는 게 아니라 죄의 세력이 약화된다는 뜻이다. 설령 우리가 죄를 지어도 그리스도가 아버지와 함께 우리의 변호인으로 나서서 그분이 거두신 승리를 우리 것으로 만드신다(2:1-2). 그러면 우리는 그분 앞에서 정결한 삶을 살게 된다. '무슨 일이든 허용되는' 현대 사회에서 정결한 그리스도인은 파급력 있는 증인이다. 그러니 당신의 고결한 인품이 빛을 발하게 하라.

교제는 분별하는 삶을 낳는다(2:18-4:6). 2장 26절에서 요한은 이렇게 썼다. "너희를 미혹하는 자들에 관하여 내가 이것을 너희에게 썼노라." 하나님과 더 친밀한 관계를 맺으려면 먼저 그분의 진리를 더 깊이 이해해야 한다. 안타깝게도 그리스도인은 현실에 만족하고 편안할수록 진리와 오류, 빛과 어둠, 옳음과 그름을 구별하는 능력이 약해진다. 그래서 요한은 넷 중 가장 긴 이 단락에서 "적그리스도"(2:18)를 조심하고, "영들을 분별하며"(4:1), 진리를 가르치시는 성령의 "기름 부음"(2:20, 27)을 기억하고, 거짓된 세상에서 진리를 알고 실천해야 한다고 역설한다. 이 속고 속이는 문화 속에서 분별력 있는 그리스도인은 죄를 일깨운다. 그렇기에 그리스도인은 진리를 선포하고 진리를 따라 살아야 한다.

교제는 확신에 찬 삶을 낳는다(4:7–5:21). 요한은 5장 13절에서 이렇게 썼다. "내가 하나님의 아들의 이름을 믿는 너희에게 이것을 쓰는 것은 너희로 하여금 너희에게 영생이 있음을 알게 하려 함이라." 번복할 수 없는 영원한 구원에 대한 확신은 그리스도인이 받을 수 있는 가장 위대한 약속 중 하나다. 구원의 확신이 없는 사람들은 죽음을 두려워하고 내일을 걱정한다. 그리고 그들 대부분은 하나님을 오해하여 대열에서 이탈했다 하면 득달같이 다그칠 준비가 돼 있는 성난 훈련 교관 같은 존재로 생각한다. 확신을 가진 사람들은 하나님이 어떤 분인지, 오직 그리스도 안에서 오직 은혜로 말미암아 오직 믿음으로 우리를 구원하신 분, 우리 삶에 상존하시는 성령을 통해 우리를 지켜주시는 분임을 안다. 한 치 앞도 내다보기 힘든 이 시대에 그리스도인은 확신에 찬 기대로 이목을 끈다. 희망의 물줄기가 세상에 흐르게 하라!

요한이서

13개의 구절로 이루어진 짤막한 메모인 요한이서는 파피루스 한 장도 다 채우지 못했을 것이다.[8] 요한이서는 우리가 친한 친구에게 써서 보낼 법한 엽서 같은 편지다. 사적인 편지여서 외부인인 우리가 관여할 수 없는 비밀을 담고 있다. 이미 서두에서부터 몇 가지 질문이 우리를 가로막는다. 장로는 누구인가? 부녀는 누구인가? 어떤 상황인가? 본문을 놓고 씨름하기 전에 답을 찾아야 할 몇 가지 질문이 있다.

첫째, "장로"는 누구인가? '장로'에 해당하는 헬라어는 *presbyteros*(4245)로 기본적인 의미는 '비교적 나이가 많은'이다.[9] 이 용어는 길드, 회당, 교회 등 민간이나 종교 단체의 관리자를 일컫기도 한다.[10] 그 경우에는 사람의 나이가 아니라 주로 공동체 지도자라는 직분에 초점이 있을 것이다. 통상 민간이나 종교 단체의 지도자는 그 공동체에서 나이가 많은 구성원이었을 것이므로 *presbyteros*에 담긴 두 가지 뜻은 일맥상통한다.

요한이서에 나오는 "장로"가 누구든 그는 자신의 이름을 밝히지 않는다. 그러나 조금만 살펴보면 이 첫 번째 수수께끼를 풀 수 있다. 요한이서는 문체, 주제, 어휘 등이 전체적으로 요한일서와 동일한 특징을 보인다. 마찬가지로 요한일서는 요한복음과 유사점이 많다. 요한복음의 저자가 예수님의 노(老)제자, 세베대의 아들 요한인 것은 주지의 사실이므로 요한이서의 저자도 동일 인물임을 알 수 있다. 이 편지에서 두드러지는 요한의 언어와 문체가 이를 뒷받침한다.[11]

둘째, "택하심을 받은 부녀"는 누구인가? 이 편지의 해설자들은 초기부터 두 가지 견해를 제시했다. 한쪽은 "택하심을 받은 부녀와 그의 자녀들"을 특정 교회("택하심을 받은 부녀"로 비유된)와 교회의 교인들("그의 자녀들")이라고 본다.[12] 그러나 요한은 이 편지에서 2인칭 단수(너)와 2인칭 복수를 병용하고 있다. 단수 "너"가 교회 전체를 일컫는다면, 복수 "너희"는 누구를 가리키는가? 또 "너희"가 교회의 교인들을 지칭하는 거라면 "너"는 누구인가?

이인칭 단수(너)	이인칭 복수(너희)
요한이서 1:4 요한이서 1:5 요한이서 1:13	요한이서 1:6 요한이서 1:8 요한이서 1:10 요한이서 1:12

내가 지지하는 또 다른 견해는 요한이 한 특정한 사람에 대해 "택하심을 받은 부녀"라는 용어를 사용하거나 2인칭 단수를 사용한다는 것이다(1:4-5, 13). 이 편지에 드러나는 지극히 사적인 어조로 볼 때 이 견해는 일리가 있어 보인다. 이 외에도 요한이 "부녀"(1:5), "[너의] 집"(1:10), "택하심을 받은 네 자매"(1:13) 등 개인을 지칭하는 표현을 쓴 것으로 보아 나는 이 견해를 지지한다. 사도행전에 나오는 리디아(참조. 행 16:14-15, 40)처럼 요한이서의 이 여인도 사역을 위해 자기 집을 개방한 친절한 여주인이었을 것이다.

그렇다면 이 당시는 어떤 상황이었을까? 이 편지를 이해하려면 1세기 후반 교회가 처한 특별한 역사적 상황을 알아야 한다. 현재 기독교가 불법 종교인 일부 지역에서 그렇듯이, 당시 교회는 건물도 없었고 큰 예산으로 운영되는 조직도 아니었다. 그리스도인은 대부분 집에서 모임을 가졌고, 로마 당국과 지역 권력자들의 눈에 띄지 않게 활동했다. 요한

요한이서가 기록된 배경

누가 기록했는가? 세베대의 아들 사도 요한

언제 기록했는가? 90년경

어디서 기록했는가? 에베소로 추정됨.

왜 기록했는가? 조건 없는 사랑과 진리의 분별 사이에서 균형을 이루기 위해.

이서에 언급된 신자들도 분명 "택하심을 받은 부녀"의 집에서 만났을 것이다.

또 당시에는 지금 우리가 가진 것 같은 완성된 성경이 없었다. 가죽 장정이 된 구약과 신약성경 같은 건 없었다. 규모가 조금 큰 교회들은 당대의 공용어였던 헬라어로 번역된 구약성경을 구할 수 있었다. 그러나 신약성경은 기록되고 편집되고 있는 중이었다. 안디옥, 에베소, 로마에 있는 오래된 일부 대형 교회는 분명히 복음서, 바울의 글 그리고 몇 권의 다른 책이 포함된 적잖은 분량의 모음집을 가지고 있었을 것이다. 그러나 요한의 글은 그때 막 쓰였거나 아니면 아직 쓰이지도 않았다. 어찌 됐든 신약성경을 모으고, 필사하며, 배포하는 데 많은 시간과 비용이 들었을 것이므로 규모가 작은 교회나 새로 개척된 교회들은 아쉬운 대로 수년 혹은 수십 년 동안 성경의 일부분만 접할 수 있었을 것이다.

신약성경이 아직 집대성되지 않은 사역 환경에서 초기 그리스도인들은 권위 있는 메시지를 전해주는 순회 선지자들과 교사들에게 의지할 수밖에 없었다. 사도 시대의 선지자들은 구약의 선지자들과 마찬가지로 신성한 계시를 전달하는 자들이었다. 사도들의 사역과 마찬가지로 그들의 사역도 성경이 완성되고 교회가 교리적으로 안정될 때까지 교회의 터를 다지는 일시적인 사역이었다(135쪽 "지금도 사도와 선지자가 있는가?" 참조).

궁벽한 지역의 작은 교회들은 이런 순회 선지자들을 반겨 안락한 숙소를 제공하고 생계를 지원했다. 그리고 주님의 사자로 받들었다. 이렇게 교회가 진짜 사도와 선지자들을 사랑과 존경으로 섬기는 것을 본 사기꾼들이 꼬이기 시작했다. 1세기 후반으로 갈수록 이런 방랑 '목사들' 중에는 숙식을 제공받을 자격이 없는 사람이 많았다. 이따금 하나님이 보내셨다고 주장하는 거짓 선지자들과 교사들이 나타나 그들을 의심하지 않는 작은 교회들을 이용하고 오도하는 바람에 세속 작가들까지 그들의 만행을 증언할 정도였다.

헬라의 작가 루시안(Lucian)은 『외국인』(*Peregrinus*)이라는 그의 저서에서 무위도식하는 가장 쉬운 방법을 찾아낸 한 사람을 묘사한다. 그는 여러 그리스도인 공동체를 돌

> 아다니다가 자기가 좋은 곳에 정착해서 신자들의 돈으로 호의호식하며 사는 순회 사기꾼이었다.[13]

요한이 "택하심을 받은 부녀"와 "그의 자녀들"에게 보낸 짤막한 편지의 배경에 이런 유형의 거짓 선지자들과 교사들의 위협이 있었던 것 같다. 요한은 이런 거짓 교사들에게서 나는 썩은 내를 감지하고 그들을 저지하려고 했다. 그 귀한 부인이 베푼 환대는 진정한 사랑을 보여주었다. 그러나 거짓 선지자들과 교사들과 맞서야 하는 현실에서는 교리적 진리를 보호하는 중차대한 임무를 환대보다 앞세워야 했다. 요한은 그 "택하심을 받는 부녀"의 자비심을 인정하면서 다음과 같은 긴급한 메시지를 보냈다. "무조건적인 사랑과 진리의 분별 사이의 균형을 이루라."

요한이서의 개요

요한이서는 그 분량이 엽서 정도인 짧은 서신으로, 신자들에게 무조건적인 사랑과 진리의 분별 사이에서 균형을 잡으라고 권면한다. 이것은 지금 우리에게도 얼마나 중요한 메시지인가! 21세기의 교회는 진리를 내세우면 혐오의 대상이 된다. 그리고 교리적, 도덕적 이슈를 관용과 포용이라는 이름으로 얼버무리려는 유혹에 직면해 있다.

서두(1:1-3)에서 요한은 다정한 어조로 개인적인 안부를 전하면서 핵심 주제-사랑과 진리 사이의 균형(1:1,3)-를 소개한다. 두 번째 단락에서는 그 여인과 그녀의 자녀들에게 진리 안에서 계속 행하고(1:4-6), 서로 사랑하라는 그리스도의 명령에 순종하라고 권면한다.

그다음에는 오류에 대항하라고 충고하면서 편지의 어조가 심각해진다(1:7-11). 많은 반기독교적 사기꾼들이 호시탐탐 기회를 노리고 있기 때문에 순종적인 그리스도인들에게서 드러나는 무조건적인 사랑은 주의 깊은 분별력으로 균형을 이루어야 한다. 마지막 결론에서(1:12-13) 요한은 다시 애정 어린 어조로 돌아와 독자를 직접 만나고 싶은 마음을 표현하며 마무리 인사를 한다.

요한삼서

이름이 명시되지는 않았지만 요한일·이서와 거의 같은 시기에 비슷한 조건에서 사도 요한이 이 편지를 썼다는 데에는 의심의 여지가 거의 없다. 앞에서 이 서신서들의 저자가 밝혀지면서 "장로"(요삼 1:1)의 정체에 대한 의문도 이미 풀렸다.[14] 사도 요한이 이 편지를 쓸 때는 구십 줄에 접어든 노인이었을 것이다. 그는 막강한 권위를 행사할 수도 있었고, 존경받을 자격도 있는 사도였지만, 그의 글에는 친절과 온유와 연민이 넘친다.

요한이서와 삼서의 비교

요한이서와 삼서는 형제 편지로 생각할 수 있다. 둘 다 같은 시기에 같은 저자가 썼고, 나름의 개성도 있으면서 몇 가지 두드러진 유사점도 있다. 두 편지를 나란히 놓고 보면 이런 유사점과 차이점을 분명히 볼 수 있다.

	요한이서	요한삼서
누구에게	택하심을 받은 부녀와 그녀의 자녀들에게	가이오라는 사람에게
배경	그릇된 나그네를 받아들이는 것	올바른 나그네를 거부하는 것
문제	잘못된 대상을 환대함	환대가 사라짐
해결책	진리로 균형 잡힌 사랑	사랑으로 균형 잡힌 진리

요한은 한 특정인에게 이 편지를 보내면서 몇몇 다른 사람에 대해서도 언급한다. 그리고 그 중 두 명의 이름을 밝힌다. 편지의 수신인은 가이오다. 가이오라는 이름은 지금의 '존'이나 '짐'처럼 로마제국에서 흔한 이름이었다. 신약성경에는 같은 이름을 가진 사람이 세 명이나 나온다. 에베소에서 폭동이 일어났을 때 바울과 같이 있던 마게도냐 사람 가이오(행 19:29), 고난 중에 있는 예루살렘 성도들을 위해 자기 교회에서 모은 구호금을 전달한 더베 사람 가이오(행 20:4), 바울에게 세례를 받고 바울을 돌봐주었던 고린도의 가이오(고전 1:14, 롬 16:23)가 그들이다. 요한삼서의 가이오가 이 세 사람 중 하나일 수도 있지만, 그것이

아니라면 이 가이오는 요한이 개종시킨 알려지지 않은 가이오였을 가능성이 더 크다.

그렇다면 이 가이오는 누구였고, 교회에서 그는 어떤 역할을 했을까? 이 질문의 답은 이 편지의 배경에 있는 몇 사람을 살펴보면 얻을 수 있다. 첫째, 그 교회에는 "낯선" "형제들"이 있었다(요삼 1:5–8). 요한이 인정한 이 선교사들은 가이오와 그 교회의 다른 사람들의 환대를 받은 것으로 보이지만, 디오드레베라는 사람은 그들을 박대하고 요한의 권위까지 거부했다(1:9–10). 디오드레베는 그리스도인이 보여서는 안 될 악행의 전형을 보여주었다(1:11). 그러나 데메드리오라는 사람은 본받을 만한 귀감으로 인정받았다(1:11–12).

요한삼서가 기록된 배경

누가 기록했는가? 세베대의 아들 사도 요한

언제 기록했는가? AD 90년경

어디서 기록했는가? 에베소로 추정됨.

왜 기록했는가? 사랑과 진리 사이의 균형을 이루기 위해서.

이 두 사람 곧 가이오와 디오드레베는 교회의 지도자, 아마도 장로였을 것이다. 그러나 디오드레베는 야심과 오만과 자만심에 휘둘려 사도 요한의 권위와 요한이 위임한 순회 전령들에게 대항하는 지경에 이르렀다. 그는 교회 안에서 동등한 팀원으로 일하기보다 최고 권위자가 되고 싶어 했다. 그래서 가이오를 통해 에둘러 디오드레베의 회개를 촉구하면서 필요하다면 요한이 직접 나서서 디오드레베의 콧대를 꺾어놓겠다는 경고를 보내는 것도 이 편지의 목적 중 일부였다.

요한삼서의 개요

분량이 아주 적은 서신인 요한삼서는 네 단락으로 나뉜다. 첫째, 요한은 가이오의 긍정적인 자질과 최근 교회에서 벌어진 분쟁에서 옳은 일을 한 것을 칭찬하고 격려한다(1:1–8). 둘째, 요한은 분쟁을 일으키는 악한을 거명하면서 그가 무조건 멈춰야 하는 부정적인 태도와 파괴적인 행위에 초점을 맞춘다(1:9–10). 셋째, 요한은 변절자 디오드레베와는 대조적으로 타의 모범이 되는 데메드리오에 대한 긍정적인 진술로 편지를 마무리한다(1:11–12). 끝으로, 요한은 가이오를 직접 만나기를 바라는 열망을 표하며 요한이서와 사실상 거의 같은 방식으로 편지를 마무리한다(1:13–15).

세월이 흘러도 변한 건 별로 없다. 그렇지 않은가? 똑같은 진리를 가지고 똑같은 도덕적 원칙에 따라 사는 요즘 교인들도 여전히 인정받으려고 툭하면 아웅다웅이고, 신분 상승을 위해 기어오르며, 정상에 오르기 위해 동료애를 깨고 우정을 망친다. 그나마 감사하게도 대부분의 지도자는 이렇게 행동하지 않는다. 우리에게는 훌륭한 판단력, 건전한 교리, 형제를 향한 순수한 사랑의 본보기가 되어준 사람이 많다. 우리가 가진 진리는 다른 사람들을 향한 진실한 사랑과 균형을 이루어야 한다.

주

1. 한 학자는 이렇게 말했다. "어휘와 문체가 저자를 추정할 수 있는 적합한 기준이라면, 이 세 편의 짧은 편지(요한일·이·삼서)는 네 번째 복음서를 쓴 저자의 작품임이 분명하다"[Merrill C. Tenney, *New Testament Survey*, Walter M. Dunnett 개정 편집(Grand Rapids: Eerdmans, 1961), 374].
2. H. D. M. Spence-Jones, *1 John*, The Pulpit Commentary(New York: Funk & Wagnalls, 1909), i.
3. Henry Melvill Gwatkin의 무라토리 목록 단편 번역에서 인용, *Selections from Early Writers Illustrative of Church History to the Time of Constantine*(London: Macmillan, 1897), 83-89.
4. Polycarp, *Epistle to the Philippians*, 7.1. Rick Brannan 번역, *The Apostolic Fathers in English* (Bellingham, WA: Lexham Press, 2012).
5. Irenaeus of Lyons, Against Heresies 3.16.5, 출전: Alexander Roberts and James Donaldson 편집, *Ante-Nicene Fathers: The Writings of the Fathers Down to A.D. 325*, 제1권, *The Apostolic Fathers with Justin Martyr and Irenaeus*, 증보판(Grand Rapids: Eerdmans, 2001), 442.
6. Tertullian, *Prescription Against the Heretics* 36.
7. Eusebius of Caesarea, *Ecclesiastical History* 3.17-20에 나오는 초기 기사를 보라.
8. Stephen S. Smalley, *1, 2, 3 John*, Word Biblical Commentary, 제51권, David A. Hubbard and Glenn W. Barker 편집(Waco, TX: Word Books, 1984), 314.
9. Walter Bauer 외, *A Greek-English Lexicon of the New Testament and Other Early Christian Literature*(Chicago: University of Chicago Press, 2000), 862.
10. 같은 책.
11. 22-25쪽에 나오는 요한복음과 요한일·이·삼서의 저자에 관한 더 자세한 설명을 보라.
12. J. R. W. Stott, *The Epistles of John*(1964; repr., Grand Rapids: Eerdmans, 1969), 200-202를 보라.
13. William Barclay, *The Letters of John and Jude*, 개정판, The Daily Study Bible(Philadelphia: Westminster, 1976), 133-134.
14. 22-25쪽에 나오는 요한복음과 요한일·이·삼서의 저자에 관한 더 자세한 설명을 보라.

기쁨이 충만한 삶

요한일서 1:1-10

내가 어렸을 때 우리 가족은 멕시코만 근처의 텍사스 남부에 있는 별장에서 자주 휴가를 보냈다. 그곳에서 머물던 어느 날 밤 아버지가 내게 말씀하셨다. "얘야, 내일은 일찍 깨우마. 우리가 한 번도 안 가본 곳으로 낚시하러 갈 거니까 깨우면 일어나야 해."

잠든 지 몇 분밖에 안 된 것 같은데 아버지가 나를 깨우셨다. 새벽 2시쯤인 것 같았다. 아버지는 칠흑 같은 어둠 속에서 나를 흔들어 깨우시며 말씀하셨다. "어서 일어나라. 운동화 신고, 가자."

나는 차가운 밤공기를 느끼면서 비척비척 보트 창고로 갔다. 우리는 길이가 5미터가 채 안 되는 자그마한 낚싯배에 올라탔다. 35마력의 에빈루드 모터가 벼락같은 소리로 새벽의 적막을 깼고, 우리는 어느새 달빛이 고요히 비추는 매끄러운 수면을 가르고 있었다. 배 꽁무니에 따라붙는 얕은 항적 외에 수면에는 잔물결 하나 없었다. 우리는 유리 같은 만을 천천히 가로질러 암초 쪽으로 나아갔다. 아버지가 배를 멈췄고, 우리는 널따란 암초 위로 조심조심 올라갔다.

아버지는 닻을 물에 던져 바닥에 닿을 때까지 내리셨다. 나는 새로 타르를 칠해서 빗물에 반짝이는 주차장 바닥처럼 보이는, 번들거리는 수면을 훑어보았다. 수면 위를 걷거나 얕은 연못처럼 첨벙첨벙 걸어갈 수 있을 것 같은 생각이 들었다. 한시도 가만히 있지 못하는 사내아이였던 나는 내 작은 낚싯대에 달린 줄을 물에 드리우고 조바심을 내기 시작했다.

아버지는 나를 보고 말씀하셨다. "얘야 가만히 있어라. 저 밑에 큰 놈이 있단다."

나는 1, 2분 동안 가만히 있었다. 어쩌면 내 손바닥보다 조금 큰 놈을 잡을지도 몰랐다. 하지만 몇 분 뒤 나는 안달이 나서 줄을 당겼다가 다시 던졌다. 내가 몸을 긁적이고 왔다 갔다 하고 물에 침을 뱉는 동안 아버지는 동상처럼 한 자리에 가만히 앉아 계셨다. 새벽의 정적 속에서 아버지는 다시 내게 말씀하셨다. "얘야, 가만히 좀 있어라. 저 밑에 큰 놈이 있단 말이야."

바로 그 순간 커다란 청어가 물에서 튀어나와 공중제비를 돌더니 다시 첨벙하고 물속으로 들어갔다. 분명 나보다 컸다. 나는 하마터면 배에서 뛰어내릴 뻔했는데 아버지는 꿈쩍도 하지 않으셨다. 뒤도 돌아보지 않고 아버지는 숨죽여 말씀하셨다. "거봐, 저 밑에 큰 놈이 있다고 했잖아."

아버지 말씀이 맞았다. 그 짧은 나들이에서 우리는 송어를 64마리나 잡았다. (아버지가 나한테 그걸 다 씻으라고 시키셨기 때문에 나는 그 숫자를 절대 잊을 수가 없다!)

다섯 장으로 이루어진 사도 요한의 이 소박한 책이 바로 우리가 낚시를 했던 그 춥고 고요한 아침의 잔잔한 만과 같다. 표면적으로만 보면 요한일서는 분량이 적은 만큼 그다지 깊이가 있어 보이지 않는다. 몇 마리의 피라미와 통째로 튀겨 먹는 두어 마리의 물고기가 헤엄치는 얕은 연못처럼 깊이가 없는 신학 속에 소소한 진리와 두어 개의 원칙을 담고 있는 것처럼 보인다. 한가롭게 배를 타기에는 좋지만 낚시를 하기에는 썩 좋아 보이지 않는다. 그러나 표면만 봐서는 제대로 알 수 없다. 요한일서의 언어는 단순하고 분량도 짧지만, 그 안에는 엄청난 것이 들어 있다.

진지한 성경학자에게 이 편지에 대해 물어보면 너 나 할 것 없이 이 서신서가 신약성경에서 가장 어려운 책 중 하나라고 말할 것이다. 또 이 책은 몇 개의 '문제 구절'만 빼면 논점이 직설적인 로마서, 고린도전서, 히브리서 같은 몇몇 책과 다르다. 요한일서는 시작부터 복잡하다. 그래도 우리는 포기하지 않고 낚싯줄을 드리워 심오하고 실제적인 깨달음을 낚아 올려야 한다.

요한은 단순하지만 무엇보다도 중요한 메시지를 마음에 품고 이 편지를 썼다. 그것은 우리가 성령의 능력을 힘입어 아버지와 아들과 교제할 때 기쁨이 충만한 삶, 정결한 삶, 분별하는 삶, 확신에 찬 삶을 살게 된다는 것이다. 첫 번째 단락(1:1-10)은 교제가 기쁨이 충만한 삶을 낳는다는 원칙을 제시한다. 예수님을 통해 하나님과 친밀한 관계를 맺게 되면 동료 신자들과의 관계도 친밀해져서 말로 형언할 수 없는 웅숭깊은 기쁨을 누리게 된다. 이 기쁨의 발원지는 영광스러운 우주의 하나님과 누리는 깊은 친밀감을 통해 전달되는 축복이다. 영생(1:2), 악한 세상에서의 의로운 삶(1:5-6), 죄의 권세와 형벌을 씻어냄(1:7-10)이 그 축복이다.

사도 요한을 물고기를 잡는 어부였다가 사람을 낚는 어부가 된 노인, 겉보기에는 단순한 예수님의 추종자였던 인물로 생각할지 모르겠지만, 이제 곧 그가 펜을 잉크병에 몇 번 담그지도 않고 쓴 글이 얼마나 심오하고 어려운지 알게 될 것이다.

핵심 용어

χαρά[*chara*, 카라](*5479*) '기쁨', '유쾌', '평온한 기쁨', '즐거움'

'기쁨'을 의미하는 *chara*는 요한일서에 딱 한 번 사용되었지만, 이 편지가 쓰인 주된 목적을 나타낸다. "우리가 이것을 씀은 우리의 기쁨이 충만하게 하려 함이라"(1:4). 요한의 다른 글에서는 결혼(요 3:29)이나 자녀의 출생(요 16:21)에서 느끼는 큰 기쁨을 이 용어로 표현했다. 영속되는 진정한 기쁨은 기도에 응답하시고 슬픔에 빠져 있는 우리를 위로하시는 예수 그리스도와의 관계에서 나온다(요 16:22-24).

κοινωνία[*koinōnia*, 코이노니아](*2842*) '친교', '교감,' '참여'

흔히 '교제'로 번역되는 *koinōnia*라는 용어는 요즘에는 친구들과 어울린다는 뜻으로 통용되지만, 사실은 그 이상의 의미를 지닌다. 이 말은 '서로 이익을 공유하는' 친밀한 관계를 나타내며, 신약성경 외의 문헌에서는 결혼 관계를 나타내는 데 자주 쓰인다.[1] 그리스도인의 코이노니아는 우선 신자가 하나님과 하나가 되면 그로 인한 성령의 역사로 동료 성도들과의 친교가 이루어진다(고전 1:9, 요일 1:3). 요한일서에서 말하는 코이노니아는 지속적인 기쁨의 근원이다(1:3-4).

ζωή[*zōē*, 조에](*2222*) '생명', 특히 '영적인 생명'

이 용어는 영어 단어 zoo(동물원)와 관련이 있지만, 신약성경에서는 동물의 생명을 가리키는 경우가 거의 없다(참조. 계 16:3). 보통 이 용어는 아들을 통해 성령으로 말미암아 아버지에게서 오는 영원한 생명을 나타낸다. 요한도 이런 뜻으로 사용했다(예. 요일 2:25, 3:14, 5:11-13). 또 예수 그리스도가 그분 자신을 *zōē*라고 일컫기도 하셨다(골 3:4).

하나님은 생명이시다(요한일서 1:1-4)

1태초부터 있는 생명의 말씀에 관하여는 우리가 들은 바요 눈으로 본 바요 자세히 보고 우리의 손으
로 만진 바라 2이 생명이 나타내신 바 된지라 이 영원한 생명을 우리가 보았고 증언하여 너희에게 전
하노니 이는 아버지와 함께 계시다가 우리에게 나타내신 바 된 이시니라 3우리가 보고 들은 바를 너
희에게도 전함은 너희로 우리와 사귐이 있게 하려 함이니 우리의 사귐은 아버지와 그의 아들 예수 그
리스도와 더불어 누림이라 4우리가 이것을 씀은 우리의 기쁨이 충만하게 하려 함이라

신학교 새내기들이 헬라어 알파벳을 배우고, 간단한 어휘를 암기하고, 기본 문법을 학습해서 기초 헬라어를 조금 익히고 나면 보통 제일 먼저 요한일서를 가지고 실제 번역 연습을

한다. '시작', '말', '생명', '빛'처럼 어휘가 아주 단순하고 반복이 많아서 헬라어 초년생이라도 헬라어 학자가 된 듯한 느낌이 든다!

그러고 나면 교수가 묻는다. "좋아요, 그런 말이죠. 그런데 그게 무슨 뜻이죠?" 그러면 학생들은 옹알이를 하는 아이가 된 것 같은 기분이 든다.

번역은 쉬운데 해석은 어려운 요한일서의 5절이나 6절쯤에 이르면 학생들은 두 손을 번쩍 들고 항복할 준비가 된다. 나는 요한일서에 답을 알 수 없는 질문이 너무 많아서 수십 년 동안 요한일서를 가르치거나 설교하는 것을 회피했다고 고백하는 성경학자를 여러 명 만났다. 여기에 내 고백도 더해야겠다. 나는 1963년부터 매주 주일마다 설교하고 있지만, 2009년 이후에야 요한일서의 강해설교를 할 자신과 용기가 생겼다.

벌써 첫 번째 단락부터 해석이 쉽지 않다. 지금부터 이 복잡하고 심오한 서론을 찬찬히 훑으면서 개인적으로 적용할 수 있는 껄끄러운 원칙을 과연 몇 개나 건져 올릴 수 있을지 살펴보기로 하자. 바울의 서신서는 마치 계단을 하나하나 올라가듯이 명확한 목표를 향해 논리정연하게 주제를 풀어나가는 반면에, 요한의 첫 번째 편지는, 마치 서로를 중심에 놓고 빙글빙글 도는 춤이나 또는 별개의 주제와 선율을 교차 반복하는 교향곡처럼, 좀 더 유기적인 느낌을 준다. 생명, 빛, 진리 같은 몇 가지 중심 주제가 요한일서의 첫 장에 이미 등장한다. 우리는 이 단락에서 '하나님은 생명이시다'라고 제목을 붙인 첫 번째 주제를 살펴보기로 하자(1:1–4).

—1:1–2—

1장 1–3절의 헬라어 본문은 한 문장으로 이루어져 있고, 본동사는 3절–"우리가…전함은"–에 가서야 나온다. 1장 1절은 네 개의 관계사절로 이루어져 있으며, 각 절은 모두 "생명의 말씀"을 설명한다. 간혹 줄표로 부연되기도 하는 요한일서 1장 2절은 삽입구로, 어떻게 생명의 말씀이 들리고, 보이고 만져질 수 있었는지 설명한다.[2] 우리는 문장을 재배열하기보다 요한의 원래 표현을 그대로 두고 사도가 선포한 중심 주제를 설명하는 1장 1절의 네 개의 절을 분석하는 것으로 시작하기로 하자.

"태초"라는 말은 성경의 다른 두 책에서도 눈에 띄는데, 내 생각에는 요한이 의도적으로 이 편지의 서두에서 그 두 책의 개념을 함께 정리하려고 한 것 같다. 창세기 1장 1절에서 모세는 천지창조의 시작을 언급한다. 그때 하나님이 어둠에서 빛을, 생명이 없는 것에서 생명을 만들어내셨다. "태초에 하나님이 천지를 창조하시니라." 하나님은 형체가 없는 빈 하늘과 땅을 창조해서 채우셨고 혼돈에서 질서를 끌어내셨다. 그다음은 요한복음 서두에 요한이 쓴 바와 같다. "태초에 말씀이 계시니라 이 말씀이 하나님과 함께 계셨으니 이 말씀은 곧 하나님이시니라"(요 1:1).

"태초"에 관한 각각의 논고는 모두 하나님의 말씀, 즉 창세기 1장의 만물의 창조, 요한복음 1장과 요한일서 1장의 성육신과 연결되어 있다. 그리고 이 구절들은 모두 빛과 어둠의 주제도 다루고 있다. 아래의 표에 이 구절들을 병치해서 비교했다.

창세기 1:1-4	요한복음 1:1-5	요한일서 1:1, 5
"태초에 하나님이 천지를 창조하시니라 땅이 혼돈하고 공허하며 흑암이 깊음 위에 있고 하나님의 영은 수면 위에 운행하시니라 하나님이 이르시되 빛이 있으라 하시니 빛이 있었고 빛이 하나님이 보시기에 좋았더라 하나님이 빛과 어둠을 나누사."	"태초에 말씀이 계시니라 이 말씀이 하나님과 함께 계셨으니 이 말씀은 곧 하나님이시니라 그가 태초에 하나님과 함께 계셨고 만물이 그로 말미암아 지은 바 되었으니 지은 것이 하나도 그가 없이는 된 것이 없느니라 그 안에 생명이 있었으니 이 생명은 사람들의 빛이라 빛이 어둠에 비치되 어둠이 깨닫지 못하더라."	"태초부터 있는 생명의 말씀에 관하여는 우리가 들은 바요 눈으로 본 바요 자세히 보고 우리의 손으로 만진 바라…우리가 그에게서 듣고 너희에게 전하는 소식은 이것이니 곧 하나님은 빛이시라 그에게는 어둠이 조금도 없으시다는 것이니라."

요한은 "태초부터 있는 생명의 말씀에 관하여"라는 말로 주제를 제시하면서 성경과 신학의 깊은 연관성을 언급한다. 이 선포의 주제인 "생명의 말씀"(요일 1:1)은 다름 아닌 보이는 것과 보이지 않는 모든 것을 창조하는 영원한 근원이시다. 그분을 통해 만물이 창조되었다. 그분은 하나님의 영과 함께 천지를 지으셨고, 어둠 속에 빛이 비추게 하셨으며, "말씀이 육신이 되어"(요 1:14) 피조 세계로 들어오셨다.

"말씀"[*logos*(3056)]이라는 용어는 1세기의 헬라인과 유대인 모두에게 아주 중요한 의미였다. 헬라 철학에서 로고스는 우주에 질서와 구조를 부여한 창조되지 않은 이성의 원리를 의미했다.[3] 구약성경에서 "말씀"은 인류에게 주시는 하나님의 메시지인 하나님의 계시의 수단이었고, 때로는 육신의 형태를 취한, 하나님과 같은 신성한 존재이기도 했다(렘 1:1-

14). 1세기 초 유대인 철학자 알렉산드리아의 필로(Philo)는 이 헬라인과 유대인의 개념을 통합한 것 같다. 한 작가는 이렇게 말했다. "알렉산드리아의 필로는 로고스라는 개념을 매우 중요하게 생각해서 하나님과 세상 사이의 중재 원리로 만들었다."[4] 요한이 글을 쓰고 있던 1세기 말엽에 하나님과 인간 사이의 이 중재자가 누구인지를 모르는 그리스도인은 없었다. 그것은 추상적인 로고스가 아니라 육신이 되신 말씀, "사람이신 그리스도 예수"(딤전 2:5)이셨다.

로고스에 대한 요한의 설명은 간접적인 정보에 대한 단순한 담론이 아니다. 이 사도는 말씀에 대해서 이야기할 때 신학적으로 설명하거나 추론하지 않는다. 그는 성육하신 말씀을 문자 그대로 직접 경험했다고 주장한다. 요한이 말한 "태초부터 있는 생명의 말씀"을 주어로 공유하는 다음 세 개의 관계절도 그 사실을 강조한다. 요한은 성육하신 신인(God-man), 예수 그리스도를 직접 보고 들은 사람 중에서 1세기 말까지 생존해 있던 몇 안 되는 사람 중 하나였다. 요한은 그의 복음서에서 십자가 사건을 언급하면서 이와 똑같은 주장을 했다. 그는 자신을 삼인칭으로 지칭하면서 이렇게 썼다. "이를 본 자가 증언하였으니 그 증언이 참이라 그가 자기의 말하는 것이 참인 줄 알고 너희로 믿게 하려 함이니라"(요 19:35).

요한에게는 자기가 그리스도의 가르침을 직접 들었고, 그분의 삶, 기적, 죽음과 부활을 직접 목격했다는 사실이 아주 중요했다. 실제로, 요한은 그가 빈 무덤을 처음 보았던 이야기를 하면서 자기에 대해 (역시 삼인칭으로) 이렇게 썼다. "그 때에야 무덤에 먼저 갔던 그 다른 제자도 들어가 보고 믿더라"(요 20:8).

요한은 '의심하는 도마'가 "내가 그의 손의 못 자국을 보며 내 손가락을 그 못 자국에 넣으며 내 손을 그 옆구리에 넣어 보지 않고는 믿지 아니하겠노라"(요 20:25)며 딱 잘라 말했을 때도 그 자리에 있었다. 여드레 후에 부활하신 주 예수님이 그 의심하는 자를 불러서 그분의 손과 옆구리에 손가락을 넣어보고 그분이 정말로 죽었다가 육신으로 부활하셨음을 직접 느끼게 하셨다(요 20:26-27). 요한과 동료 제자들은 그들의 눈으로 직접 보았기 때문에 도마와 마찬가지로 "나의 주님이시요 나의 하나님"(요 20:28)이라고 예수 그리스도께 자신 있게 고백할 수 있었다.

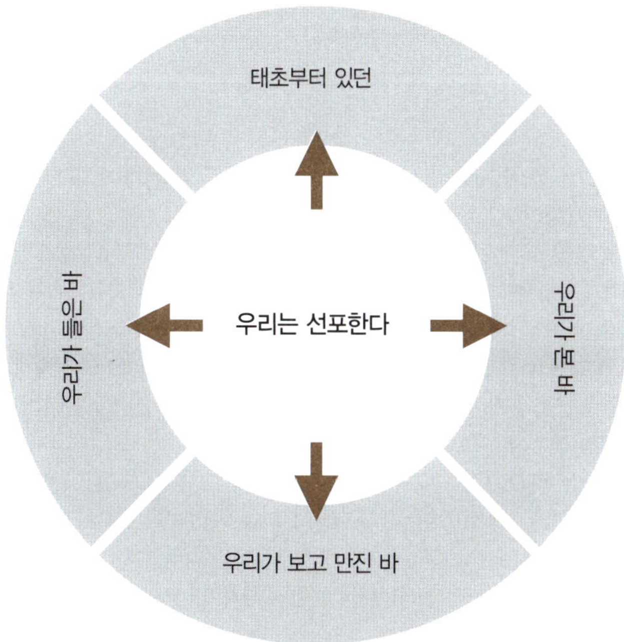

이런 배경을 바탕으로 사도 요한은 그의 편지에 그와 다른 제자들이 성육하신 하나님이 지상에서 사역하실 때와 부활하셨을 때 모두 그분을 "보고 만졌다"(요일 1:1)고 덧붙였다. 요한은 자기가 그분을 눈으로 보았다고 이미 말했는데 왜 생명의 말씀을 "보았다"고 말할까? 여기서 "보았다"를 뜻하는 헬라어 *theaomai*(데아오마이, 2300)는 단순히 관찰하는 것 이상으로 주의 깊게 살핀다는 뜻이다. 이것은 '골똘히 응시하다' 또는 '눈에 보이는 것 이상'을 인지한다는 뜻이다.[5] 또 요한은 그와 그의 동료들이 생명의 말씀을 "손으로 만[졌다]"(1:1)는 사실도 강조했다.

이는 그리스도가 육신이 없는 유령 같은 존재였다는 거짓 교리를 퍼뜨리는 이단자들이 늘어나고 있던 시기에 얼마나 강력한 증언인가(4:2-3, 요이 1:7, 44쪽 "육신이 없는 그리스도를 주장한 최초의 이단" 참조). 한 해설자가 요한의 증언을 잘 요약했다. "요한의 경험은 살아계신 주님에 대한 신비로운 인식이면서 동시에 지극히 기본적이고 현실적이기도 했다. 예수님은 영계의 유령이 아니라 나사렛 출신 예수셨다."[6]

요한일서 1장 2절에 나오는 짧은 삽입구는 요한이 육신을 입은 "생명의 말씀"을 경험할 수 있었던 경위를 설명한다. 그 자체가 영생의 원천인 생명이 "나타내신 바" 되었다. 여기

육신이 없는 그리스도를 주장한 최초의 이단(요한일서 1:1)

1세기에서 2세기 사이에 교회 안에 퍼진 가장 기만적이고 파괴적인 이설(異說) 중 하나가 가현설(Docetism)이다. '그렇게 보이다/그런 듯하다'라는 뜻의 헬라어 *dokeō*(1380)에서 나온 가현설은 예수 그리스도가 육신을 가진 사람으로 보이지만, 사실은 영적 존재, 즉 유령이었다고 가르쳤다.

이런 거짓 가르침은 교회 역사가들이 흔히 영지주의(Gnosticism)라고 부르는 다양한 종파와 밀접하게 얽혀 있었다. 초대 교회 교부들은 영지주의가 사도행전 8장 9-24절에 언급된 마술사 시몬의 제자들에게서 시작된 것으로 본다. 전승에 따르면 베드로에게 심한 질책을 받은(행 8:20-23) 시몬은 자기가 하늘에서 내려온 위대한 신이며, 그가 데리고 다니는 창녀 헬레나는 그의 최초의 창조물이라고 주장하기 시작했다.[7] 시몬은 네로의 선왕인 클라우디우스 황제 재임시 로마에 있었다. 일설에 따르면, 영지주의 이단의 아버지인 시몬은 악마의 영감을 받은 마술로 큰 영향을 미쳐 로마인들이 "거룩한 신 시몬에게"라고 새긴 그의 동상을 세웠다고 한다.[8]

1세기에는 마술사 시몬의 영지주의 이단만 싹트고 있었던 게 아니다. 그 후로 그것을 모방한 이단이 우후죽순처럼 생겨났다. 다른 교사들과 분파들이 단순해 보이는 기독교의 교리를 '개선'하기 위해서 이방 종교, 동방 신비주의, 이원론 철학과 기독교를 혼합하려고 시도했다. 대다수 영지주의자들은 물리적 세계가 악하다고 믿었다. 이 세상과 그 안에 있는 모든 것은 순전히 영적인 존재인 참 하나님의 선한 역사가 아니라 위임받은 열등한 존재의 악한 역사라는 것이었다.

유일하신 참 하나님의 신성한 아들이 "육신이 되[었다]"(요 1:14)는 요한의 주장은 초기 영지주의 이단자들의 주장과 정면으로 배치되었을 것이다. 그들은 요한이 쓴 바와 같이 "미혹하는 자가 세상에 많이 나왔나니 이는 예수 그리스도께서 육체로 오심을 부인하는 자"(요이 1:7)였다. 그래서 요한은 자기가 유령 같은 존재가 아니라 육신을 가지고 "나타내신 바 된" "생명의 말씀"(요일 1:1-2)을 보고, 듣고, 살펴보고, 만졌다는 사실을 명명백백하게 밝힌다. 요한은 그것을 이렇게 썼다. "미혹하는 자가 세상에 많이 나왔나니 이는 예수 그리스도께서 육체로 오심을 부인하는 자라 이런 자가 미혹하는 자요 적그리스도니"(요이 1:7).

서 사용된 *phaneroō*(5319)라는 동사는 예수님이 지상에 존재하셨던 전 과정, 즉 그분의 지상사역(요 1:31), 부활(요 21:1), 장차 영광 가운데 지상에 다시 오심(요일 2:28)을 나타낸다.[9]

이 땅에 나타나신 이 생명은 우리가 매일 세상에서 보는 평범한 생명-우리가 '생물학적 생명'[*bios*(979)]이라고 부르는 것-이 아니었다. 요한은 *zōē*(2222)라는 용어를 사용해서 말 그대로 예수 그리스도 안에 구현된, 천상의 영원하고 신성한 생명을 표현했다. 그분은 "생명의 떡"(요 6:48), "부활이요 생명"(요 11:25), "길이요 진리요 생명"(요 14:6)이시다. 이 생명은 "아버지와 함께 계시다가 우리에게 나타내신 바"(요일 1:2) 되었기 때문에 우리가 볼 수 있었다. 우리에게 육신으로 나타나신 생명의 말씀을 본 사람이라면 이 영원한 생명을 "증언하고 전파하는 것"이 당연한 도리다.

—1:3-4—

요한은 1장 2절의 삽입구 뒤에서 원래의 생각으로 돌아가 마침내 본동사에 도달한다. "우리가 보고 들은 바를 너희에게도 전함은"(1:3). "전하다"[*apangellō*(518)]는 좋은 소식을 뜻하는 "복음"[*euangelion*(2098)]이라는 말과 관련이 있다. 요한이 선포한 내용은 바울이 로마서 서두에 잘 정의한 바와 같이 예수 그리스도에 관한 좋은 소식이다.

> 이 복음은 하나님이 선지자들을 통하여 그의 아들에 관하여 성경에 미리 약속하신 것이라 그의 아들에 관하여 말하면 육신으로는 다윗의 혈통에서 나셨고 성결의 영으로는 죽은 자들 가운데서 부활하사 능력으로 하나님의 아들로 선포되셨으니 곧 우리 주 예수 그리스도시니라(롬 1:2-4).

이 전파된 좋은 소식은 "모든 믿는 자에게 구원을 주시는 하나님의 능력"(롬 1:16)이다.

요한이 직접 보고, 듣고, 만지고, 경험한 예수 그리스도에 관한 이 메시지를 듣고 믿는 자들은 그분을 통해 하나님과 영원한 관계를 맺게 된다. 요한은 요한일서 1장 3-4절에서 이 생명의 말씀을 전하는 두 가지 목적을 밝히면서 이 심오한 진리를 설명한다.

첫째, 요한은 진정한 사귐을 위해서 이 생명의 말씀을 선포한다(1:3). 대부분의 성경이 "교제"(현대인의 성경)라는 단어를 사용하고 있는데 나는 대부분의 그리스도인들이 달리 표현할 말이 없을 때 '교제'라는 말을 사용하면서 그 의미가 희석되었다고 생각한다. 흔히 '교제'는 '커피 타임'이나 '복도에서 잡담을 나누는 것' 또는 '친구들과 함께 외출하는 것'을 의미한다. 하지만 이런 교제는 요한이 생각한 관계가 아니다.

1세기 그리스도인들이 사용한 코이노니아(*koinōnia*, 2842)라는 단어는 함께 나누는 삶에 깊이 참여한다는 뜻이다. 그것을 교감이라고 부르자. 이 코이노니아를 통해 형제자매 그리고 하나님과 신자가 영적으로 깊이 연합하게 된다(고전 1:9, 요일 1:3). 신자들이 "아버지와 그의 아들 예수 그리스도와" 친밀하게 교감하면 신자들끼리도 성령의 역사를 통해 이와 유사한 교감을 누리게 된다. 요한은 그의 글을 읽는 사람들이 이런 종류의 교제를 누릴 수 있게 하려고 이 생명의 말씀을 선포했다.

둘째, 생명의 말씀에 관한 요한의 선포는 충만한 기쁨을 낳는다(1:4). "교제"라는 말이 원래의 깊이를 잃었듯이 "기쁨"도 그렇다. "기쁨"이라는 말을 들었을 때 바로 떠오르는 것은, 세금을 환급받는다는 것을 알았을 때 또는 중요한 시험을 통과했을 때 또는 우리가 홀딱 빠져 있는 사람에게 "사랑해"라는 말을 들었을 때 느끼는 감정이다. 그런 게 기쁨이다. 그렇지 않은가? 아니, 그렇지 않다! 마틴 로이드 존스(Martyn Lloyd-Jones)는 성경이 의미하는 기쁨을 이렇게 정의했다.

> 기쁨이란 매우 깊고 심오한 어떤 것, 전 인격에 전폭적으로 영향을 미치는 어떤 것이다…진정한 기쁨을 줄 수 있는 것은 딱 하나밖에 없다. 그것은 주 예수 그리스도를 묵상하는 것이다. 그분이 내 마음을 채우신다. 그분이 내 감정을 채우신다. 그분이 내 모든 욕구를 채우신다. 그분과 그분의 위대한 구원은 그야말로 전 인격을 망라하며, 그분 안에서 나는 완전해진다. 다시 말해, 기쁨은 주 예수님을 알게 된 영혼의 반응이자 화답이다.[10]

1장 3-4절을 보면 진정한 교제의 목적과 충만한 기쁨은 밀접하게 연결되어 있다. 사도의 기쁨이 충만해지려면 예수 그리스도를 통한 하나님과의 상호 관계를 바탕으로 동료 신자들과 진실하고 친밀한 관계를 맺어야 한다. 지속적인 참 기쁨은 우리가 예배하고 흠모하는 생명의 말씀과 결코 뗄 수 없는 관계에 있다. 하나님과 교제하고, 형제자매와 교제하며, 함께 기쁨을 누릴 때 우리는 생명의 말씀으로 함께 성장하며 온전히 받아들여진다.

적용: 요한일서 1:1-4

심오한 서론에 대한 실제적인 반응

달랑 네 소절로 구성된 두 문장 안에 사도 요한은 평생 기억해야 할 실제적인 원리를 꽉꽉 채워 넣었다. 그리스도인으로 살면서 이 구절을 묵상하고 실천하는 데만 나머지 인생을 다 바쳐도 부족하다고 말해도 과언이 아닐 정도다. 이 구절에 표현된 진리는 그리스도인의 신앙과 삶의 바탕이다. 바라건대 핵심을 놓치지 않으면서 이 네 구절을 쉽게 풀어서 그 진리를 숙고하는 데 도움이 되었으면 한다.

> 처음 그분을 보고 모든 것-수 년 동안 눈으로 보고, 귀로 듣고, 바라보고 공부하고… 실제로 손으로 그분을 만진 것-을 받아들인 순간부터 우리는 그 모든 것이 바로 우리 눈앞에서 일어나는 것을 목도했습니다. 그리고 우리는 지금 우리가 목격한 것을 선포합니다. 놀랍게도, 그것은 우리 앞에서 형체를 취하신 하나님의 무한한 생명이었습니다! 그리고 이제 내가 그것에 대해 쓰는 이유는 여러분 모두가 우리의 삶을 변화시킨 그것을 경험할 수 있게 하려는 것입니다. 그것은 하늘 아버지와 그분의 아들 예수 그리스도와 나누는 친밀한 교제 그리고 우리가 그분과 동행하기 시작한 이후로 알게 된 그 충일한 기쁨입니다. 나는 바로 이것 때문에 오늘 여러분에게 이 편지를 쓰고 있습니다.

생명의 말씀, 신인(God-man)이신 예수 그리스도가 당신의 죗값을 다 치르셨다. 당신을 살리기 위해 그분이 죽으셨다. 당신을 위해 그렇게 하셨다. 당신이 이 깊은 사귐 속으로 들어가 이 충만한 기쁨을 체험하려면 하나님이 자기 아들을 믿으면 주시는 선물을 받기만 하면 된다. 당신이 그분과 이러한 관계를 맺으려고 첫걸음을 내딛기 원한다면 진심을 다해 당신 자신의 말로 이렇게 기도하면 된다.

> 주 예수님, 저는 지금 당신을 영접합니다. 저는 이 생명을 알고 싶습니다. 저는 하나님과 다른 사람들과 나누는 이 깊은 사귐을 알고 싶습니다. 이 기쁨의 삶을 경험하고 싶습니다. 저는 길을 잃었습니다. 예수님, 이 땅에 오셔서 저의 죄를 위해 죽으시고 다시 살아나셔서 저의 살아계신 구세주가 되셨습니다. 그리고 믿는 자들 안에 거하러 오시는 성령의 능력을 통해 저에게 당신의 생명인 새 생명을 주셨습니다. 감사드립니다, 저는 이 모든 것을 믿습니다.

당신이 그리스도를 영접한 적이 없다면 지금 하라. 하나님과 이미 하나님을 영접한 모든 이들과의 친밀한 교제 속으로 들어오라. 그러면 우리의 기쁨-당신과 나의-이 충만해질 것이다.

하나님의 빛과 우리의 어둠(요한일서 1:5-10)

5우리가 그에게서 듣고 너희에게 전하는 소식은 이것이니 곧 하나님은 빛이시라 그에게는 어둠이 조
금도 없으시다는 것이니라 6만일 우리가 하나님과 사귐이 있다 하고 어둠에 행하면 거짓말을 하고 진
리를 행하지 아니함이거니와 7그가 빛 가운데 계신 것 같이 우리도 빛 가운데 행하면 우리가 서로 사
귐이 있고 그 아들 예수의 피가 우리를 모든 죄에서 깨끗하게 하실 것이요 8만일 우리가 죄가 없다고
말하면 스스로 속이고 또 진리가 우리 속에 있지 아니할 것이요 9만일 우리가 우리 죄를 자백하면 그
는 미쁘시고 의로우사 우리 죄를 사하시며 우리를 모든 불의에서 깨끗하게 하실 것이요 10만일 우리
가 범죄하지 아니하였다 하면 하나님을 거짓말하는 이로 만드는 것이니 또한 그의 말씀이 우리 속에
있지 아니하니라

삶의 어느 시점에서 우리는 어린아이에서 성인으로, 배우는 자에서 가르치는 자로, 멘티에서 멘토로 바뀐다. 내가 집을 마지막으로 떠나던 때가 아직도 기억에 선하다. 우리 부모님은 나를 올바로 키우시고, 확고한 가치관, 지혜의 말씀, 따라야 할 본보기를 심어주시려고 최선을 다하셨다. 내가 어쩔 수 없이 집을 떠나 의존적인 어린아이에서 독립한 성인으로의 삶에 첫발을 내딛던 그때 어머니는 말씀하셨다. "내가 아는 건 모조리 알려주었으니 이제부터는 네가 알아서 하거라."

나는 얼마 동안은 물리적으로 혼자였다고 말할 수 있다. 적어도 가정을 꾸리고 부모님이 가르쳐주신 지혜와 교훈을 실천하려고 애쓰기 전까지는 그랬다. 그러나 영적으로 나는 혼자가 아니었다. 부모님의 말씀과 모본은 나와 늘 함께했고, 내가 현실을 직시할수록 점점 더 의미있게 다가왔다. 성인으로 성장하는 동안 부모님의 말씀이 얼마나 많이 떠올랐는지 다 헤아릴 수도 없다. 그럴 때마다 생각했다. "부모님 말씀이 이런 뜻이었구나!" 또 부모님은 내게 주 예수님을 소개해주셨고, 하나님의 말씀에 대한 경외심과 하나님의 교회에 대한 사랑을 귀중한 영적 유산으로 남겨주셨다.

나는 예수님의 제자들에게도 비슷한 일이 일어났을 거라고 상상한다. 주 예수님이 제자들을 둥지에서 세상으로 내보내신 뒤 그들은 믿음을 점점 더 깊이 이해하게 되었다. 그러나 주님은 제자들을 완전히 내팽개치신 게 아니었다. 주님은 자신의 영을 보내셔서 그

들과 함께 거하고, 그들을 위로하며, 가르치고, 모든 진리로 인도하게 하셨다(요 14:16-17, 25-26, 15:26-27, 16:5-15). 그분은 제자들에게 새로운 것을 가르치시기 위해서, 그리고 약속하신 대로, "내가 너희에게 말한 모든 것을 생각나게"(요 14:26) 하시기 위해서 성령을 보내셨다.

요한일서는 이 노사도가 수십 년 간 실생활에 반영하고 하나님의 영으로 가르침을 받은 뒤 그리스도가 그에게 전해주신 지혜에 종이와 잉크로 바치는 찬사다. 그는 그리스도의 가르침을 받기만 한 게 아니라 그대로 살면서 다른 사람들에게 전했기 때문에 그리스도의 가르침에 대한 기억은 세월이 흘러도 희미해지기는커녕 오히려 더 또렷해지고, 더 의미가 깊어지며, 더 실제적이 되었다. 요한일서 1장 5-10절에서 요한은 빛과 어둠이라는 단순한 용어로 예수님께 받은 메시지를 전달한다.

1장 5-10절의 원칙은 간명하다.

- 하나님의 성품은 거룩하고 순결하다(1:5).
- 우리의 본성은 어둡고 타락했다(1:6).
- 우리의 희망은 고백과 죄 씻음에 있다(1:7-10).

우리는 단 몇 분이면 이 말씀을 배우고 암기까지 할 수 있다. 하지만 평생을 빛 속에서 행해야 비로소 그 웅숭깊은 뜻을 받아들일 수 있게 된다.

—1:5—

여러 성경 저자들이 하나님이 하시는 일을 많이 알려준다. 구약성경은 주로 천지창조부터 메시아가 오시기 전날까지 이루어지는 하나님의 위업을 열거한다. 신약성경 역시 구세주의 행동과 성령이 사도들을 통해 이루시는 행적에 대한 수많은 이야기를 상세히 설명한다.

사도 요한도 요한복음과 계시록에 그리스도가 행하신 일과 행하실 일에 대한 기록을 남겼다. 그러나 그는 하나님이 어떤 분이신가에 천착했고, 그 대부분이 요한일서에 나온다. 다른 작가들이 하나님의 능력, 하나님의 역사, 하나님의 뜻, 하나님의 길에 대해 썼던 반면에, 요한은 하나님이 본질적으로 어떤 분이신지를 우리가 이해할 수 있도록 인도한다. 우리에게는 하나님의 본질의 무한한 깊이가 가려져 있기 때문에 요한은 이미지와 은유로 하나님의 본질과 성품을 엿보게 해준다.

이 편지의 첫 문장에서 요한은 하나님은 생명이시며, 예수 그리스도를 통해 우리에게 나타나셨다고 알려준다(1:1-2). 그분은 생명을 발생시키시고, 영원한 생명을 주시며, 자신을 생명의 말씀으로 소개하신 분이다. 이 노사도는 그분을 보았고, 들었으며, 만졌던 기억에 기쁨을 가누지 못하며 "우리가…너희에게도 전[한]"(1:3) 것이 바로 이 성육하신 말씀이라고 진술한다.

이 모든 것으로 인해 그는 이 편지를 읽는 자들이 절대 잊지 않기를 바라는 '메시지', 즉 "하나님은 빛이시라"(1:5)는 메시지를 선포한다. "빛"은 하나님의 본질적 속성을 정확히 표현하는 단 하나의 용어다. 빛은 하나님의 성결을 나타낸다. 요한의 은유에서 하나님은 그냥 광원, 빛을 받아 찬란히 빛나는 존재, 또는 빛의 반사체가 아니다. 하나님은 빛이시다. 그러므로 그분에게는 일말의 어둠도 있을 수 없다. 하나님은 온전한 빛이시며, 눈꼽만큼의 어둠도 없으시다.

이것은 무슨 뜻일까? 하나님은 선하시며 악은 조금도 없으시다는 뜻이다. 하나님은 순수하시며 불순한 것은 전혀 없으시다. 하나님은 정결하시며 더러운 것은 전혀 없으시다. 하나님은 진실하시며 거짓된 것은 전혀 없으시다. 더 크고, 더 강하며, 불멸의 존재라는 것 외에는…비비 꼬인 골칫덩이 인간들과 하등 다를 바 없는 불완전하고, 잔인하며, 복수심에 불타는 슈퍼맨에 불과한 '신들'이 널려 있는 그리스-로마 문화 속에서 이것은 얼마나 뜻깊은 진술인가.

예나 지금이나 거짓 신들은 유일한 빛이신 참 하나님과 비교하면 무색해진다. 이 사실이 중요한 이유는 우리 삶에 하나님의 성결의 빛이 없으면 우리는 계속 영적 어둠 속에 거할 수밖에 없기 때문이다. 영적 세계뿐 아니라 물리적 세계에서도 빛을 만나면 어둠은 사라진다. 빛은 항상 어둠을 몰아낸다.

—1:6-7—

빛이신 하나님의 본질과 반대로 타락한 인간의 본성은 어둡고 부패했다. 요즘의 세련된 설교자들은 웬만해서는 이 주제를 다루지 않는다. 텔레비전 화면에서 환하게 웃으며 당신이 제일 소중하다는 설교를 하는 목사들은 인간의 영적 어둠을 가볍게 여기고 낙관주의, 동기부여, 목적의식이라는 우리 내면의 빛에 접속하는 것이 성공의 비결인 양 말한다. 더 교묘한 설교자들도 있다. 그들은 도덕적 또는 영적 어둠을 암시하는 것 같은 거슬리는 말이나 개념을 회피한다.

6절의 "만일 우리가"로 시작되는 구절은 1장 끝까지 연이어 세 개가 나오는데, 이 구절들이 제기하는 문제는 신자의 신앙고백과 생활방식 사이의 모순이다. 첫 번째 구절에서 요한은 1) 주장을 제시하고, 2) 모순을 설명하며, 3) 합리적인 결론을 도출한다. 이런 식으로 요한은 신자의 삶에 실제로 존재하는 죄의 문제를 스스로 평가하도록 유도한다.

주장	모순	결론
만일 우리가 하나님과 사귐이 있다 하고	어둠에 행하면	거짓말을 하고 진리를 행하지 아니함이거니와

이것이 하나님과 친밀한 관계를 맺고 있다고 주장하면서 자기들의 죄악을 무시하는 사람들의 실상이다. 그들의 말은 그냥 말에 불과하다. 우리가 빛과 가깝다고 주장하면서 실제로는 어둠의 삶을 사는 모순된 모습을 보여준다면 거짓말을 하고 있는 것이다. 하나님과 교제하고 있다고 말하면서 외설물에 빠져 있다면 거짓말쟁이다. 하나님과 친밀한 관계를 맺고 있다고 하면서 배우자와 자녀들을 언어적, 물리적으로 학대한다면 거짓말을 하고 있는 것이다. 하나님과 가깝다고 하면서 교회에서 투덜대고, 불평하며, 험담하면서 문제를 일으킨다면 진리를 실천하지 않고 있는 것이다.

언행이 정반대인 삶은 어떻게 해결할 수 있는가? 7절은 6절과 대조를 이룬다. 하나님이 빛 가운데 거하시듯이 우리가 빛 가운데서 행하면 두 가지 일이 일어난다. 첫째, 빛 가운데서 행하고 있는 동료 신자들과 친밀한 교제를 누린다. 둘째, 하나님과의 친밀한 교제를 통해 우리 삶이 계속 정화되는 경험을 한다.

그렇다면 실제로 "빛 가운데서 행한다"는 것은 무슨 뜻인가? "행하다"로 번역된 헬라어 *peripateō*(4043)의 문자적 의미는 "걸어가다"(마 4:18, 새번역)이다. 그러나 흔히 관용적으로 개인의 생활방식이나 행동양식을 나타내는 데 쓰였다(롬 6:4, 엡 4:1). 이것은 긍정적이든 부정적이든 하나의 행위를 뚝 떼어서 말하는 게 아니다. 하나의 행동을 '올바른 방향으로 나아가는 한 걸음' 또는 '그릇된 길로 내려가는 한 걸음'이라고 한다면, '빛 가운데 행하다' 또는 '어둠 가운데 행하다'는 표현에는 한 방향으로 한 걸음 한 걸음 계속 나아간다는 의미가 내포되어 있다. 즉, 삶의 패턴을 의미한다.

그러므로 "빛 가운데 행할 때" 우리는 생각과 행동을 하나님께 맞춘다. 우리는 하나님이 우리의 충동을 제어하시도록 허용한다. 우리는 하나님과 친밀한 관계를 유지하고, 그분의 말씀을 읽고, 기도하며, 동료 신자들과 모인다. 그리고 이런 일에 꾸준히 자주-가끔 산발적으로 하지 않고-참여한다.

—1:8-10—

8절과 10절에 두 번째와 세 번째 모순이 나온다. 이번에는 다른 종류의 모순이지만, 하나님과 교제하며 올바로 행하는 것을 해치고 그르치기는 마찬가지다.

주장	결론
"만일 우리가 죄가 없다고 말하면."	"스스로 속이고 또 진리가 우리 속에 있지 아니할 것이요."
"만일 우리가 범죄하지 아니하였다 하면."	"하나님을 거짓말하는 이로 만드는 것이니 또한 그의 말씀이 우리 속에 있지 아니하니라."

당신은 아마 두 번째와 세 번째는 "만일 우리가" 절에는 명시된 모순이 없다는 것을 알아차렸을 것이다. 그 이유는 필멸할 이 타락한 육신 안에 거하는 누구에게나 이 모순이 번연히 드러나기 때문이다. 진실은 우리에게 죄가 있다는 것이다. 그리고 이 죄성 때문에 신

자들도 실제로 죄를 짓는다. 우리 삶에 내재된 죄의 근원을 보통 '전적 타락'이라고 한다. 전적 타락의 교리는 다음과 같이 정의된다.

> 인간은 타락해서 영적으로 죽었다. 신의 은총과 별개로 인간이 본질적으로 악하다는 사실은 변함이 없다. 하나님 앞에서 인간은 전적으로 유죄다. 전적 타락이란 모든 사람이 악해질 수 있는 최대치로 악하다는 뜻이 아니라 모든 사람이 복음을 이해하고 받아들이는 결단을 하는 데도 하나님의 은혜가 절대적으로 필요하다는 뜻이다.[11]

이 교리는 "나도 괜찮고, 당신도 괜찮다"라는 포스트모던적 사고방식으로는 불편할 수도 있지만, 성경은 분명하게 반복해서 이 교리를 가르친다. 우리는 의를 행하는 것과 하나님과 함께 바로 서는 것에 있어서 최악이라는 사실을 확증해주는 구절을 세 개만 살펴보자.

> 선을 행하고 전혀 죄를 범하지 아니하는 의인은 세상에 없기 때문이로다(전 7:20).

> 기록된 바 의인은 없나니 하나도 없으며 깨닫는 자도 없고 하나님을 찾는 자도 없고 다 치우쳐 함께 무익하게 되고 선을 행하는 자는 없나니 하나도 없도다(롬 3:10-12).

> 그는 허물과 죄로 죽었던 너희를 살리셨도다 그 때에 너희는 그 가운데서 행하여 이 세상 풍조를 따르고 공중의 권세 잡은 자를 따랐으니 곧 지금 불순종의 아들들 가운데서 역사하는 영이라 전에는 우리도 다 그 가운데서 우리 육체의 욕심을 따라 지내며 육체와 마음의 원하는 것을 하여 다른 이들과 같이 본질상 진노의 자녀이었더니(엡 2:1-3).

타락과 그로 말미암은 죄성에 대한 교리는 성경에 아주 분명하게 나오기 때문에 요한이 만일 우리가 죄를 짓지 않았다고 주장하면 "하나님을 거짓말하는 이로 만드는 것"(요일 1:10)이라고 딱 잘라 말할 만하다.

하나님은 빛이시므로 그 안에는 어두움이 없지만(1:5), 하나님의 은혜의 빛과는 별개로 타락하고 구원받지 못한 인류에게는 성결의 빛이 없다. 우리가 아무리 애써도 우리 인간들은 하나님의 도움 없이는 하나님을 기쁘시게 하지 못한다. 또한 그리스도의 모습으로 한 발짝 더 다가가게 하는 진정한 의의 작은 불꽃 하나도 일으키지 못한다. 죄는 우리 존재의 요체와 동기의 근원에 이르기까지 우리의 내면을 망가뜨린다. 우리는 죄를 숨기거나 부인하거나 독단적으로 거부하려고 할 수 있다. 그러나 타락한 인류의 죄와 죄의식이 남긴 얼룩은 우리를 속속들이 망가뜨렸다.

요한은 죄로 가득 찬 우리 상태를 전제로 신자의 빛과 어두움과의 관계에 대해 논한다. 사도는 하나님의 빛과 우리의 어두움을 흑백논리로 제시해서 독자가 하나님의 거룩하심뿐만 아니라 우리의 죄성도 진지하게 받아들이게 한다. 우리 하나님은 빛(성결하고 의로운)이시기 때문에 자기 자녀들도 어둠이 아닌 빛 속에서 행하기를 바라신다.

요한은 죄가 없다고 주장하는 사람은 스스로를 속이고 있다는 것을 입증하기 위해 수많은 구절, 헤아릴 수 없이 많은 성경의 예, 숱한 개인적 경험을 쉽게 모을 수 있었을 것이다. 그러나 슬프게도 세상 사람들은 점점 더 그런 자기기만에 빠져 자기들에게 죄성이 실재하고 있음을 부인하거나 간과한다.

존 맥아더(John MacArthur)가 이것을 잘 표현했다.

> 요즘 사람들은 흔히 다른 사람들이 자기들을 이러이러하게 대했기 때문에 자기들이 삶을 '실패'하고 특정한 '장애'가 생긴 거라고 우기면서 죄를 축소하고 다르게 정의한다. 사람들은 기본적으로 선하며 설령 잘못한 게 있어도 그것은 개인에게 속한 선택의 자유와 관련한 문제이지 정말로 잘못한 게 아니라고 위로하는 대중문화의 영향을 받아들인다. 자기가 희생자라는 피해의식에 사로잡힌다. 사람들은 자기의 행위에 따르는 책임을 받아들이기보다 있는 그대로의 모습이 받아들여지기를 원한다.[12]

죄를 부정하는 것에 대한 해결책은 정반대의 행동을 하는 것이다. 죄를 고백하라. 요한은 1장 9절에서 사랑이 충만한 우리 하나님이 주신 자비와 은혜로 가득한 놀라운 약속을 확인해준다. 우리가 "우리 죄를 자백하면" 하나님은 그리스도의 피로 우리를 정결케 하시고, 관계를 멍들게 하는 행동의 영향에서 벗어나게 하시며, 우리의 불의를 씻어내기 위해 우리 안에 성령으로 역사하시겠다는 약속을 성실히 이행하실 것이다. “고백”으로 번역된 *homologeō*(3670)는 문자적으로 ‘같은 말을 하다’는 뜻의 복합어다. 우리 죄를 고백하는 것은 “어떤 것이 사실이거나 진실임을 인정하는 것”이다.[13] 우리가 진실이기를 바라는 것이나 세상이 진실이라고 말하는 것이 아니라 하나님이 우리의 죄에 대해 하시는 말씀에 동의하는 것이다.

죄를 지으면 그에 대한 책임을 져야 한다. 다른 사람들, 가족력, 유전자, 환경, 상황을 비난해서는 안 된다. 사탄이나 하나님을 비난하면 안 된다. 우리는 하나님의 용서와 회복이 필요한 죄인임을 인정해야 한다. 이처럼 하나님 앞에 우리의 죄를 순순히 고백할 때 하나님은 모든 불의에서 우리를 깨끗게 하시고 그분과 나누는 친밀한 교제를 회복해주신다. 우리에게 은혜와 자비가 늘 있으며, 언제라도 그것을 이용할 수 있다는 약속은 얼마나 멋진가!

그렇지만 요한일서 1장 9절 한 구절만 내세우는 것은 조심해야 한다. 우리가 죄를 고백하면 우리를 용서하시겠다는 하나님의 약속을, 예수님이 셈을 다 치르셨으니 마음껏 죄를 지어도 된다는 식으로 해석하는 건 금물이다. 그것은 마치 죄가 가득 차려진 뷔페 식사로 초대하는 것과 같다. 하나님의 약속은 당신이 계속 불의한 일을 행할 때 당신의 악행에 뿌리기만 하면 되는 즉석 죄 세정제가 아니다. 사람들은 그것이 무한히 공급된다고 믿는다. 이 구절은 전후 맥락을 알아야 올바른 관점에서 볼 수 있다.

빛이신 하나님은 우리가 어둠이 아닌 빛 가운데서 행하기를 원하신다. 그분은 우리와 친밀한 관계를 계속 유지하고 싶어 하신다. 하나님은 우리가 하나님과 동료 신자들과의 친밀한 관계 속에서 죄를 깨닫고, 우리의 상태를 있는 그대로 고백하기를 원하신다. 또한 그분의 말씀의 빛 안에서 행하고, 그분의 영을 따라 의를 힘써 추구하기를 바라신다. 그러나 우리가 어쩔 수 없이 죄를 지었을 때는 하나님께 나아가 죄를 씻음으로써 교제를 계속 이어가기 원하신다.

적용: 요한일서 1:5–10

하나님의 빛 안에 거하는 하루

당신이 요한일서 1장 5–10절의 적용을 생각할 때 꼭 기억하기를 바라는 것이 있다. 친밀감은 정직이라는 뿌리에서 자란다. 옳은 일을 하기에 너무 늦은 때란 없기에, 잘못을 인정하는 것이 하나님과의 친밀감과 동료 신자들과의 교제를 회복하는 첫 단계다. 고백이 양쪽 관계 모두에서 중요한 역할을 차지하는 것도 그 때문이다. 고백하는 자세가 없으면 우리는 죄와 죄책감을 쌓아놓게 될 것이고, 그것은 걱정과 수치심으로 바뀌면서 우리를 하나님의 성결, 의, 진리의 빛에서 더 멀어지게 할 것이다.

우리는 매일 빛 가운데서 행하고 그분의 은혜와 자비가 어둠을 몰아내는 데 도움이 되는 일을 해야 한다. 여러 해에 걸쳐 나는 이것을 실천할 수 있는 단순한 계획을 짰다. 우리가 이 일을 힘써 행한다면 어둠에 먹히지 않고 이겨내는 횟수가 점점 더 많아질 것이다.

첫째, 나는 매일 아침 빛 가운데서 하루를 행하기로 결심한다. 나는 그것에 전념한다. 아침 기도를 드릴 때 나는 이렇게 기도한다. "주님, 오늘 제 앞에 놓인 시간이 무엇으로 채워질지 저는 모릅니다. 어떤 사람들을 마주칠지, 어떤 어려움이 닥칠지, 어떤 유혹을 이겨내야 할지 전혀 알지 못합니다. 어떤 비극, 시련, 승리를 경험하게 될지 모릅니다. 하루를 마칠 때 제 건강이 어떤 상태일지 저는 모릅니다. 그러나 당신은 아십니다. 그러므로 오늘 저는 당신 앞에서 당신의 능력으로 빛 가운데서 행하기로 결심합니다. 오늘 하루 제가 갈림길에 설 때, 곧 빛과 어둠 사이에서 선택의 기로에 설 때 저를 빛으로 인도해주십시오. 저는 제가 죄인임을 압니다. 그리고 제 힘으로는 죄의 유혹을 이길 수 없다는 것도 압니다. 그러니 빛 가운데서 행할 수 있도록 힘을 주십시오."

그다음에는 하루하루를 지내며 내 안의 어두운 본성을 계속 인식하려고 노력한다. 나는 언제라도 어둠을 향해 발을 내디딜 수 있는 존재임을 절대 잊지 말아야 한다. 사실 나는 빗나간 생각, 나쁜 태도, 부주의한 시선, 어리석고 공격적인 말을 마음에 품지 않고 지나가는 날이 하루도 없다. 그러나 그럴 때마다 나는 그것을 고백한다. 나는 하나님이 나에 대해 하시는 말씀과 똑같은 말을 한다. 나는 죄인이다. 그리고 나는 그것을 있는 그대로 죄라고 부른다. 나는 그것을 고백해서 나와 하나님 사이에 찜찜함이 남지 않게 한다.

마침내, 해가 지고 하루를 마무리하는 자리에서 나는 나를 돌보아주신 하나님께 감사드린다. 그것은 결코 내 힘으로, 혹은 내가 발견한 영리한 방법이나 속임수로 할 수 없는 일이다. 삶을 변화시키시는 하나님의 강력한 은혜로만 가능하다. 그분의 빛은 나를 더 깊은 빛으로 인도한다.

주

1. Walter Bauer 외, *A Greek-English Lexicon of the New Testament and Other Early Christian Literature*(Chicago: University of Chicago Press, 2000), 552.
2. *The Letters of John: An Introduction and Commentary*, 개정판, Tyndale New Testament Commentaries(Grand Rapids: Eerdmans, 1988), 62에 나오는 John R. W. Stott의 분석을 보라.
3. Anthony Preus, *Historical Dictionary of Ancient Greek Philosophy*, 재판(Lanham, MD: Rowman & Littlefield, 2015), 229–231.
4. 같은 책, 231.
5. Bauer 외, *Greek-English Lexicon*, 445–446.
6. Earl F. Palmer, *1, 2, 3 John, Revelation*, The Communicator's Commentary, 제12권, Lloyd J. Ogilvie 편집(Waco, TX: Word Books, 1982), 23.
7. Irenaeus, *Against Heresies* 1.16; Tertullian, *On the Soul* 34.
8. Justin Martyr, *1 Apology* 26을 보라. Leslie William Barnard 편집, *St. Justin Martyr: The First and Second Apologies*, Ancient Christian Writers, 제56권(New York: Paulist Press, 1997), 136, note 181에서 이 동상에 대한 해설을 보라.
9. Stephen S. Smalley, *1, 2, 3 John*, Word Biblical Commentary, 제51권, David A. Hubbard and Glenn W. Barker 편집(Waco, TX: Word Books, 1984), 9를 보라.
10. Martyn Lloyd-Jones, *Life in Christ: Studies in 1 John*, 단권(Wheaton, IL: Crossway, 2002), 30.
11. Nathan D. Holsteen and Michael J. Svigel 편집, *Exploring Christian Theology*, 제2권, *Creation, Fall, and Salvation*(Minneapolis: Bethany House, 2015), 258.
12. John MacArthur, *1-3 John*, The MacArthur New Testament Commentary(Chicago: Moody, 2007), 26.
13. Bauer 외, *Greek-English Lexicon*, 708.

정결한 삶

요한일서 2:1-17

한창때 나는 크고 작은 박물관에 많이 다녔다. 남북전쟁 같은 역사의 한 단면에 초점을 맞춘 곳도 있었고, 성지(聖地)에 세워진 박물관처럼 한 지역의 전 역사에 초점을 맞춘 곳도 있었다. 어떤 박물관은 보통 '입구'로 입장해서 '출구'로 나가게 되어 있는 철저한 선형 구조로 되어 있다. 이런 구조에서는 어디로 가야 할지 모르는 일은 생기지 않는다. 전시의 흐름을 따라가면 반대편으로 나오게 된다. 눈을 감거나 비상구로 나오지 않는 한 박물관에서 전시물을 못 보고 지나치는 경우는 없다!

물론 다른 박물관들도 직선이 아니고 단일 출입구가 없다 뿐이지 전시실이나 일단의 전시품들은 연이어 배열되어 있다. 당신은 홀에서 홀로 돌아다니고, 계단을 오르내리며, 한가로이 소장품들을 둘러본다. 이집트 미라를 좋아하면 3층 서관에서 시간을 보낸다. 이탈리아 르네상스 예술을 좋아하면 스카이워크로 연결된 남쪽 별관으로 향한다. 배가 출출해지거나 지루해지거나 폐관 시간이 가까워지면 볼 만큼 본 거다. 물론, 선형 구조가 아닌 박물관에서는 보지 못하고 지나치는 게 있을 수 있다. 시간 가는 줄 모르고 광물 수집품을 들여다보느라 매머드 뼈가 있는 전시관은 들어가 보지 못했을 수도 있다!

성경책은 박물관과 비슷하다. 어떤 책은 규모가 크고, 몇 가지 주제를 논리적이고 순차적으로 다룬다. 또 어떤 책은 내용이 많지 않고 한 가지 특정 주제만 집중적으로 다룬다. 적당한 분량의 요한일서는 전시된 여러 주제를 굽이굽이 따라간다. 이 주제들 사이로 우리를 인도하는 안내자인 사도 요한은 제일 먼저 빛 가운데서 행하는 문제, 그다음에는 죄의 고백, 다시 빛, 그다음에는 사랑, 그리고 다시 죄, 그다음에 진리, 다시 빛, 이런 식으로 우리를 인도한다. 좀더 직선적인 사고를 하는 사람들에게 이런 방식은 다소 혼란스러울 수 있다. 그러나 요한이 실제로 우리를 변화의 여정으로 인도하고 있다는 사실을 깨닫는다면 우리가 중요한 것을 놓치고 이 박물관을 떠나는 일은 없을 것이다.

이리저리 돌아가는 이 책의 특성 때문에 간간이 뒤로 물러나 큰 그림을 다시 보는 것이 이해하는 데 도움이 된다. 요한은 독자에게 성령의 능력을 힘입어 아버지와 아들과 교제할 때 기쁨이 충만한 삶, 정결한 삶, 분별하는 삶, 확신에 찬 삶을 살 수 있다는 사실을 알리기 원했다.

우리는 이미 빛 안에서 행함으로써 하나님과 다른 사람들과의 친밀한 교제에서 오는 기쁨에 초점을 맞춘 첫 번째 구역을 들렀다. 두 번째 구역에서 요한은 교제가 정결한 삶을 낳는다는 진리를 개진한다(2:1-17). 이 부분에서는 어조가 더 친밀해진다. 요한은 독자를 가족끼리 사용하는 호칭으로 부르면서 그들 사이에 흐르고 있는 친밀하고 끈끈한 교감을 내비친다. 우리가 하나님과 동료 신자들과 이런 종류의 친밀한 관계를 맺으면 그것은 우리의 영적 생활에 분명한 영향을 미친다. 우리는 죄와 싸우고 있는 전쟁에서 이기기 시작한다. 그리고 천국의 사랑, 곧 조건 없는 자기 희생적인 사랑으로 다른 사람들을 사랑하게 된다. 이 두 가지를 통해 우리는 진실로 빛 가운데서 행한다는 것이 무슨 의미인지 체득하게 된다.

핵심 용어

τεκνίον[*teknion*, 테크니온]*(5040)* '자녀들'

이 편지에서 요한은 자신의 독자를 몇 번이나 "자녀들"(2:1, 12, 28, 3:7, 18, 4:4, 5:21)이라고 부른다. '친숙하고 애정 어린 호칭'[1]인 *teknion*은 "자녀"[*teknon*(5043), 참조. 3:1-2, 5:2]를 친밀하게 부르는 애칭이다. 요한은 신자와 하나님과의 관계를 잘 보여주기 위해 *teknion*을 호격(직접 호칭)으로만 사용한다. 요한은 자기 독자를 *teknion*으로 부르면서 부모 같은 부드럽고 사랑스러운 분위기를 조성한다.

κόσμος[*kosmos*, 코스모스]*(2889)* '질서 정연', '우주', '죄로 가득 찬 세상'

가장 일반적인 의미로 *kosmos*는 존재하는 모든 것, 즉 우주를 의미한다. 그러나 사도 요한은 이 용어를 그리스도가 재림하시기 전인 이 시대의 체제를 나타내기 위해 더 제한적이고, 기술적이며, 신학적인 의미로 사용했다. 여기에서 말하는 좁은 의미의 "세상"은 사탄의 손아귀에 잡혀 있으며 사악함이 특징이다(2:15-17, 3:1, 13, 4:4-5, 17, 5:4-5). 요한의 의도는 물리적 세계 자체가 악하다는 것이 아니라 하나님과 대립하고 있는 현재의 상태가 악하다는 뜻이다.

φῶς[*phōs*, 포스]*(5457)* '빛'

σκότος[*skotos*, 스코토스]*(4655)* '어둠'

요한은 이 편지의 서두에서 "하나님은 빛이시라 그에게는 어둠이 조금도 없으시다"(1:5)라는 원칙을 소개한다. 두 번째 단락에서는 어두운 세상의 사악함과 "빛 가운데"(2:8-9) 있는 참된 신자들의 삶을 분명히 구분하기 위해 동일한 대조법을 사용한다. 스위치를 눌러 빛을 밝히는 기술이 없던 고대에는 어둠 속에 미지의 위험이 늘 도사리고 있었다. 바울은 실제로 그리스도와 떨어져 있는 사람들을 "주 안에서 빛"인 자들과 대조해서 "어둠"(엡 5:8)이라고 묘사한다. 요한의 복음서는 그리스도의 빛을 이 세상의 어둠과 여러 차례 대조한다(요 1:5, 3:19, 8:12, 12:35, 46).

ἱλασμός[*hilasmos*, 힐라스모스]*(2434)* '속죄', '화목 제물'

신약성경을 통틀어 요한일서에서 그리스도의 죽음을 언급할 때 딱 두 차례 사용된 *hilasmos*는 구약성경에 나오는 속죄제의 이미지에서 유래했다. 이 용어는 민수기 5장 8절의 "속죄양"과 에스겔 44장 27절의 "속죄제"를 일컫는 데 쓰였다. 요한일서 2장 2절에서 요한이 예수 그리스도를 "화목 제물"이라고 한 것은 그리스도의 죽음이 우리를 향한 하나님의 진노를 돌이키고 우리가 그분께 진 빚을 완전히 탕감해준다는 뜻이다.

자녀들에게 들려주는 지혜의 말(요한일서 2:1–11)

1나의 자녀들아 내가 이것을 너희에게 씀은 너희로 죄를 범하지 않게 하려 함이라 만일 누가 죄를 범
하여도 아버지 앞에서 우리에게 대언자가 있으니 곧 의로우신 예수 그리스도시라 2그는 우리 죄를 위
한 화목 제물이니 우리만 위할 뿐 아니요 온 세상의 죄를 위하심이라
3우리가 그의 계명을 지키면 이로써 우리가 그를 아는 줄로 알 것이요 4그를 아노라 하고 그의 계
명을 지키지 아니하는 자는 거짓말하는 자요 진리가 그 속에 있지 아니하되 5누구든지 그의 말씀을
지키는 자는 하나님의 사랑이 참으로 그 속에서 온전하게 되었나니 이로써 우리가 그의 안에 있는 줄
을 아노라 6그의 안에 산다고 하는 자는 그가 행하시는 대로 자기도 행할지니라
7사랑하는 자들아 내가 새 계명을 너희에게 쓰는 것이 아니라 너희가 처음부터 가진 옛 계명이니
이 옛 계명은 너희가 들은 바 말씀이거니와 8다시 내가 너희에게 새 계명을 쓰노니 그에게와 너희에
게도 참된 것이라 이는 어둠이 지나가고 참빛이 벌써 비침이니라 9빛 가운데 있다 하면서 그 형제를
미워하는 자는 지금까지 어둠에 있는 자요 10그의 형제를 사랑하는 자는 빛 가운데 거하여 자기 속에
거리낌이 없으나 11그의 형제를 미워하는 자는 어둠에 있고 또 어둠에 행하며 갈 곳을 알지 못하나니
이는 그 어둠이 그의 눈을 멀게 하였음이라

1980년대에 로버트 풀검(Robert Fulghum)은 자신의 베스트셀러 『내가 정말 알아야 할 모든 것은 유치원에서 배웠다』(*All I Really Need to Know I Learned in Kindergarten*)[2]에서 깜짝 놀랄 만큼 단순한 논제로 즐거움을 주었다. 이 책의 서두에서 풀검은 이렇게 주장한다. "지혜는 상아탑 꼭대기가 아니라 주일학교의 모래 더미에 있었다."[3] 그가 말하는 기본적인 삶의 규칙에는 "모든 것을 나눠 가져라", "공평하게 놀아라", "사람을 때리지 마라", "네가 어지른 것은 네가 치워라", "누군가를 나지게 했을 때는 미안하다고 말해라" 같은 것이 있다.[4] 이것은 단순한 규칙이고 맞는 말인데도 곧잘 잊어버리기 때문에 우리 마음에 더 와 닿는다. 나는 우리가 기본으로 돌아갈수록 다른 사람들과 더불어 살기가 더 쉬워질 거라고 확신한다.

요한일서를 깊이 공부할수록 요한이 젠체하지 않고 독자의 마음을 움직여 기본으로 다시 데려가고 있음을 분명히 느낄 수 있다. 그는 독자를 "자녀들", "아비들", "청년들"이라고 부르며 진심으로 영적 가족의 일원으로 대한다(2:12-14). 요한일서는 마치 독자가 영적 할아버지의 발치에 앉아 시대를 초월한 지혜를 배우고 있는 '가족 모임' 같다. 그의 말에는 훈계하거나 책망하려는 의도가 없다. 질책이나 꾸짖음이 아니다. 이 글은 다정한 가르침과 걱정스러운 경고의 말이다. 도도한 궤변이 아니라 사랑이 깃든 지혜다.

가족 모임에서 이런 지혜의 말을 들으면 자기 자신을 바라보는 시각이 바뀌지 않을 수 없다. 요한이 가장의 역할을 자처하고 있다면 우리 또한 그의 영적 자녀이자 같은 영적 가족의 일원으로서 그 말을 받아들여야 한다. 요한의 어떤 말은 단호하고 양심을 찌를지 모르지만, 그렇더라도 그를 분위기 망치는 까탈스러운 노인네로 생각하지 말라.

그는 금욕적이고 괴팍한 사람이 아니다. 기억하라, 이 가족 모임에서 그가 들려주는 권고와 경고는 진정한 교제와 기쁨을 주려는 것이다!

요한의 가족 모임에서 적어둔 것을 '어린 자녀들에게 주는 가훈' 형식으로 소개하겠다. 이 11개의 구절에는 최소한 7개의 간명한 기본 원칙이 들어 있다. 그중 6개는 2장 1-6절에 들어 있고, 2장 7-11절에는 모든 원칙의 기본이 되는 명령으로 언급된다.

—2:1-6—

요한은 2장 1절에서 처음으로 독자를 "나의 자녀들"이라고 부른다. 헬라어 *teknion*은 '자녀'라는 단어의 지소사('작음', '친밀감' 등을 뜻하는 접미사 또는 이 접미사가 붙은 단어.-역주)다. 'bird'의 지소사는 'birdie'이고, '개'의 지소사는 '강아지'다. 분명 요한은 할아버지가 어린아이에게 말하듯 친밀하고 다정한 감정을 나누고 싶어 한다. 그래서 나도 요한이 일러준 일종의 가훈 목록을 간추려 아이에게 일러주듯이 이 원칙들을 제시하려고 한다. 크레용으로 써 줄 수 있다면 정말로 그렇게 하고 싶은 마음이다.

규칙 1: 해를 자초하는 일을 아예 하지 말라. 이것이 요한의 첫 말에 담긴 요지다. "내가 이것을 너희에게 씀은 너희로 죄를 범하지 않게 하려 함이라"(2:1). 요한이 바로 앞 장에서 하나님은 신실하셔서 우리가 그분께 죄를 고백하면 우리 죄를 용서하실 것이며(1:9), 우리는 모두 죄를 지었다(1:10)고 말한 것을 기억하라. 우리 삶에는 항상 죄가 존재하며 하나님은 항상 용서할 준비가 되어 있으시다는 사실을 빌미로 마치 내일이 없는 것처럼 죄를 지어서는 안 된다. 요한은 잘못된 생각이 싹트기 전에 그 잡초를 뽑아버린다. 그는 죄지을 구실을 주는 것이 아니라 죄를 피하라고 촉구하는 것이다. 왜일까? 죄는 위험하기 때문이다.

규칙 2: 일을 그르쳤을 때 언제나 네 편이 있다는 사실을 기억하라. 어떤 상황에서도 우리는 절대 혼자가 아니다. 우리가 유혹과 불순종의 탁류에 얼마나 멀리 떠내려갔든, 그 행동이 얼마나 잘못되었든, 그 결과가 얼마나 심각하든, "아버지 앞에서 우리에게 대언자가 있으니 곧 의로우신 예수 그리스도시라"(2:1). 요한은 이 주장을 여기에서 두 번째로 하고 있다. 이미 1장 9절에서 우리가 우리 죄를 고백하면 하나님은 우리를 용서하시고 우리의 불의를 깨끗이 씻어주실 준비가 되어 있으시다고 말했다.

"대언자"로 번역된 단어 *paraklētos*(3875)는 요한복음 14장 16절("보혜사"로 번역됨)에서 성령을 일컬을 때도 쓰였다. "내가 아버지께 구하겠으니 그가 또 다른 보혜사를 너희에게 주사 영원토록 너희와 함께 있게 하리니." "대언자"는 '중재자', '중보자', '돕는 자'로 바꿀 수 있으며,"다른 사람을 대신해서 나타나는 사람"을 가리킨다.[5] 워렌 위어스비(Warren Wiersbe)가 이것을 잘 표현했다. "그리스도는 우리의 대표시다. 그분은 아버지의 보좌 앞에서 우리를 변호하신다. 사탄은 형제들의 고발자로 거기 서 있을 것이다(슥 3장, 계 12:10). 그러나 그리스도는 우리의 대언자로 하나님 앞에 서서 우리를 위해 청원하신다! 하나님은 그분의 간원에 응답하셔서 우리의 죄를 끊임없이 용서하신다."[6]

그리스도는 마치 변호인처럼 천국 법정에서 계속 우리 사건을 변호하신다. 그러나 우리의 신성한 대언자와 세상 변호사 사이에는 두 가지 큰 차이점이 있다. 변호사는 의뢰인의 무죄를 변호한다. 우리의 구세주는 우리가 지은 죄를 인정하면서 우리를 도우신다. 변호사는 법의 테두리 안에서 우리 사건의 시시비비를 가려 판사나 배심원을 설득하려고 한다. 우리 구세주는 "우리 죄를 위한 화목 제물"(요일 2:2)이 되어 우리를 도우러 오셨다. 그분은 인류가 지은 죄의 대가를 치르셨다. 유일하게 완전한 신인(God-man)이신 그분이 십자가에서 모든 인류를 대신해 속죄의 제물이 되셨다. "화목 제물"이라는 말은 "우리를 향한 하나님의 진노를 가라앉히는 (또는 보응하는) 제물"로 정의할 수 있다.[7] 그리스도가 자기 죄를 고백하는 신자를 대신해 일하실 때 재판관이신 하나님은 세상 죄를 속량하신 우리의 대언자에게 이렇게 응답하신다. "속죄의 요건이 다 충족되었으니 사건을 기각한다."

규칙 3: 가족의 일원답게 행동하라. "우리가 그분을 알게 되었고" 그래서 하나님의 가족의 일원이 되었다는 최선의 증거는 그분께 순종하는 삶이다(2:3). 우리는 고집스러운 아이가 반항적인 눈빛으로 어른을 쳐다보며 "우리 아빠 아니야!"라고 소리 지르는 모습을 얼마나 많이 보았는가! 어린아이가 진짜 아빠한테 그랬다면 어떤 식으로든 응분의 대가를 치렀을 것이다! 우리는 하늘 아버지이신 하나님께 순종한다. 그리고 우리의 순종은 끊임없는 두려움이 아닌 사랑과 존경에서 우러나와야 한다.

나는 요한이 기억을 더듬어 최후의 만찬을 회상하고 있는 게 아닐까 싶다. 예수님은 그때 이 점을 강조하셨다. "너희가 나를 사랑하면 나의 계명을 지키리라…나의 계명을 지키는 자라야 나를 사랑하는 자니 나를 사랑하는 자는 내 아버지께 사랑을 받을 것이요 나도 그를 사랑하여 그에게 나를 나타내리라…사람이 나를 사랑하면 내 말을 지키리니 내 아버지께서 그를 사랑하실 것이요 우리가 그에게 가서 거처를 그와 함께 하리라"(요 14:15-23). 이 말씀에서 볼 수 있듯이 신자가 아버지와 아들과 맺은 관계는 점점 더 깊어지고, 더 친밀해지며, 더 개인적인 차원이 된다. 하나님의 가족은 그들의 아버지께 순종한다.

규칙 4: 네가 뭐라고 말하든 행동이 진실을 말한다. 행동이 말보다 더 중요하다는 옛말이 맞다. "나는 예수님을 알게 되었습니다"라고 말하면서 빛 속으로는 한 발짝도 움직이지 않거나 그분의 명령을 행하는 일에는 손가락 하나 까딱하지 않는 사람은 위선자다. 요한일서 2장 4절에서 요한의 언어는 더 강경해진다. 그런 사람은 "거짓말하는 자요 진리가 그 속에 있지 아니[하다]." 이것은 우리의 모든 관계에 적용된다. 자기 아내를 사랑한다고 말하면서 끊임없이 아내를 함부로 대하고, 부당하게 대하며, 학대하는 남자를 생각해보라. 그의 행동은 "나는 아내를 사랑하지 않는다"고 말한다. 자기 아내를 진심으로 사랑하는 남자는 아내를 귀히 여기고, 존중하며, 신의를 지키고, 친절하게 대할 것이다.

오해하지 말라. 어쩌다 한 번씩 화를 터트리는 사람을 말하는 게 아니다. 우리는 다 그렇다. 우리는 모두 배우자에게 쏘아붙이고, 아이들에게 소리 지르며, 가족을 소홀히 여길 때가 있다. 우리가 그들을 사랑하지 않아서가 아니라 연약하고, 유한하며, 타락한 인간이기 때문이다. 우리가 그리스도와 맺고 있는 관계도 마찬가지다. 2장 4절에 "지키지 아니하는"으로 번역된 동사는 현재분사로, 지속적으로 또는 습관적으로 행하는 모습—이 경우에

묵상의 서재

더 가면 위험하다(요한일서 2:1)

미국 건국 200주년이 되는 해였던 1976년에 우리 부부는 친구 몇 명과 함께 제임스타운에서 버스를 타고 보스턴에 갔다. 뉴욕까지 오자 우리는 너나 할 것 없이 모두 '버스에서 뛰쳐나가' 다리를 뻗고 싶어했다. 일행 중 댓 명이 맨해튼 주변을 가이드 없이 도보 관광을 하기로 했다. 자, 1976년도에도 맨해튼에는 빨간불에 멈추고 싶지 않은 지역들이 있었다. 하지만 우리가 뭘 알았겠는가? 그날 우리는 입이 찢어져라 빅 애플(뉴욕시의 별칭-역주)을 베어 문 순진무구한 서부 관광객일 뿐이었다.

몇 블록을 우왕좌왕하며 역사적인 명소를 둘러보던 끝에 우리는 뉴욕의 명물 중 하나와 마주쳤다. 뉴욕 경찰이 정중하지만 단호한 태도로 말했다. "뉴욕 분들이 아니죠?"

"네, 캘리포니아에서 왔어요."

경찰관은 고개를 끄덕이며 엄중히 말했다. "더 이상 가시면 안 됩니다. 제 뒤쪽은 위험 지역이에요. 가지 마세요."

그는 우리의 즐거움을 빼앗거나, 관광명소에 못 가게 하거나, NYPD(뉴욕 경찰)의 권위를 과시하려는 게 아니었다. 그는 우리의 안전을 염려했다. 그는 우리의 안녕을 위해 경고한 것이었다. 그가 제일 잘 알았다. 그의 뒤에는 위험이 도사리고 있었다.

요한이 독자들에게 보낸 엄중한 경고도 마찬가지다. 그는 죄의 문턱에 서서 손을 뻗으며 영적 자녀들에게 이렇게 말한다. "거기 가지 마라. 내 뒤는 위험해."

그의 경고에 귀를 기울이는 게 좋다.

는 불순종—을 나타낸다. 이 경우는 주님을 사랑하지만 이따금 그분의 계명을 지키지 못하는 사람을 말하는 게 아니라, 주님을 사랑한다고 하면서 끊임없이 죄를 지으며 사는 사람을 나타낸다.[8]

규칙 5: 네가 하나님 아버지를 얼마나 존경하는지는 너의 순종으로 드러난다는 사실을 늘 기억하라. 2장 4절에서 요한은 계속 하나님의 계명을 어기는 사람은 그리스도를 알게 되었다는 고백이 거짓이라는 결론을 내리고, 이와 반대로 2장 5절에서는 하나님의 말씀을 지키는 것이 습관이 된 사람을 긍정적인 시선으로 본다. 설령 그 사람이 그리스도와의 관계에 대해 고백하는 말을 듣지 못했어도 그의 삶을 보면 그가 얼마나 하나님을 사랑하고 경외하는지 알 수 있다.

한 여인이 지속적으로 자기 이웃을 자기 몸처럼 사랑하고, 부당한 대우를 받았을 때 반대편 뺨을 돌려 대며, 궁핍한 자들에게 헌신적으로 베풀고, 그리스도의 일꾼들을 환대하며, 지역 교회에 성실히 이바지한다면, 우리는 그녀를 한쪽으로 데려가 "당신은 정말로 하나님 아버지를 사랑하고 경외하나요?"라고 묻지 않을 것이다. 굳이 묻지 않아도 우리는 이미 그 사람의 말이 아니라 행동으로 이 질문의 답을 얻었다. 반대로 사람들을 함부로 대하고, 다른 사람들의 궁핍을 외면하며, 교회에서 분란을 일으키는 사람과 비교해보라. 그런 사람은 정말 주님과 깊은 관계를 맺고 있는지 의심해볼 필요가 있다. 그런 사람이 "예수님과 제 관계는 뗄래야 뗄 수 없는 관계입니다. 마치 쌍둥이처럼 닮았죠"라고 말한다면 의심받아 마땅하다.

규칙 6: 본받을 만한 모범을 찾고 있다면 예수님을 선택하라. 주님과 영적으로 가족 관계인 사람은 "그가 행하시는 대로"(2:5-6) 행한다는 분명한 징표를 보여준다. 당신이 본으로 삼을 영웅을 찾고 있다면 스포츠 스타, 권력 있는 정치인, 큰돈을 굴리는 기업가, 심지어 대형교회 설교자들에게서 눈을 돌려 예수님께 초점을 맞추라. 그분의 발자취를 따르고, 그분의 삶에서 영향을 받으며, 그분의 길을 연구하고, 그분이 보여주신 모범에서 배우며, 그분의 행동을 모방하라. 그러려면 복음서를 주의 깊게 읽고 묵상하며 그분을 알아가야 한다. 달리 말하면 구주를 너무나 사랑해서 그분과 시간을 보내지 않고는 견딜 수 없고, 그분과 시간을 너무 많이 보내서 저절로 그분처럼 행동하게 된다는 뜻이다.

—2:7–11—

규칙 7: 형제자매를 사랑하라. 나는 아무도 "너를 사랑해"라고 말하지 않는 가정에서 자란다는 게 어떨지 상상할 수 없다. 포옹, 선물을 통한 감사의 표현, 좋을 때나 나쁠 때나 한결같이 충실한 헌신을 보여주지 않는 가족 안에서 산다는 게 어떤 기분일지 상상이 안 된다. 그러나 세상에 그런 가정은 분명 존재한다. 어쩌면 이 글을 읽고 있는 당신도 그런 가정에서 평생 우리 모두가 듣고 싶어 하는 그 말을 듣기를 갈망하면서 자랐을지도 모른다.

변함없는 사실은, 우리는 이런 말이 필요 없거나 싫증나지 않으며 대신할 말을 찾을 수 없다는 것이다. 우리는 "사랑해"라고 말하고 이런저런 방식으로 사랑을 표현한다. 사랑의 표현은 관계에 생명을 불어넣는 활력소다. 사랑이 없으면 부부관계나 가정은 시늘어버릴 것이다.

사도 요한은 영적 가정 생활을 위한 일곱 가지 기본 원칙을 전하면서 단연코 가장 중요한 원칙인 몇 구절을 더 강조한다. "너희 형제자매를 사랑하라." 요한이 이 규칙을 강조하는 이유는 분명하다. 예수님이 몇십 년 전에 말씀과 함께 행동으로 제자들의 기억 속에 똑같은 원칙을 각인시키셨기 때문이다. 요한은 자신의 복음서 13장에 이것을 기록했다. 그는 제자들을 향한 예수님의 사랑을 설명하는 심오한 진술로 시작한다. "세상에 있는 자기 사람들을 사랑하시되 끝까지 사랑하시니라"(요 13:1). 예수님은 제자들의 발을 씻기시면서 이 영원한 사랑을 확실하게 보여주셨다(요 13:1–17). 예수님은 진정한 사랑의 징표인 자기 희생적이고, 겸손하며, 타인 중심적인 행동의 귀감이 되셨다. "내가 주와 또는 선생이 되어 너희 발을 씻었으니 너희도 서로 발을 씻어 주는 것이 옳으니라 내가 너희에게 행한 것 같이 너희도 행하게 하려 하여 본을 보였노라"(요 13:14–15).

아마 그 경험이 사도 바울의 마음과 생각과 행동을 변화시켰고, 그래서 그는 완전히 다른 사람이 되었을 것이다. 그 순간 요한은 행동으로 입증된 사랑을 보았다. 예수님의 분명한 말씀과 함께 그 깊은 뜻을 보여주는 행위가 뒤를 이었을 때 이 교훈은 요한의 영혼에 영원히 각인되었을 것이다. 예수님은 말씀하셨다. "새 계명을 너희에게 주노니 서로 사랑하라 내가 너희를 사랑한 것 같이 너희도 서로 사랑하라 너희가 서로 사랑하면 이로써 모든 사람이 너희가 내 제자인 줄 알리라"(요 13:34–35).

이제서야 구약의 가르침에 몰두해 있던 제자 중 최소한 몇 사람은 “서로 사랑하라”는 명령이 사실은 ‘새로운’ 것이 아님을 알았을 거라고 나는 확신한다. 이 계명은 하나님이 “원수를 갚지 말며 동포를 원망하지 말며 네 이웃 사랑하기를 네 자신과 같이 사랑하라”(레 19:18)고 말씀하신 모세의 율법으로 거슬러 올라간다. 그러니 그 부분은 ‘옛’ 계명이었다. 하지만 예수님의 말씀을 더 자세히 보라. “서로 사랑하라 내가 너희를 사랑한 것 같이 너희도 서로 사랑하라”(요 13:34). 신약성경에서 서로에 대한 사랑의 질은 최고 수준으로 높아진다. 제자들을 향한 예수님의 자기 희생적이고 완전한 사랑은 옛 계명의 새 형태를 보여준다!

마지막 가훈을 설명할 때 요한은 분명 이 모든 것을 염두에 두고 있었을 것이다. 요한일서 2장 7절에서 그는 독자들을 “사랑하는 자들”이라는 특별한 애칭으로 부른다. 그가 말하려고 하는 계명은 그들이 “처음부터” 들었던 것이기 때문에, 어떤 의미에서 새롭지 않을 수도 있지만, 그것은 새 생명을 얻었다. 그리스도가 보이신 본에 비추어 그리고 그들 서로와 그리스도와의 영적 연합으로 인해 이 계명은 “그에게와 너희에게도 참된 것”(2:8)이었다. 제임스 몽고메리 보이스(James Montgomery Boice)는 이것을 다음과 같이 설명했다. “이 구절에서 ‘참된’은…‘진짜’라는 뜻이며, 요지는 참된 의처럼 진실하고 참된 사랑이 이제는 예수님에게서뿐만 아니라 그분 안에서 살아난 사람들에게서도 나타나고 있다는 뜻이다.”[9]

이 “새” 계명은 상대방의 반응에 관계없이 그리스도를 따르는 사람들이 보여주는 조건 없는 사랑, 자기를 돌아보지 않는 희생적인 사랑을 본뜬 것이다. 그리스도는 이런 유형의 사랑을 알려주시는 본이 되시며(3:16), 성령은 그것을 가능하게 하신다(참조. 갈 5:22). 우리 모두 갈 길이 멀지만, 신자는 이미 “어둠이 지나가고 참빛이 벌써 비[치고 있음을]” 보여줄 수 있다(요일 2:8).

이 새 빛이 밝아왔기 때문에 그리스도를 진실로 추종하는 자들의 삶은 증오의 어둠을 드러내고 몰아내야 한다(2:9). 어떤 사람이 자기가 그 빛 안에 있고, 주 예수를 믿어 하나님의 참 자녀가 되었다고 주장하면서 여전히 그리스도의 몸 안에 있는 동료 신자들을 증오하고, 적개심, 원한, 편견의 마음을 품고 있다면 무언가 잘못된 것이다. 그는 여전히 어둠의 영지에 살고 있는 것이다. 요한은 빛과 어둠, 사랑과 증오 사이에 ‘중립 지역’이나 ‘회색 지대’를 남겨놓지 않은 것 같다.

그리스도 안에서 진정으로 형제자매를 사랑하는 신자들은 실족하지 않고 잘 걷는다.

그들은 자기들이 어디로 가고 있는지 알 수 있다(2:10). 그들은 주님과 보조를 맞추며 주님이 주시는 능력, 기쁨, 효율성을 누린다. 그들은 그리스도를 닮은 성숙한 모습으로 계속 성장한다.

이와는 반대로 갈팡질팡하며 어둠 속을 헤매는 사람들은 자기 자신과 다른 사람들에게 해를 끼친다(2:11). 그들의 판단력은 흐려지고, 증오는 눈을 멀게 한다. 개인의 편견은 다른 사람들의 반응에 영향을 미치고, 관계를 독살하며, 그들을 교회 안의 파괴 세력으로 변질시킨다. 그러면 다른 교인들의 성장이 방해를 받고 갈등과 논쟁이 뒤를 잇는다.

요한의 요지는 분명하다. 그리스도인의 고유한 특징, 곧 당신과 세상을 구별해주고 당신이 하나님의 가족임을 증명해주는 징표는 당신 목에 걸려 있는 금 십자가가 아니다. 자동차 뒤에 붙여놓은 물고기 스티커가 아니다. 팔 밑에 끼고 있는 낡은 성경책이나 집의 벽 한 면을 가득 채운 기독교 캠프 기념물이 아니다. 세례 증서나 신학교 학위가 아니다. 그리스도인을 식별하는 특징은 그리스도가 보여주신 사랑으로 다른 사람들을 사랑하는 것이다.

적용: 요한일서 2:1-11

사랑하는 자녀들아, 성장하라!

주민등록증상으로 당신의 나이가 몇 살인지, 당신의 세례 증명서에 목사가 서명을 한 지 몇 년이 되었는지는 중요하지 않다. 영적 가족 모임에서 요한이 들려주는 기본적인 가훈을 듣기에 너무 늙은 나이란 없다.

우리는 이 규칙이 필요하다. 솔직히 말해서, 우리는 누구나 치워버려야 할 쓰레기를 가지고 있다. 누구나 회복해야 할 깨어진 관계가 있다. 누구나 너무 오랫동안 외면해온 의무가 있다. 서로 점검하고 책임을 지기로 하고 우리 삶에 초래한 사람들에게도 숨겨온 죄가 있다. 누구나 교회 안에서 분란과 불화를 일으킨 적이 있다.

우리가 실패한 부분을 되돌아보고 이러한 가훈을 실천하기 위해 각 규칙을 되짚으며 몇 가지 질문을 생각해보자.

규칙 1: 당신이 곤경에 처할 수 있는 일에 얽히지 말라. 당신은 고백하지 않은 비밀스러운 죄를 키우고 있는가? 멈추어야 할 일이 있는가? 당신이 이런 것들을 계속 더 키울 때 당신

자신과 다른 사람들에게 장기적으로 미칠 부정적인 영향을 생각해보라.

규칙 2: 당신이 일을 그르칠 때 언제나 당신 편이 있다는 것을 기억하라. 죄책감과 수치심은 당신이 벌이고 있는 힘겨운 싸움과 갈등을 하나님께 가져가 용서받는 것을 방해한다. 용서받은 뒤 당신은 그 습관에서 벗어나기 위해 어떤 조치를 취하는가? 당신 힘으로 하려고 하는가, 아니면 우리를 구출해줄 수 있는 유일한 분, 그리스도께 가져가는가?

규칙 3: 가족답게 행동하라. 당신이 거부하거나 무시하고 있는 그리스도의 계명이 있는가? 당신은 기도와 성경 읽기로 그분과 함께 시간을 보내는가? 동료 신자들과 정기적으로 모여 지원과 격려를 얻는가? 성령 안에서 행하고 삶에서 성령의 열매를 맺기 위해 노력하고 있는가? 아니면 육신의 정욕이라는 오물 속에 뒹굴고 있는가?

규칙 4: 당신의 말과 상관없이 당신의 행동이 진실을 말한다. 어떤 사람이 당신이 사적으로 한 행동과 당신이 공적으로 한 말을 나란히 놓는다면 그것은 조화와 모순 중 무엇을 보여주겠는가? 당신은 어떤 영역에서 언행이 일치하지 않는 위선을 저지를 수 있는가? 그런 모순이 당신의 가족, 교회, 이웃에게 그리스도를 증거하는 데 어떤 영향을 미치는가?

규칙 5: 당신이 하나님 아버지를 얼마나 경외하는지는 순종으로 알 수 있다는 사실을 늘 기억하라. 행동을 제외하고 기독교 신앙을 드러내는 외적 상징물을 모두 없애도 당신이 그리스도를 추종하는 자임을 사람들이 알까? 당신 삶에 대한 그분의 주권을 당신이 존중한다는 어떤 증거를 제시할 수 있는가? 당신 삶에서 그리스도가 주인이 아닌 영역이 있는가? 만약 있다면 어떤 것인가? 지금 그것을 기도로 그분께 가져가라.

규칙 6: 따를 만한 모범을 찾을 때 예수님을 선택하라. 당신은 그리스도의 성품을 보여주는 역할 모델과 세상의 가치와 우선순위를 보여주는 역할 모델 중 어느 쪽을 추구하는가? 글, 음악, 개인적인 교류, 가르침, 행위로 당신에게 가장 큰 영향을 미친 개인적인 영웅이나 모본이 있는가? 당신이 그들처럼 될 수 있다면 당신은 얼마만큼 그리스도를 닮게 되는가? 예수님을 더 잘 알고 그분을 더 닮기 위해 당신은 매일 무엇을 하고 있는가?

규칙 7: 형제자매를 사랑하라. 만약 당신이 그리스도 안에 있는 형제자매를 미워한 혐의로 재판을 받게 되어 고소인이 당신의 유죄를 입증할 증거를 내놓는다면 어떤 것이 제일 두려운가? 당신이 동료 신자들을 사랑한다는 것을 어떻게 표현하겠는가? 시들하고 데면데면한 사랑인가? 아니면 자기를 내려놓는 그리스도와 같은 사랑인가?

우리는 어둠에서 나와 흔들리지 않고 단호히 빛 가운데로 나아가는 과정에서 강점과 약점을 드러낸다. 이것을 인식하고 특정한 문제가 있는 영역에서 다른 사람들의 도움을 구하는 것은 우리가 진정으로 하나님의 가족이며, 빛이신 그분의 모습으로 성장하고 있음을 입증한다.

세상에 대한 엄중한 경고(요한일서 2:12–17)

12자녀들아 내가 너희에게 쓰는 것은 너희 죄가 그의 이름으로 말미암아 사함을 받았음이요 13아비들
아 내가 너희에게 쓰는 것은 너희가 태초부터 계신 이를 알았음이요 청년들아 내가 너희에게 쓰는 것
은 너희가 악한 자를 이기었음이라 14아이들아 내가 너희에게 쓴 것은 너희가 아버지를 알았음이요
아비들아 내가 너희에게 쓴 것은 너희가 태초부터 계신 이를 알았음이요 청년들아 내가 너희에게 쓴
것은 너희가 강하고 하나님의 말씀이 너희 안에 거하시며 너희가 흉악한 자를 이기었음이라
15이 세상이나 세상에 있는 것들을 사랑하지 말라 누구든지 세상을 사랑하면 아버지의 사랑이 그
안에 있지 아니하니 16이는 세상에 있는 모든 것이 육신의 정욕과 안목의 정욕과 이생의 자랑이니 다
아버지께로부터 온 것이 아니요 세상으로부터 온 것이라 17이 세상도, 그 정욕도 지나가되 오직 하나
님의 뜻을 행하는 자는 영원히 거하느니라

위험이 가까워지면 경고가 따르게 마련이다. 위험이 클수록 경고는 더 중요하다.

경고에 대해 생각하면 나는 50여 년 전 거대한 군 수송선의 갑판 위에 서서 저 멀리 일본 도쿄만 건너편에 있는 요코하마를 바라보던 때가 떠오른다. 그 바다 밑에는 아직도 제2차 세계대전 때 떨어트린 기뢰가 숨어 있었기 때문에 우리 배는 아주 조심스럽게 전진했다. 도선사가 우리를 조심스럽게 인도하고 있을 때 한 대령이 3,500여 명의 해병대원을 소집했다.

그 대령은 경고하려고 우리를 불러모은 것이었다. 큰 위험이 다가오고 있었다. 기뢰 같은 물리적 위험이 아니었다. 그런 것을 통과하기는 어렵지 않았다. 그가 걱정하는 것은 다른 위험이었다. 도쿄만 아래 숨어 있는 위험이 아니라 억눌려 있던 수천 명의 해병대원이 풀려나오길 기다리고 있는 요코하마의 거리에 도사리고 있는 위험이었다.

그는 말했다. "제군들은 들으라. 너희 중 대다수는 태어나서 처음으로 외국인이 될 것이다. 한 번도 걸어본 적이 없는 지역을 걸어다니고, 한 번도 들어본 적이 없는 말을 하는 사람들 사이에 있게 될 것이다. 낯선 문화 속에 있게 될 것이다. 그래서 너희에게 미리 주

의를 주겠다. 첫째는 모두에게 보내는 메시지다. 너희는 군복을 입어야 한다. 그것은 미합중국 해병대의 제복이다. 너희가 이 섬에 있는 동안 너희는 고국을 대표하는 것이다. 우리의 땅과 조국을 치욕스럽게 하지 말라. 똑바로 처신하라."

그런 다음 대령은 특정 범주에 속한 사람들을 꼭 집어 말했다. "제군 중에서 몇몇 고참은 전에도 해외에 가본 적이 있으니 어떤 일이 벌어질지 잘 알 것이다. 그렇다고 해서 여기 있는 젊은이들보다 더 안전한 것이 아니다."

그러고 나서 그는 젊은이들을 향해 말했다. "제군들 대부분은 고국을 떠나본 적이 없기 때문에 어디가 위험한 곳인지 거의 모를 것이다. 모두에게 당부하겠다. 오늘 이것을 기억하라. 우리는 지금부터 만 이틀이 채 안 되는 오전 11시에 이 부두를 떠날 것이다. 나는 여러분이 한 사람도 빠짐없이 귀선하기를 바란다. 지금부터 그때까지 여러분은 수많은 사람 사이에 있게 될 것이다. 소매치기를 조심하라. 무엇을 먹는지, 어디에서 먹는지 조심하라. 길거리 음식을 함부로 사먹지 말라. 이 도시의 일부 지역에는 유곽이 있다. 바보같이 굴지 마라. 술집은 여러분이 들어오기를 바랄 것이다. 그리고 여러분이 고주망태가 되는 것을 보고 싶어 할 것이다. 여러분이 술에서 깼을 때 가지고 있던 귀중품은 다 사라지고 없을 것이다. 그러니 정신줄을 놓지 말라."

그는 이런 비슷한 경고를 몇 가지 더 한 뒤 말을 마쳤다. "다시 말하지만, 우리는 48시간을 넘기지 않는 오전 11시에 이 부두를 떠날 것이다. 여러분 모두 군복을 입고, 자기 발로 걸어서 오키나와로 갈 준비가 된 상태로 귀선하기 바란다."

그 경고를 한 귀로 듣고 한 귀로 흘려버린 사람들이 있었음을 굳이 말할 필요가 없을 것이다. 몇몇은 얼마 지나지 않아 바로 소매치기를 당했다. 어떤 사람들은 일시적인 식중독을, 또 어떤 사람들은 매춘부들에게서 장기간의 치료가 필요한 질병을 얻어 배로 돌아왔다. 그들 중 상당수가 여전히 취해 있거나 숙취에 시달리고 있었다. 그리고 몇 사람은 배를 놓쳤다! 우리 배가 오전 11시 정각에 부두를 떠나던 때를 나는 절대 잊지 못할 것이다. 몇 사람이 배를 향해 넥타이를 흔들며 달려와 소리쳤다. "기다려요! 기다려요! 기다려요!" 배는 그들 때문에 출발을 늦추지 않았고, 계획대로 즉각 항구를 떠나 항해를 시작했다.

그 사람들 대다수는 나이가 적건 많건 간에 대령의 경고를 진지하게 받아들이지 않았다. 어쩌면 배가 기뢰 사이를 이리저리 헤치며 나아가는 동안 그저 시간을 때우고 있는 거라고 생각했을지도 모른다. 아니면 그 '늙은이'가 공식적인 '면책' 정책의 일환으로 금기 사항을 장황하게 늘어놓아야 하는 의무를 이행하고 있는 거라고 생각했을지도 모른다. 그러나 그는 진지했다. 그의 말은 자기 수하의 사람들에게 지혜를 전해주려 했던 경험 많은 해병대원에게서 나온 실제적인 경고였다. 그러나 주의를 기울이지 않았던 많은 사람이 위험에 빠졌고 희생자가 되었다. 그리고 그들은 그 대가를 치렀다.

요한일서 2장 12–17절을 펼 때마다 나는 몇십 년 전 그 배에서 벌어졌던 장면이 떠오른다. 나는 다년간의 시련과 비극으로 무르익고, 오랜 세월 시험을 이겨내면서 지혜를 얻은 사도 요한의 모습이 눈에 선하다. 배를 가득 채운 해병대원들에게 지혜를 전해주던 그 대령처럼, 요한은 청중이 듣고 싶어 하는 말이 아니라 그들이 들어야 할 말을 들려주기 위해 청중에게 나아가고 있었다. 남녀노소를 불문하고, 초신자이든 오래된 신자이든 요한은 현실 세계에 대한 강력한 경고를 전해야 했다.

—2:12–14—

요한은 강력한 경고를 전하기 전에 다시 그들의 친밀한 가족 관계를 강조하는 할아버지의 사랑이 담긴 애칭으로 독자를 부른다. "자녀들아 내가 너희에게 쓰는 것은"(2:12). 나는 이 호칭이, 이 편지에서 내내 그렇듯이, 그의 모든 독자를 향한 일반적인 호칭이라고 생각한다(참조. 2:1, 28, 3:7, 18, 4:4, 5:21).

그의 영적 자녀 중에는 "아비들", "청년들" 그리고 "아이들"까지 포함되어 있다(2:13–14). "아비들"이라는 용어는 아마도 디모데전서 5장 1절에서 바울이 "늙은이를 꾸짖지 말고 권하되 아버지에게 하듯 하며"라고 말했을 때와 같은 의미로 사용되었을 것이다. 요한은 교회의 원로, 어쩌면 교회의 지도자까지 언급하고 있다.[10] 이 서신에서 "청년들"은 더 나이가 많은 교인들의 멘토링을 받고 있는 사람들을 가리킬 것이다. 마지막으로 요한일서 2장 14절에 "아이들"로 번역된 말은 2장 12절에 나오는 *teknion*이 아니라 일반적으로 아직 교사의 지도를 받고 있는 십대 초반의 아이들을 일컫는 *paidion*(3813)이다. 이 용어는 교회의 가장 어린 구성원, 특히 영적으로 아직 미숙한 사람들을 가리키는 것 같다.

전투에서 잔뼈가 굵은 고참들과 어리숙한 신병들 모두에게 요코하마에 대해 경고했던 내 젊은 시절의 그 대령처럼, 사도 요한은 영적 성숙으로 나아가는 모든 단계에 있는 모든 세대에게 주의를 촉구한다. 평생 사역을 하면서 나는 어떤 사람들은 나이가 너무 어리거나 신앙이 너무 어린 탓에 이 세상이 그들의 영적 생활에 얼마나 위협이 되는지 전혀 모른다는 걸 알게 되었다. 반면에 어떤 사람들은 나이가 많거나 신앙이 성숙해서 자기들이 유혹을 거뜬히 이길 만큼 성장했다고 믿기 시작한다. 이렇게 오래 묵은 유형들에게는 바울의 경고가 딱이다. "그런즉 선 줄로 생각하는 자는 넘어질까 조심하라"(고전 10:12). 사실, 세상에 관한 이런 경고는 우리 모두에게 필요하다.

요한일서 2장 15-17절의 경고를 시작하기 전에 요한은 독자들이 소유한 그리스도의 영원한 가족이 되는 영적 축복을 다시 일깨운다. 교회 안에 있는 여러 집단과 연관된 다양한 축복이 있지만, 영적 가족이 되는 것은 모든 신자에게 적용되는 일반적인 축복이다. 그는 먼저 죄의 완전한 용서를 거듭 확인한다(2:12). 이 신자들이 영원하신 하나님의 자녀가 된 것은 그들의 공로 또는 그들이 이룬 성취나 특별한 행위 때문이 아니다. 그들은 순전히 예수 그리스도를 통해 하나님의 은혜로 "그의 이름을 위하여" 용서받는다. 그들이 받은 구원에는 영원불변한 조건이 내재되어 있다.

이 용서받은 사람들은 "태초부터 계신 이를 알았[다]"(2:13-14). 요한이 이 두 구절에서 거의 한 마디도 틀리지 않고 이 말을 반복한다는 것이 이상해 보일 수 있다. 유일하게 다른 부분은 13절에서는 "아비들아 내가 너희에게 쓰는 것은"이라고 했고, 14절에서는 "아비들아 내가 너희에게 쓴 것은"(2:14)이라고 한 것이다. 성경학자들은 요한이 이 두 구절에서 같은 말을 반복하면서 시제를 바꾼 이유를 풀지 못했는데, 요한의 의도를 정확히 파악하기는 힘들 것 같다.[11]

어쩌면 현재 시제로 말한 것은 요한일서를 가리키고, 과거 시제로 언급한 것은 요한복음을 나타내는 것일 수도 있다. 그럴 경우, "태초부터 계신" 그리스도를 아는 것이 요한의 글과 삶과 사역의 중요한 주제임을 강조하려는 의도였을 것이다. 요한복음 20장 31절에서 요한은 복음서를 쓰는 목적을 분명히 밝힌다. "오직 이것을 기록함은 너희로 예수께서 하나님의 아들 그리스도이심을 믿게 하려 함이요 또 너희로 믿고 그 이름을 힘입어 생명을 얻게 하려 함이니라."

그러나 요한이 과거 시제를 단순히 '서간체 부정과거'(헬라어에서 계속 · 완료를 뜻하지 않고 단순히 일어난 사실만 나타내는 시제-역주)로 사용하는 것일 수도 있다. 서간체 부정과거란 독자가 편지를 읽는 시점을 기준으로 저자가 편지를 쓴 것(즉 과거 시제)을 가리켜 말하는 것이다. 그렇다면 둘 다 요한일서를 언급하는 것이며, 그리스도와 맺고 있는 개인적 관계의 중요성을 강조하려고 같은 말을 반복했다고 생각할 수 있다.[12] 그럴 경우, 요한의 분명한 의도는 "태초부터 계신" 그리스도를 아는 것의 중요성을 강조하는 것이다. 그리스도에 대한 이 묘사는 그분의 영원한 신성을 강조하면서 이 편지의 서두를 떠올리게 한다. "태초부터 있는 생명의 말씀에 관하여는 우리가 들은 바요 눈으로 본 바요 자세히 보고 우리의 손으로 만진 바라"(요일 1:1).

주 예수님과 개인적으로 맺은 영원한 관계 때문에 "청년들"은 "악한 자를 이기었[다]"(2:13). 이 축복도 2장 14절에서 두어 개의 중요한 추가 사항과 함께 반복된다. "너희가 강하고 하나님의 말씀이 너희 안에 거하시며 너희가 흉악한 자를 이기었음이라." 우리가 그리스도와 관계를 맺으면 성령이 내주하시고 그분의 말씀이 주시는 권능을 힘입게 된다. 예수님은 이것을 이미 가르쳐주셨다.

> 내가 아버지께 구하겠으니 그가 또 다른 보혜사를 너희에게 주사 영원토록 너희와 함께 있게 하리니 그는 진리의 영이라 세상은 능히 그를 받지 못하나니 이는 그를 보지도 못하고 알지도 못함이라 그러나 너희는 그를 아나니 그는 너희와 함께 거하심이요 또 너희 속에 계시겠음이라…그 날에는 내가 아버지 안에, 너희가 내 안에, 내가 너희 안에 있는 것을 너희가 알리라(요 14:16-17, 20).

이러한 성령의 내주하심은 신자들에게 힘을 주고, 신자들은 그 힘으로 세상의 영적 사악함에 대항해서 능히 굳게 선다.

그리고 요한은 "아이들"에게 그들이 "아버지를 알았음"(요일 2:14)을 상기시켜준다. "태초부터 계신" 예수님을 안다는 것은 아버지를 아는 것이다. 예수님도 친히 말씀하셨다. "너희가 나를 알았더라면 내 아버지도 알았으리로다 이제부터는 너희가 그를 알았고 또 보았느니라"(요 14:7). 요한은 나중에 이 편지에서 이렇게 썼다. "아들을 시인하는 자에게는 아버지도 있느니라"(요일 2:23). 또 요한이서에는 이렇게 썼다. "교훈 안에 거하는 그 사람은 아버지와 아들을 모시느니라"(1:9).

노소를 불문하고 모든 신자의 삶에 삼위일체의 하나님이 실재하시기에 신자는 세상에 능히 맞선다.

—2:15-17—

요한은 죄 사함을 받고 성부, 성자, 성령과 맺은 관계에서 신자가 얻은 되돌릴 수 없는 권능과 승리의 입지를 단단히 다진 뒤(요일 2:12-14), 가차 없이 세상에 대한 강력한 경고를 날린다.

요한이 말하는 "세상"은 무슨 뜻일까? 여기에 사용된 헬라어 *kosmos*(2889)는 그리스도가 재림하시기 전인 현 세대의 체제를 가리킨다. 이 세상은 그리스도와 그분의 백성과 대립하고 있는 사탄이 장악하고 있다. 따라서 의는 이 세상의 적이다. 세상은 인간성을 부풀리고, 타락을 칭송하며, 하나님의 말씀을 거부한다. 이런 부정적 의미에서 세상의 가치, 쾌락, 오락, 열망, 심지어 마음가짐 속에는 하나님을 위한 자리도, 그리스도에 대한 경의도, 그분의 추종자들에 대한 관심도 없다. 요한은 이 편지에서 *kosmos*라는 용어를 줄곧 이런 의미로 사용하는데, 특히 2장 15-17절의 강력한 경고에는 여섯 차례나 사용한다.

요한의 경고는 간명한 명령으로 시작한다. "이 세상이나 세상에 있는 것들을 사랑하지 말라"(2:15). 그런데 잠깐! 요한복음 3장 16절은 "하나님이 세상을 이처럼 사랑하사"라고 하지 않는가? 예수님은 "그로 말미암아 세상이 구원을 받게"(요 3:17) 하시려고 오시지 않았는가? 어째서 요한은 하나님이 분명히 사랑하시는 것을 사랑하지 말라는 듯한 말을 하는 것일까?

그 답은 "세상"과 "사랑"이라는 단어가 각각 두 가지 상이한 뜻을 지니고 있다는 데서 찾을 수 있다. 요한일서 2장 15-17절에 나오는 요한의 경고는 주로 사악하고 타락한 세상 체계에 관한 것인 반면, 그리스도가 희생적으로 사랑하신 대상인 "세상"은 구세주가 절실히 필요한 인간들의 세상이다. 이는 요한이 이 편지의 앞부분에서 "그는 우리 죄를 위한 화목 제물이니 우리만 위할 뿐 아니요 온 세상의 죄를 위하심이라"(2:2)고 쓴 것과 같은 의미다. 또 여기에 나오는 "사랑"이라는 말은 어떤 것을 "높이 평가하거나 크게 만족하다" 또는 "기뻐하다"라는 의미로 쓰였다.[13] 세상을 사랑하는 자들은 무엇에서 기쁨을 얻는가? 2장 16절에서 요한이 말했듯이 "육신의 정욕과 안목의 정욕과 이생의 자랑"에서 얻는다.

이 세상 것들에 대해 자세히 살펴보자. 첫 번째는 "육신의 정욕"이다. "정욕"이라는 말은 갈망이나 격정적인 욕구를 나타낸다. 배가 고파 음식을 찾는 것보다 더 강한 욕구다. 이것은 알코올 중독자가 술을 갈망하거나 마약 중독자가 마약을 얻으려고 수단과 방법을 가리지 않는 욕구와 비슷하다.

"육신"으로 번역된 *sarx*(4561)라는 용어는 가장 기본적으로는 물리적인 것, 특히 신체의 물질적 본질을 말한다. 그런 중립적 의미의 "육신"은 본질적으로 악하지 않을 뿐 아니라 하나님을 영화롭게 하는 성결의 그릇으로 쓰일 수 있다(고후 4:11). 그러나 이 말은 요한일서 2장 16절에서처럼 부정적인 의미로도 쓰일 수 있다. 사도 바울도 종종 이와 비슷하게 타락 이후로 빗나간 세상 체계를 받드는 우리의 반항적이고 죄로 가득 찬 생각과 행위를 일컬을 때 "육신"이라는 말을 사용했다. *Sarx*는 하나님을 거스르고, 세상과 세상의 가치에 대항하는 사고방식과 행동을 장려하는 성령의 역사와 충돌하는, 우리의 타락한 상태의 일면이다.

그렇다면 "육신의 정욕"은 자신에게서 나오는 것으로 보인다. 이것은 우리 내면의 죄성이 구체화되어 육욕을 채워주는 무언가를 찾는 것이다. 여기에는 이기적인 야망, 자기 잇속만 챙기는 목표–내가, 나를, 나 스스로라는 전능한 삼위일체–가 포함된다. 이것의 중심점은 자아다. 곧 내 안위, 내 소유, 내 돈, 내 미래, 내 경력, 내 소망이다. 육신의 정욕은 나로 시작해서 나로 끝나며, 그 모든 것의 중심에 내가 있다.

요한은 이어서 "안목의 정욕"(2:16)을 언급한다. 여기에는 우리가 보는 것에 자극받아 탐욕과 질투로 이어지는 악한 욕구가 포함된다. 우리가 소유한 것에 아무 불만이 없다가 다른 사람이 가진 것을 보고 갑자기 우리 집, 자동차, 배우자, 가족, 직장, 옷, 교회가 불만스러워진다. 직함, 직위, 학위, 이력서에 추가된 경력 같은 성공의 상징도 안목의 정욕에 포함될 수 있다. 안목의 정욕은 우리가 결핍을 인식하지도 못했던 것을 갑자기 꼭 '필요하다'고 생각하게 만든다!

마지막으로, 요한은 "이생의 자랑"(2:16)을 말한다. 육신의 정욕은 우리의 죄로 물든 마음에서 나온다. 안목의 정욕은 우리를 둘러싼 죄로 가득 찬 세상에서 온다. 이생의 자랑은 우리의 입술에서 나온다. 곧 교만한 말, 도도한 단언, 다른 사람들을 폄하하면서 자신을 실제보다 더 훌륭해 보이게 만드는 과장된 이야기다. 많은 스포츠 영웅들, 능수능란한 정치인들, 거들먹거리는 인기 스타들에게서 이런 류의 자랑을 볼 수 있다.

육신의 정욕, 안목의 정욕, 이생의 자랑, 이런 것들이 세상에 속한 것이다. 이런 욕망의 칵테일은 빛의 아버지가 주시는 영양가 있는 영적 음료가 아니라 거짓의 아비가 사악한 세속적 수단을 써서 강권하는 독약이다. 2장 15-16절에서 요한이 권고하는 요지는 분명하다. 그리스도인의 무조건적인 희생과 헌신의 대상은 죄로 가득 찬 세상과 세상이 주는 온갖 즐거움이 아닌 하나님과 그분의 백성이어야 한다는 것이다. 우리가 하나님에 대해 품어야 하는 무한한 사랑으로 이 악한 세상 체계를 받아들이는 것은 "아버지의 사랑이 그 안에 있지 [않다는]"(2:15) 증거다. 우리가 세상과 사랑에 빠지면 하나님에 대한 사랑은 식는다.

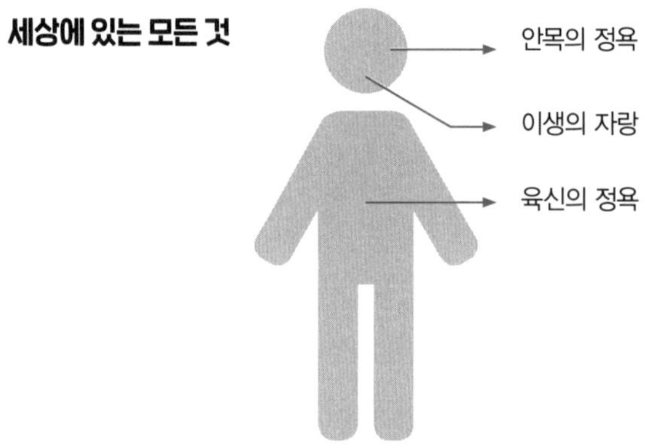

"세상에 있는 모든 것"은 우리 내면에서 힘을 공급받는 "육신의 정욕", 바깥 세상에서 우리를 유혹하는 "안목의 정욕", 우리의 입술에서 나오는 "이생의 자랑"을 가리킨다.

요한은 지금까지 나열한 세상에 대한 집착을 버려야 할 이유가 성에 차지 않는 듯, 2장 17절에 한 가지 경고를 덧붙인다. 모든 정욕과 함께 세상은 "지나간다." 죄로 물든 기쁨은 영원한 세계에는 들어설 자리가 없다. 세상 체계를 받아들이는 자들은 잠시 있다 사라질 것을 껴안는 것이다. 그러나 하나님의 뜻을 행하면, 곧 하나님의 아들을 믿고 성령의 능력으로 살면 당신은 영원을 품게 될 것이다.

적용: 요한일서 2:12-17
세상 것을 극복하기

요한이 신자들에게 경고한 핵심은 분명하다. 세상이나 세상의 것들과 얽히지 말라. 그러면 부두에 늦게 도착해서 떠나는 배를 향해 팔을 흔들고 소리를 지르는, 오도가도 못하게 된 해병대원들 같은 신세가 될 것이다. 그들은 요코하마가 주는 쾌락에 빠져 대령의 경고를 까맣게 잊어버렸다. 위험은 현실이었고, 결과는 군 기록에 영구적인 흔적을 남겼다. 대령이 나중에 그들과 마주쳤을 때 뭐라고 했는지는 정확히 모른다. 하지만 여기에 쓸 수 없는 말이라는 것은 안다.

우리는 세상을 조심하라는 요한의 강력한 경고를 경청해야 한다. 그리고 이 경고를 합리적이고 실제적으로 적용해야 한다. 나는 그것이 자칫 극단으로 치우칠 수 있음을 안다. 배 이야기로 다시 돌아가, 나는 그 대령이 병사들을 해산시키자마자 내 침상으로 가서 48시간 동안 이불 속에 숨어버릴 수 있었다. 그러면 나는 확실히 요코하마의 소매치기, 돈육 제품, 매춘부들을 피하여 안전할 수 있었을 것이다. 그렇지만 나는 지나치게 극단적인 사람이 되었을 것이다.

마찬가지로 일부 그리스도인은 "꼭꼭 숨어라!" 같은 극단적인 고립의 방식으로 육신의 정욕, 안목의 정욕, 이생의 자랑에 대응한다. 그들이 작성한 '하지 말아야 할 것'의 목록에는 다음과 같은 것이 있다. 텔레비전을 갖지 말라! 극장에 가지 말라! 컴퓨터를 사지 말라! 스마트폰을 갖지 말라! 세속적인 사람들을 멀리하라! 운동경기를 보지 말라! 옷을 차려입거나 고급 차를 몰지 말라! 삶을 무미건조하게 유지하라.

그러나 예수님은 요한복음 17장 15절에서 분명히 말씀하셨다. "내가 비옵는 것은 그들을 세상에서 데려가시기를 위함이 아니요 다만 악에 빠지지 않게 보전하시기를 위함이니이다." 신자들을 향한 하나님의 뜻은 그들이 세상에서 고립되는 것이 아니라 격리되기를 원하신다. 즉 세상에 살지만 세상에 속하지 않는 것이다. 우리는 세상의 빛과 소금, 증인이 되어야 한다. 그런데 우리가 완전히 철수하거나 숨어버리거나 기독교인 거주지 같은 곳으로 피신한다면 어떻게 그런 역할을 할 수 있겠는가?

또 다른 극단적인 모습은 과격한 도발에 참여하는 것이다. "단호히 자기주장을 하라!"

그들의 교전 규칙은 이런 식이다. 어디를 가든 '세상의 것'을 받아들이는 자들을 공개적으로 모욕하라. 죄인들이 수치심을 느끼게 하고, 그들의 화를 돋우는 방법으로 당신의 도덕적 신념을 떠벌리라. 세상에 대한 불만으로 가득 찬 불쾌한 사람이 되라. 당신과 의견이 다른 사람들을 굳이 모욕하라. 당신보다 더 진보적이거나 덜 신실한 사람들을 깎아내리라. 한마디로, 공개적으로 그들을 판단하라!

그러나 바울은 이렇게 말했다. "내가 너희에게 쓴 편지에 음행하는 자들을 사귀지 말라 하였거니와 이 말은 이 세상의 음행하는 자들이나 탐하는 자들이나 속여 빼앗는 자들이나 우상 숭배하는 자들을 도무지 사귀지 말라 하는 것이 아니니 만일 그리하려면 너희가 세상 밖으로 나가야 할 것이라"(고전 5:9-10). 사실 그는 한술 더 뜬다. "밖에 있는 사람들을 판단하는 것이야 내게 무슨 상관이 있으리요마는…밖에 있는 사람들은 하나님이 심판하시려니와"(고전 5:12-13). 이 사악한 세상에서 우리는 매력적이고 품위 있는 존재여야 한다. 우리는 신념을 확고히 지키면서 외부인을 대할 때 오만하지 않고 친절해야 한다. 베드로가 이것을 가장 잘 표현했다. "너희 마음에 그리스도를 주로 삼아 거룩하게 하고 너희 속에 있는 소망에 관한 이유를 묻는 자에게는 대답할 것을 항상 준비하되 온유와 두려움으로 하고"(벧전 3:15).

고립이나 도발이 아닌 격리와 선포, 그것이 균형이다!

주

1. Bauer 외, *Greek-English Lexicon*, 994.
2. Robert Fulghum, *All I Really Need to Know I Learned in Kindergarten: Uncommon Thoughts on Common Things*(New York: Ballantine, 1986). (『내가 정말 알아야 할 모든 것은 유치원에서 배웠다』 알에이치코리아 역간).
3. Robert Fulghum, *All I Really Need to Know I Learned in Kindergarten: Uncommon Thoughts on Common Things Reconsidered, Revised, and Expanded with Twenty-Five New Essays*, 25주년 기념판(New York: Ballantine, 2003), 2. (『내가 정말 알아야 할 모든 것은 유치원에서 배웠다』 알에이치코리아 역간).
4. 같은 책, 2.
5. Bauer 외, *Greek-English Lexicon*, 766.
6. Warren W. Wiersbe, *Be Real*(Wheaton, IL: Victor Books, 1972), 22.

7. Holsteen and Svigel, *Exploring Christian Theology*, 2:256.
8. Smalley, *1, 2, 3 John*, 47을 보라
9. James Montgomery Boice, *The Epistles of John: An Expositional Commentary*(Grand Rapids: Zondervan, 1979), 53.
10. 요한이 이런 범주를 사용한 것에 대한 여러 가지 견해는 Smalley, *1, 2, 3 John*, 69-71을 보라.
11. 같은 책, 76-80.
12. Kenneth S. Wuest, *In These Last Days: II Peter, I, II, III John, and Jude in the Greek New Testament for the English Reader*(Grand Rapids: Eerdmans, 1954), 125.
13. Bauer 외, *Greek-English Lexicon*, 5.

분별하는 삶

요한일서 2:18–4:6

요한의 첫 번째 서신서를 잘 보면 처음에는 어조가 진지했다가 점점 심각해진다. 앞 단락에 나오는 죄와 세상에 대한 경고가 여기서는 불신자들을 지옥으로 유인하고 그리스도인의 신앙을 탈선시키는 영적 위험–대개 눈에 보이지 않는–의 징후로 넘어간다. 요한은 성령의 가르침을 받고 그분의 권능으로 보호받는 안정적인 성숙한 신자들을 쓸데없이 불안하게 만들려는 것이 아니다. 그는 참 복음과 가짜 복음을 혼동할 수 있는, 이제 막 신앙의 문턱을 넘어선 사람들을 매우 염려하고 있다. 또한 모호한 가르침 때문에 교리적, 도덕적 안개 속을 한참 헤맬 수 있는 미성숙한 신자들을 걱정하고 있다.

영적 기만의 망령이 꼭 이긴다는 법은 없다. 성령의 권능으로 이루어지는 아버지와 아들과의 교제는 기쁨에 찬 삶(1:1–10)과 정결한 삶(2:1–17)뿐만 아니라 분별하는 삶(2:18–4:6)도 낳는다. 하나님과 친밀한 관계를 맺으려면 그분의 진리를 이해해야 한다. 그런데 성숙해 보이는 그리스도인들조차도 참된 교리와 거짓 가르침, 옳고 그름, 빛 가운데서 행하는 것과 어둠 속에서 행하는 것을 구별하는 데 자주 어려움을 겪는다.

이 세 번째 단락에서 요한은 "적그리스도"(2:18)의 출현에 대해 경고하면서, "영을…분별하[기를]"(4:1) 힘쓰라고 촉구하고, 기독교 신앙의 본질적 진리를 굳게 확신하게 함으로 그들을 인치시는 성령의 "기름 부음"(2:20, 27)을 일깨운다. 사탄의 사주를 받은 사기꾼들이 득실거리는 이 거짓된 세상에서 분별력 있는 그리스도인은 진리를 중심으로 교제하며 똘똘 뭉쳐야 한다.

핵심 용어

χρῖσμα[*chrisma*, 크리스마](*5545*) '기름 부음', '도유', '성유'

'그리스도'('기름 부음 받은 자')라는 명칭과 연관이 있는 *chrisma*라는 용어는 신약성경에서 요한일서 2장 20절과 2장 27절에만 나온다. 그러나 구약성경의 헬라어 번역본인 70인역에는 성막과 그 안의 가구들(출 40:9)뿐만 아니라 대제사장과 레위인(출 29:7, 40:15)을 성별하는 기름 부음과 관련해서 여러 차례 쓰였다. 요한일서에서 이 용어는 한 사람의 교리와 삶을 거룩하게 구별하는 성령의 특별한 역사를 상징한다. 그리스도가 성령으로 '기름 부음' 받으셨듯이(눅 4:18), '그리스도 안에' 있는 자들 역시 똑같은 권능으로 기름 부음 받는다.

μένω[*menō*, 메노](*3306*) '거주하다', '남아 있다', '머물다', '살다'

이 동사는 보통 일상적인 의미로 사용될 때는 일정 기간 한 곳에 '머물다'는 뜻이다. 즉 한 도시에 정착하거나 같은 집에 거주하거나 한 사람과 결혼 생활을 유지한다는 뜻으로 쓰인다. 요한은 복음서에서 이 용어를 제자들이 주님과 맺어야 하는, 생명을 주는 영구적인 관계를 언급할 때 자주 사용했고(요 15:4, 7, 10), 요한일서에서도 마찬가지다. 신자들이 하나님의 말씀 안에 거할 때 그들은 "아들과 아버지 안에 거[한다]"(요일 2:24). 그리고 그들은 그들 안에 거하시는 성령의 능력으로 살게 된다(2:27).

사기꾼들을 대하는 방법(요한일서 2:18-27)

18아이들아 지금은 마지막 때라 적그리스도가 오리라는 말을 너희가 들은 것과 같이 지금도 많은 적
그리스도가 일어났으니 그러므로 우리가 마지막 때인 줄 아노라 19그들이 우리에게서 나갔으나 우리
에게 속하지 아니하였나니 만일 우리에게 속하였더라면 우리와 함께 거하였으려니와 그들이 나간 것
은 다 우리에게 속하지 아니함을 나타내려 함이니라 20너희는 거룩하신 자에게서 기름 부음을 받고
모든 것을 아느니라 21내가 너희에게 쓰는 것은 너희가 진리를 알지 못하기 때문이 아니라 알기 때문
이요 또 모든 거짓은 진리에서 나지 않기 때문이라 22거짓말하는 자가 누구냐 예수께서 그리스도이심
을 부인하는 자가 아니냐 아버지와 아들을 부인하는 그가 적그리스도니 23아들을 부인하는 자에게는
또한 아버지가 없으되 아들을 시인하는 자에게는 아버지도 있느니라 24너희는 처음부터 들은 것을 너
희 안에 거하게 하라 처음부터 들은 것이 너희 안에 거하면 너희가 아들과 아버지 안에 거하리라

25그가 우리에게 약속하신 것은 이것이니 곧 영원한 생명이니라

26너희를 미혹하는 자들에 관하여 내가 이것을 너희에게 썼노라 27너희는 주께 받은 바 기름 부음
이 너희 안에 거하나니 아무도 너희를 가르칠 필요가 없고 오직 그의 기름 부음이 모든 것을 너희에
게 가르치며 또 참되고 거짓이 없으니 너희를 가르치신 그대로 주 안에 거하라

당신이 기만당했던 인생의 한때를 생각해보라. 어떤 사람은 아주 가까운 사람에게 속았던 때가 생각날 수도 있다. 친구, 가족, 오래 사귄 남자친구나 여자친구, 배우자, 동업자가 당신의 생각과 다른 사람이라는 것을 알게 되었을 때. 또는 그 거짓 속에서 살았던 고통이 너무 커서 지금 생각을 떠올리는 것조차도 너무 고통스러운 그때.

당신은 마케팅이나 판매 사기에 속았을 수도 있다. 어떤 사람들은 푼돈을 사기당하기

도 하고 수백 명을 속여서 자기 배를 불린 언변 좋은 사기꾼들에게 평생 모은 재산을 잃기도 한다. 또 진품이라고 생각하고 산 것이 나중에 보니 싸구려 짝퉁일 때도 있다. '유리한 거래'라고 생각했는데 완전히 바가지를 썼다는 것을 알게 되는 경우도 있다.

그 외에도 종교적 속임수가 있다. 이게 제일 나쁜 유형이다. 어떤 종류라도 기만은 당신의 마음과 생각과 은행 잔고를 파괴할 수 있지만, 종교적 사기는 당신의 영혼을 뭉개버릴 수 있다. 위선적인 목사, 매도하는 교회 또는 노골적인 이단 같은 것들은 한 사람의 삶에 오랜 시간 심리적, 영적 손상을 초래할 수 있다. 그런 해로운 기만은 심지어 모든 종교를 부정하고, 하나님을 거부하며, 하나님의 참 백성을 혐오하게 만들 수도 있다. 얼마나 참담한 일인가!

요한일서 2장 18-27절은 영적 암흑 세계에 속한 사악한 새 군상을 소개한다. 마지막 때에 나타날 "적그리스도"를 예시(豫示)하는 "적그리스도"라 불리는 거짓 교사들이 이미 요한의 시대에도 먹잇감을 찾아 배회하고 있었다. 이것은 심판을 향한 마지막 카운트다운이 이미 시작되었다는 확실한 징표였다. 그 어느 때보다도 지금 신자들은 마귀의 책략에 두 눈을 똑바로 뜨고, 하나님이 가르쳐주신 진리의 반석에 발을 단단히 딛고 서야 한다. 그래야만 사기꾼들을 상대할 수 있다.

—2:18-19—

추측하건대 요한이 철필을 잉크통에 담가 요한일서 2장 18-19절을 쓰고 있을 때 우리가 영적 세계에서 벌어지고 있는 일을 엿볼 수 있었다면 수많은 마귀가 당황해서 어쩔 줄 몰라하는 모습을 보았을 것 같다. 왜냐하면 사기꾼들은 드러나는 걸 싫어하기 때문이다. 그들은 눈에 띄지 않게 활동하면서 거짓 교리를 퍼트리고, 진리를 왜곡하며, 영적으로 약한 자들을 착취하기를 좋아한다. 그러나 사도 요한은 과감하게 마귀의 교활한 기만 전략을 모조리 폭로한다.

요한은 우선 2장 8절에서 말했듯이 "어둠이 지나가고 참빛이 벌써 비[치기]" 때문에 거짓 교사들의 출현은 곧 새벽이 온다는 징후임을 상기시킨다. 그래서 2장 18절에서 요한은 "아이들아 지금은 마지막 때라"고 말할 수 있었다. 워렌 위어스비가 이 "마지막 때"의 이미지를 잘 설명했다.

> 구약성경의 모든 역사는 십자가 위에서 이루어진 그리스도의 사역을 준비하는 것이었다. 그 이후의 모든 역사는, 예수님이 오셔서 그분의 왕국을 세우실 "마지막 때"를 예비하는 과정에 불과하다…"마지막 때"는 요한의 시대에 시작되어 그 이후로 점점 더 긴장이 고조되었다. 요한의 시대에 불경한 거짓 교사들이 있었고, 그 이후로 지금까지 수 세기에 걸쳐 그들의 숫자와 영향력은 커졌다. "마지막 때" 또는 "종말"은 일정한 기간이 아닌 시간의 종류를 묘사하는 말이다…다시 말해서, 그리스도인은 늘 "마지막 때", 곧 위기의 시대를 살아왔다.[1]

요한에 따르면 그리스도의 초림과 재림 사이의 이 "마지막 때"는 악의 하수인들이 암약하는 칠흑같이 어두운 미명이다. 그는 이런 자들을 "적그리스도"(2:18)라고 부른다. 헬라어 *antichristos*(500)는 여기서 처음으로 기독교 문헌에 사용되었는데, '~대신' 또는 '맞서는'이라는 뜻의 *anti*(473)와 '메시아' 또는 '그리스도'라는 뜻의 *christos*(5547)를 합성한 단어다. 다의성(多義性)은 의도된 것일 수 있다. 모든 '적그리스도'는 그리스도와 그분의 가르침에 반대하면서 심지어 자신이 메시아라고 주장하기도 한다. 그렇게 그들은 그리스도를 자처하면서 진짜 그리스도에게 대항한다.

요한은 일련의 적그리스도들이 종말에 마지막으로 나타날 특정한 적그리스도의 서곡이자 전조임을 분명히 본다.[2] 그는 "적그리스도가 오리라는 말을 너희가 들[었다]"(2:18)라고 한다. 언제 들었다는 말일까? 요한은 바울이 "불법의 사람", "멸망의 아들"(살후 2:3)이라고 불렀던 인물을 말하는 것 같다. 바울도, 요한과 마찬가지로, 세상에 최후의 불법의 아들이 출현할 것을 예상하면서, "불법의 비밀이 이미 활동하였[다]"(살후 2:7)고 말했다. 용어는 달라도 사도 바울과 사도 요한 모두 장차 나타날 한 인물을 언급하면서 마지막 때의 환란이 임하기 전에 이 악의 화신보다 앞서 활동하는 자들이 많이 있으리라는 사실에 주목했다.

사도 바울이 데살로니가후서 2장에서 미래의 적그리스도에 대해서만 말한 반면, 사도 요한은 요한일서 2장에서 현재의 적그리스도들에게 초점을 맞춘다. 요한의 편지는 이 사기꾼들에 대해 무엇을 알려주는가?

지금도 활동하는 최초의 가짜(요한일서 2:18)

우리를 거짓의 길로 끌고 가려고 하는 사기꾼 중에서 가장 해로운 존재는 영적 사이비다. 이 사기꾼들은 가짜 다이아몬드, 싸구려 짝퉁, 가짜 롤렉스 시계를 취급하지 않는다. 그들은 오래된 신자들도 속을 수 있을 정도로 진짜와 너무나 흡사한 날조된 '진리'를 판다. 종교적 가짜를 파는 자들이 매일 텔레비전이나 라디오, 서점, 언론 매체, 심지어 명망 있는 교회나 기독교 기관의 강대상이나 강의실에서 사람들의 인정을 받고 있다. 짝퉁 진리는 큰 사업이며, 그 경영자는 수천 년 전 동산에서 이 사업을 시작한 바로 그 음흉한 자다(창 3장).

사도 바울은 고린도후서 11장 3절에 세계 최초의 영적 사기꾼에 대해 썼다. "뱀이 그 간계로 하와를 미혹한 것 같이 너희 마음이 그리스도를 향하는 진실함과 깨끗함에서 떠나 부패할까 두려워하노라." 물론 이 뱀은 사탄이다(계 12:9). 사탄은 어떤 식으로 일하는가? 어떻게 그가 날조한 가짜 '진리'를 세상에 퍼뜨리는가?

첫째, 사탄은 거짓말이 주업이다. 그는 속이는 일에 전념한다. 그는 전 세계에 그와 똑같이 속임수에 능한 숙련된 마귀 떼가 운영하는 가맹점을 많이 가지고 있다. 예수님은 사탄을 "진리가 그 속에 없으므로 진리에 서지 못하고 거짓을 말할 때마다 제 것으로 말하나니 이는 그가 거짓말쟁이요 거짓의 아비가 되었음이라"(요 8:44)고 묘사하셨다. 사탄은 창세기 3장에서 의심할 줄 모르는 순진한 하와에게 한 조각의 거짓을 팔면서 사업을 개시했고, 그로 인해 하와는 몰락의 길로 접어들었다. 그 독사는 사전 경고 없이 거짓말을 했다. 불리한 조항을 깨알 같은 활자로 인쇄한 안내문도 제공하지 않았다. 그는 거짓말을 가능한 한 설득력 있고 그럴듯하게 그리고 긍정적으로 표현했다.

둘째, 사탄은 생각과 감정을 공략한다. 사탄은 지식인에게는 합리적이고 이성적이며, 심지어 현학적인 설명으로 다가간다. 그는 설득의 귀재다. 언제라도 당신의 반응에 대처할 준비가 되어 있다. 그는 항상 자기가 결론을 내리려고 한다. 이성적으로 당신이 설득되지 않으면 감정에 호소한다. 당신의 내적 갈망과 욕구, 동경하고 바라는 것, 두려움과 염려에 호소한다. 그는 일단 당신의 머리와 가슴을 차지하면 당신의 의지와 행위는 저절로 따라올 것을 알고 있다. 머지않아 당신의 삶은 그리스도의 영에서 벗어나 적그리스도의 영을 향해 경로를 틀게 될 것이다. 사탄의 목표는 사람들이 "그리스도를 향하는 진실함과 깨끗함에서 떠나[는]"(고후 11:3) 것이다.

셋째, 사탄은 빛의 천령으로 위장한다. 사탄은 현실 세계에서 가장 교활한 사기꾼도 상대가 안 될 정도로 정교하고 치밀하게 하나님의 진리를 자기의 거짓말로 대체한다. 사탄은 초자연적 능력으로 불 보듯 뻔한 거짓말을 그럴듯하고…개연성 있고…입증 가능한 것처럼 보이게 만들 수 있다! 그는 역사적, 과학적 '사실', 심지어 초자연적인 '신성한' 계시로 거짓말을 뒷받침한다.

넷째, 사탄은 다양한 인간 하수인을 이용해 자기가 만든 상품을 판다. 이런 중개인들은 이교의 지도자, 거짓 선지자와 교사, 종교적 그루(guru), 영적 사기꾼들이다. 그들은 "자기를 의의 일꾼으로 가장[한다]"(고후 11:15). 이런 하수인들은, 그들의 사악한 CEO가 그렇듯, 교리적으로 건전하고, 역사적으로 그럴듯하며, 지적이고, 배려심이 있으며, 신뢰와 지지를 받을 만한 사람들로 보인다. 그러나 실제로 그들이 제공하는 것은 거짓 의, 거짓 그리스도, 거짓 지식, 거짓 소망이다.

첫째, 거짓 교사들은 많이 있다(요일 2:18). 1세기 말엽에 사도 요한이 "많은 적그리스도가 일어났으니"라고 말할 수 있을 정도였다. 일찍이 요한이 살아 있을 때 학식이 높은 케린투스(Cerinthus)라는 사람이 물리적 세계는 가장 높은 신보다 더 작은 하위의 신이 창조했으며, 예수님은 마리아와 요셉의 생물학적 아들이었다고 가르쳤다. 그는 예수님이 일반인보다 더 의롭기는 했지만, 세례받으시기 전에는 그리스도의 영이 깃들지 않았다고 주장했다. 예수님이 세례를 받으실 때 천상의 '그리스도'가 예수님에게 내려와 미지의 하늘 아버지를 선포하는 대변인으로 예수님을 사용했다는 것이다. 참 허접하기 이를 데 없다!

사도 요한은 케린투스와 그의 거짓 가르침을 잘 알았기 때문에 담대하고 단호하게 대처했다. 실제로, 서머나 교회의 감독인 폴리캅의 제자 리용의 이레니우스는 요한의 수하에도 있었던 터라 이와 관련된 옛 스승의 일화를 전해주었다. "주님의 제자 요한이 에베소에서 목욕탕에 갔다가 안에 케린투스가 있는 것을 알고 목욕도 하지 않고 뛰어나와 이렇게 외쳤다. '진리의 적 케린투스가 안에 있으니 목욕탕이 무너지기 전에 뛰어나가자.'"[3]

우리는 역사적 기록과 거짓 교사들에 대한 신약성경의 경고를 통해 1세기에 이미 수많은 이단이 있었다는 사실을 알고 있다. 그때부터 적그리스도들은 계속 수를 불리면서 거짓

에베소의 목욕탕. 이레니우스에 따르면 사도 요한은 여기서 거짓 교사 케린투스를 피해 도망쳤다.

가르침의 씨앗을 널리 퍼뜨렸다.

둘째, 거짓 교사들은 대부분 교회 안에서 나온다(2:19). 요한은 이러한 적그리스도들이 "우리에게서 나갔[다]"는 말로 그들이 참 사도의 교회에서 떠났음을 알린다. 역사를 통틀어 그리고 지금까지도 많은 이단의 교주들은 과거에 성경을 믿는 건강한 교회에 속해 있었다. 그러나 그들은 교회의 정통 교육에 반항해서 제자도 되지 못했고 훈련도 받지 못했다. 그들은 다른 교리를 가르치고 상반되는 생활방식을 취하려고 이탈했다.

그렇다고 모든 거짓 교사가 성경을 믿는 그리스도인으로 가장한다는 말은 아니다. 사도 바울은 에베소 교회의 장로들에게 이렇게 경고했다. "내가 떠난 후에 사나운 이리가 여러분에게 들어와서 그 양 떼를 아끼지 아니하며"(행 20:29). 외부에서 교회로 들어온 일부 거짓 선지자들과 거짓 교사들은 세상으로부터 왜곡된 추론을 끌어들인다. 또 바울은 바로 뒤에 이런 말도 했다. "또한 여러분 중에서도 제자들을 끌어 자기를 따르게 하려고 어그러진 말을 하는 사람들이 일어날 줄을 내가 아노라"(행 20:30). 이것은 훨씬 더 해로울 수 있

역사적 이단들(요한일서 2:18-19)

예수님과 사도들은 적그리스도들-무방비 상태에 있는 그리스도인들을 속이고 불신자들에게서 진리를 강탈할-의 출현을 예견했다(마 24:11, 벧후 2:1, 요일 2:18). 그들은 여러 면에서 서로 다르지만, 모두 기독교 신앙의 핵심 진리를 거부했다. 가장 오래된 이단들과 이에 상응하는 현대의 이단들을 생각해보라.

케린투스(약 AD 100)는 그리스도가 인간 예수의 몸을 취한 영적 존재였다고 가르치면서 그리스도의 성육신을 부인했다. 케린투스는 영지주의와 공통점이 많았고 자주 그들과 결부된다. 어쩌면 사도 요한은 케린투스의 이단에 정면으로 맞서기 위해 네 번째 복음서를 썼을 수도 있다. 지금도 "신앙의 그리스도"(학자들은 역사적 예수와 신앙의 그리스도를 구분한다. 역사적 예수는 역사적으로 존재했던 인간 예수이고, 신앙의 그리스도는 기독교 전통과 경험의 주체로서 신앙의 대상인 신적 존재를 가리킨다.-역주)는 진짜로 성육하신 신인(God-man)이 아니라 우리가 열심히 본받아야 하는 이상적이고 도덕적인 표상일 뿐이라고 가르치는 자들이 있다.

영지주의(약 AD 100-300)는 그리스도가 영적 엘리트들에게만 주어지는 특별한 지식(*gnosis*, 그노시스)을 통해 구원을 가져다주기 위해 하나님이 보내신 많은 영적 존재 중 하나라고 가르쳤다. 그들은 자기들의 주장을 뒷받침하기 위해 자기네만의 경전을 썼다. 영지주의적 요소는 지금도 뉴에이지 신비주의, 극단적인 은사주의 집단, 몰몬교에서 찾아볼 수 있다.

에비온파(약 AD 100-150)는 율법의 준수를 강조하고 그리스도의 동정녀 탄생과 신성을 부인한 유대인 '그리스도인'이었다. 많은 현대의 비판적인 역사가들은 '역사적 예수'는 훌륭한 도덕적 스승이었지만, 신성한 하나님의 아들은 아니었다고 주장한다.

다. 그들은 기독교 용어를 알고 있고, 기독교 문화를 이해하며, 분별력이 부족한 사람들을 더 쉽게 속일 수 있는 방법으로 말하고 행동하는 데 능하다. 그러니 바울이 이렇게 말한 것은 놀랍지 않다. "그러므로 여러분은 정신을 바짝 차리고"(행 20:31, 현대인의 성경).

셋째, 거짓 교사들은 예수 그리스도로 인한 구원의 은혜를 진짜로 경험하지 못했다(요일 2:19). 이 거짓 교사들이 참된 신앙의 가장 핵심이 되는 가르침에서 그렇게 크게 벗어났다는 사실 자체가 그들이 "우리에게 속하지 [않았음]"을 입증한다. 이들 적그리스도들이 진짜 그리스도의 몸을 구성하는 일원이었고(물리적으로만이 아니라 영적으로도), 성령이 역사하심으로 거듭나 그리스도와 진짜로 연합되었다면, 그들은 참된 교회와 함께 "거하였[을 것이다]." 그들이 떠났다는 사실이 "우리에게 속하지 아니하였[음]"을 분명히 보여준다. 장 칼뱅은 이 구절을 이렇게 해설했다. "이탈한 자들은 그리스도를 아는 지식에 깊이 잠긴 것이 아니라 잠시 살짝 맛보았을 뿐이다."[4]

나는 의심을 품거나, 다시 죄에 빠지거나, 한동안 바른 길에서 벗어난 그리스도인들에 대해 말하는 것이 아니다. 요한이 정의한 "적그리스도들"은 정상적인 믿음의 투쟁-성화의 과정 속에 나타나는 기복-을 겪는 신자들보다 훨씬 노골적이고 과격하다. "적그리스도들"은 노골적인 이단의 죄를 지은 자들이다. 여기서 말하는 "이단"은 "성부, 성자, 성령의 삼위일체, 그리스도의 신성과 인성, 그리스도의 대속의 죽음과 부활 같은 신앙의 기본 교리에서 의식적이고 고의적으로 이탈함"으로 정의된다. 이단은 이 정의에 따르면, 그리스도인이 아니다."[5]

—2:20-21—

요한은 적그리스도들에 대해 경고한 뒤 돌연 그들의 반대편에 있는 참된 신자들에게로 주의를 돌린다. 그는 "거룩하신 자에게서 기름 부음을 받[은]"(2:20) 자들에게 빛을 비추어 사기꾼을 상대하는 데 필요한 것을 보여준다. 그는 진정한 신자에 대해 뭐라고 말하는가?

첫째, 진정한 신자에게는 성령이 있다. "거룩하신 자에게서 기름 부음을 받[았다]"는 은유는 진정으로 구원받은 자들에게 주어진 성령의 은사를 가리키는 것 같다. 사도행전 10장 38절은 "하나님이 나사렛 예수에게 성령과 능력을 기름 붓듯 하셨[다]"고 말한다. 예수님도 성령 세례에 대해 제자들에게 비슷한 말씀을 하셨다. "오직 성령이 너희에게 임하시면 너희가 권능을 받고"(행 1:8). 그리고 고린도후서 1장 21절에 바울은 이렇게 썼다. "우리를 너희와 함께 그리스도 안에서 굳건하게 하시고 우리에게 기름을 부으신 이는 하나님이시니." 그리스도에게 기름을 부으신 그 성령(문자적으로 "기름을 부으신 이")이 성령 세례로 그리스도인들에게 기름을 부으신다. 적그리스도들에게는 바로 이 성령의 영원한 기름 부으심이 없다.

둘째, 진정한 신자들은 하나님의 구원의 진리를 안다. 예수님은 체포되시기 전 다락방에서 제자들에게 이렇게 약속하셨다. "그러나 진리의 성령이 오시면 그가 너희를 모든 진리 가운데로 인도하시리니"(요 16:13). 에베소서 1장 13절은 "그 안에서 너희도 진리의 말씀 곧 너희의 구원의 복음을 듣고 그 안에서 또한 믿어 약속의 성령으로 인치심을 받았으니"라고 말한다. 이로 보건대 성령의 임재가 구원의 복음을 설명하는 핵심 교리인 '진리의 메시지'에 관한 영원한 영적 지식과 분별력을 주는 것이 분명하다.

요한일서 2장 20절이 참된 산자들이 알아야 할 모든 것을 안다고 말하지 않고 "여러분 모두가 그것을 알고 있습니다"(메시지 성경)라고 한 것에 유의하라. 또 나중에 요한이 "모든 것"(2:27)을 가르치는 교사들의 기름 부음에 대해 말할 때 이것을 각 신자가 영적인 것에 대해 알아야 할 모든 것을 안다는 뜻으로 받아들이면 안 된다. 여기서의 맥락은 기본적인 예수 그리스도의 복음에 담긴 구원의 진리를 말한다. 지금도 여전히 신자들은 성령이 알려주시는 것을 "부분적으로 [안다]"(고전 13:9, 12). 그러나 베드로가 말했듯이 이 지식은 온전하지는 않아도 충분하다. "그의 신기한 능력으로 생명과 경건에 속한 모든 것을 우리에게 주셨으니 이는 자기의 영광과 덕으로써 우리를 부르신 이를 앎으로 말미암음이라"(벧후 1:3). 적그리스도들은 바로 이 복음에 대한 참 지식을 거부한다.

진리의 6가지 유익
1. 진리는 우리의 믿음을 안정시켜준다.
2. 진리는 우리가 시험당할 때 힘을 준다.
3. 진리는 성경을 정확히 이해할 수 있게 해준다.
4. 진리는 오류를 찾아내고 대면할 수 있게 무장시켜준다.

5. 진리는 확신을 가지고 살게 해준다.
6. 진리는 우리를 두려움과 미신에서 벗어나게 해준다.

셋째, 참된 신자는 거짓을 분별할 수 있다. 성령이 우리 마음과 생각에 그리스도의 인격과 사역의 복음을 심어주셨기 때문에 우리는 진리와 오류의 차이를 알 수 있다. 성령의 감동으로 쓰인 하나님의 말씀을 깊이 공부하고, 성령이 내주하시는 그리스도의 몸인 교회 안에 계속 있으면(엡 2:21-22) 우리가 잘 분별할 수 있도록 성령이 우리의 생각을 준비시켜 주신다(딤후 3:16). 그리스도와 그분의 말씀과 그분의 몸 안에 거하는 자들은 "진리를…알[며]" "거짓은 진리에서 나지 않[는다는 것]"을 안다(요일 2:21). 그들의 진리 탐지기는 사실과 허구를 구분할 수 있도록 세밀하게 조정되어 있다.

혹시 텔레비전에서 이상한 설교자나 강사가 말도 안 되는 소리를 지껄이는 것을 보고 "저걸 도대체 누가 믿지?"라고 생각해본 적이 있는가? 그런데 그다음에 카메라가 와이드 샷으로 청중을 훑으면 체육관만 한 건물을 가득 채운 사람들이 고개를 끄덕이고, 미소 짓고, 손뼉 치면서 "아멘!"이라고 외치는 모습을 보게 된다. 그 상황에서 올바른 반응은 그분의 영이 그분의 말씀을 통해 분별력을 주신 것에 감사하는 것이다. 적그리스도들은 이런 분별력이 부족한 사람들을 노린다. 그렇다면 거짓 교사들의 먹잇감이 된 사람들에게 당신은 어떻게 반응해야 하는가? 그들에게 분별력을 주셔서 속임수에 눈을 뜨게 해달라고 성령께 기도하라. 그리고 영적 속임수의 유혹에 걸려들거나 동요된 사람을 개인적으로 안다면 진리의 말씀을 사랑으로 나누라. 이 일을 절대 과소평가하지 말라. 진리는 그들을 자유롭게 할 수 있다(요 8:32).

—2:22-23—

요한일서 2장 18-19절은 적그리스도들을 집중 조명했다. 2장 20-21절에서는 참된 신자들을 조명했다. 이제 2장 22-23절에서 요한은 적그리스도들에게로 다시 돌아가, 교리적인 일탈에 대한 더 상세한 설명과 함께 그들을 묘사한다. 나는 앞에서 논한 거짓 교사들의 특성을 계속 살펴볼 것이다.

넷째, 거짓 교사들은 예수님의 진정한 정체성—성육하신 신인(God-man)—을 부인한다. 요한은 그들이 "예수께서 그리스도이심"(2:22)을 부인한다고 말한다. 그럼으로써 그들은 "아버지와 아들"을 부인한다. 아들을 고백하는 것은 아버지를 갖는 것이지만, 아들을 부인하는 것은 아버지를 부인하는 것이기 때문이다(2:23). 이 거짓 교사들은 나사렛 예수가 오랫동안 고대하던 메시아라는 사실을 부인할 뿐 아니라 성부와 개인적이고 영원한 관계 속에 있는 예수님의 본질인 성자의 신분까지도 부인하고 있다는 점에 유의하라(참조. 요

성육신이 왜 그렇게 중요한가?(요한일서 2:23)

AD 451년에 열린 고대 칼케돈 공의회는 성경의 분명한 가르침에 의거해 예수 그리스도를 (성육신과 관련해서) 이렇게 표현했다. "신성과 인성이 모두 완전하신…실제로 하나님이시고 실제로 인간이시다."[6] 이 신중한 진술은 사도 시대부터 현재까지 이어지는 기독교의 정통 신앙을 표방한다(참조. 요 1:1-3, 14, 롬 1:3-4, 빌 2:6-8). 참 그리스도인들은 그리스도의 두 가지 속성에 대한 교리를 기독교 신앙의 본질이자 가장 중요한 기본 진리로 이해하고 받아들인다. 예수님은 하나님이시면서 사람이시다.

이 진리가 왜 그토록 중요할까? 생각해보라. 만약 그리스도가 그냥 하나님이셨다면, 죄로 가득 찬 인류를 대신해 죽음으로써 우리를 대속하실 수 없었을 것이다. 만약 그리스도가 그냥 인간이셨다면, 그분의 죽음은 구원받은 자들에게 영원한 혜택을 주지 못했을 것이다. 그러나 그분은 성육하신 인간으로서 죄에 대한 완전한 희생 제물로 죽으셨고, 불멸하는 생명의 권능으로 영원히 살도록 부활하셨기 때문에 그분을 믿는 모든 자에게 영생을 주실 권한이 있다. 이 성육신의 교리는 단순한 신학적 난제가 아니라 구원의 근본 원리다!

그리스도의 신성과 인성에 관한 진리는 그리스도인의 일상에도 영향을 미친다. 그냥 하나님이신 그리스도는 인간이 겪는 고통과 분리되어 있어서 인간의 절망적인 상황에 참여하실 수 없었을 것이다. 또 한낱 인간인 그리스도의 죽음은 한 선한 사람의 순교로서 감화를 주는 귀감에 불과했을 것이다. 그는 그저 죽음을 정복할 수 없고, 무덤을 이길 힘이 없는 인간 비극의 희생자로 끝났을 것이다.

그러나 하나님을 찬양하라! 그리스도는 손상되지 않은 신성과 진정한 인성을 지니신 온전한 하나님이시자 온전한 인간이시다. 그 영원하신 분이 우리와 함께 시간 안에 거하기로 선택하셨고, 무한하고 만질 수 없는 하나님을 우리의 유한한 손으로 만지며, 유한한 마음으로 그분을 만날 수 있다는 사실에서 우리는 위안을 얻을 수 있다. 히브리서의 작가가 이것을 아름답게 표현했다.

> 그러므로 우리에게 큰 대제사장이 계시니 승천하신 이 곧 하나님의 아들 예수시라 우리가 믿는 도리를 굳게 잡을지어다 우리에게 있는 대제사장은 우리의 연약함을 동정하지 못하실 이가 아니요 모든 일에 우리와 똑같이 시험을 받으신 이로되 죄는 없으시니라 그러므로 우리는 긍휼하심을 받고 때를 따라 돕는 은혜를 얻기 위하여 은혜의 보좌 앞에 담대히 나아갈 것이니라(히 4:14-16).

10:30). 요한은 다른 서신서에서 이 적그리스도들은 "예수 그리스도께서 육체로 오심을 부인하는 자"(요이 1:7)라고 썼다.

어떤 사람이 진정한 그리스도인인지를 감별하는 테스트는 완전한 신성과 완전한 인성을 부인하는가의 여부다. 누구든지 성육한 메시아이신 그분의 정체성을 부정함으로써 "아들을 부인하는" 자는 "아버지가 없[다]"(요일 2:23). 여기에는 오류의 여지가 없다. 반면에 참 예수님-죽었다가 부활하신 신인(God-man)-을 믿는 사람들은 성령의 능력으로 예수님을 통해 아버지와 연합한다.

—2:24-27—

요한은 다시 한번 초점을 적그리스도에게서 참된 신자들로 옮겨 두 집단 사이의 현격한 차이를 보여준다. 2장 24절과 2장 27절에서 요한이 "너희는"을 반복한 것은 독자들이 사기꾼들-어둠 속에 살면서 예수님에 대한 거짓말만 일삼는 반기독교적 거짓 교사들-과는 공통점이 없다는 것을 알려주고 싶은 마음의 표현이다. 요한은 거짓 교사들이 참된 신자들의 영적 안정에 악영향을 미치지 못하도록 두 개의 가드레일을 설치한다.

첫 번째 가드레일은 건전한 교리를 고수하는 것이다. 요한은 독자들에게 "아들과 아버지 안에 거하[도록]" "처음부터 들은 것을 너희 안에 거하게 하라"(2:24)고 지시한다. 여기에 더해 이러한 올바른 교리를 꼭 붙잡고 있어야만 "영생"의 약속을 얻을 수 있다고 독자들을 일깨운다(2:25). 우리는 요한의 편지에서 서두를 기억해야 한다. "태초부터 있는 생명의 말씀에 관하여는 우리가 들은 바요 눈으로 본 바요 자세히 보고 우리의 손으로 만진 바라 이 생명이 나타내신 바 된지라 이 영원한 생명을 우리가 보았고 증언하여 너희에게 전하노니 이는 아버지와 함께 계시다가 우리에게 나타내신 바 된 이시니라"(1:1-2). 우리가 성경에 계시되고, 교회에서 지속적으로 선포되며, 역사적으로 정통 그리스도인들이 계속 믿어온 그리스도에 대한 진리를 고수한다면 거짓 교사들-"너희를 미혹하는 자들"(2:26)-의 유혹에 절대 빠지지 않을 것이다.

언뜻 보기에 이 말은 건전한 교리를 고수해서 영원한 생명을 얻고 구원을 유지하는 것은 어찌 됐든 우리 소관이라는 말처럼 들릴 수 있다. 그러나 두 번째 가드레일이 그런 잘

못된 생각을 배제한다. 두 번째 가드레일은 그리스도 안에 거하기 위해 성령의 능력에 의지하는 것이다. 요한은 성령의 기름 부음이 "너희 안에 거하나니"(2:27)라고 말한다. '거하다'는 말의 다양한 의미가 역동적으로 상호 작용하는 것에 주목하라. 2장 24절에서 요한은 "너희가 아들과 아버지 안에 거[할 수 있도록]" "처음부터 들은 것을 너희 안에 거하게 하라"고 말한다. 그런 다음 2장 27절에서는 "주께 받은 바 기름 부음이 너희 안에 거[하며]" 그로 인해 진짜로 구원받은 자들이 "주 안에 거[할 수 있게]" 된다고 말한다.

하나님이 우리에게 요구하시는 모든 것을 하나님의 영이 우리를 통해 이루신다는 개념은 요한만 가졌던 것이 아니다. 바울도 빌립보서 2장 12–13절에서 이 개념을 가르쳤다. "그러므로 나의 사랑하는 자들아 너희가 나 있을 때뿐 아니라 더욱 지금 나 없을 때에도 항상 복종하여 두렵고 떨림으로 너희 구원을 이루라 너희 안에서 행하시는 이는 하나님이시니 자기의 기쁘신 뜻을 위하여 너희에게 소원을 두고 행하게 하시나니." 그렇다. 우리는 순종하고, 뜻을 세우고, 일한다. 하지만 성령을 통해 우리 안에서 일하시는 하나님의 능력으로 그렇게 한다는 사실 또한 잊지 말아야 한다.

성령의 이 기름 부음이 우리 안에 있기 때문에 우리는 거짓 교사들이 주장하는 최신 교리, 그들의 '새롭게 개선된' 경전, 그들이 내놓은 희한한 복음이 필요 없다. 우리가 그리스도를 죽었다가 부활하신 신인(God-man)–영생을 주는 진정한 복음–으로 받아들일 때 받은 최초의 기름 부음이 우리에게 생명과 경건에 필요한 모든 것을 가르쳐준다(벧후 1:3).

적용: 요한일서 2:18–27

거짓 교사들을 물리치는 방법

세상은 길을 잃었다. 교사, 설교자, 교회, 심지어 교단들까지 그 뒤를 따랐다. 우리는 어떻게 이 '마지막 때'에 풀려난 수많은 적그리스도를 이겨내고 당당하게 걸을 수 있을까? 당신이 비틀거리지 않고 다른 사람들의 신앙을 다져줄 수 있게 해줄 세 가지 원칙을 알려주겠다.

첫째, 하나님의 말씀에 시간을 투자하라. 당신은 이 말을 수도 없이 들었을 것이다. 그만큼 중요하기 때문이다. 악마는 당신이 이렇게 말할 때 제일 좋아한다. "나는 매년 성경을 읽었어요. 이제 좀 지겹네요. 뭔가 다른 게 없을까요?" 하나님의 말씀을 읽지 않고 해가 지는 일이 없게 하라. 이 영감받은 글들은 오래전에 죽은 사람의 말이 아니다. 그것은 살아 있는 성령의 말씀이다. 바로 그 성령이 당신 안에 거하시며 당신이 그분 안에 거하게 해주신다. 성경 읽기는 목적지까지 가기 위해 자동차에 연료를 채우는 것과 비슷하다. 성경을 읽으면 참과 거짓을 구별할 수 있게 된다. 성경은 결정해야 할 일-도덕적 선택뿐만 아니라 일상적이고 실제적인 결정도-에 방향을 제시해줄 것이다. 성경에 나오는 약속과 예시는 당신에게 희망과 영감을 줄 것이다. 새로운 마음으로 성경을 읽고 배우라.

둘째, 신념을 굽히지 말라. 거짓 교사가 당신에게 다가올 때 단호해지라. 움찔하지 말라. 기독교 신앙의 가장 기본 진리인, 죽었다가 부활하신 신인(God-man)…성부, 성자, 성령의 신성…오직 은혜로 말미암아 오직 믿음으로 오직 그리스도 안에서 받는 구원을 계속 고백하라. 당신이 굳게 서 있으면 어두운 곳을 밝히는 빛처럼 눈에 띄게 마련이다. 그러니 복음을 전할 준비를 하라. 부끄러워하지 말라. 자비와 사랑으로 하되 부끄러워하지 말라. 진리를 말하라. 일어나 사람들로 듣게 하라.

셋째, 그리스도만 바라보라. 우리는 한 목자의 양 떼, 한 스승의 제자, 한 주인의 종으로 부름받았다. 당신의 마음이 마치 레이저처럼, 오로지 구세주이신 그리스도 한 분만 가리키게 하라. 그분의 삶을 살펴보고, 그분의 가르침에 순종하며, 그분의 모범을 따르고, 그분의 인격과 사역을 묵상하며, 그분을 널리 선포하라. 그렇다. 적그리스도들은 예수님에게만 집중하는 것은 너무 편협하다고 당신을 설득하려 들 것이다. 그들은 당신의 마음이 "그리스도를 향하는 진실함과 깨끗함에서"(고후 11:3) 떠나게 하려고 할 것이다. 그들이 그렇게 하지 못하게 하라. 예수님이 중심이심을 매일 상기하라.

이런 일들을 할 때 당신 자신의 힘으로 하지 말고 언제나 성령께 의지하라. 그러면 거짓 교사들을 이길 수 있다.

주님의 재림, 그 빛 안에서 살기(요한일서 2:28-3:3)

28자녀들아 이제 그의 안에 거하라 이는 주께서 나타내신 바 되면 그가 강림하실 때에 우리로 담대함
을 얻어 그 앞에서 부끄럽지 않게 하려 함이라 29너희가 그가 의로우신 줄을 알면 의를 행하는 자마
다 그에게서 난 줄을 알리라

3:1보라 아버지께서 어떠한 사랑을 우리에게 베푸사 하나님의 자녀라 일컬음을 받게 하셨는가. 우리가

그러하도다 그러므로 세상이 우리를 알지 못함은 그를 알지 못함이라 [2]사랑하는 자들아 우리가 지금은 하나님의 자녀라 장래에 어떻게 될지는 아직 나타나지 아니하였으나 그가 나타나시면 우리가 그와 같을 줄을 아는 것은 그의 참모습 그대로 볼 것이기 때문이니 [3]주를 향하여 이 소망을 가진 자마다 그의 깨끗하심과 같이 자기를 깨끗하게 하느니라

재림으로 알려진 교리는 조롱거리가 되거나 공포감을 조성하거나 아니면 위안을 준다. 애초부터 그리스도의 재림은 비웃음의 대상이었다. "말세에 조롱하는 자들이 와서 자기의 정욕을 따라 행하며 조롱하여 이르되 주께서 강림하신다는 약속이 어디 있느냐"(벧후 3:3-4). 안타깝게도, 이렇게 조롱하는 자들은 언젠가 "경건하지 아니한 사람들의 심판과 멸망의 날"(벧후 3:7)에 기습을 당할 것이다.

그다음으로 그리스도의 재림을 두려워하는 사람들이 있다. 성경을 존중하라고 배우며 교회에서 자랐으면서도 오직 그리스도만 믿음으로 오직 은혜로 얻는 구원의 복음을 제대로 이해하지 못한 사람이 많다. 그래서 그들은 그리스도가 산 자와 죽은 자를 심판하러 오신다는 말을 두려워한다. 혹은 진짜로 믿기는 하지만 올바른 길에서 너무 멀어져 주님이 오시는 날 주님께 신실하지 못했던 삶에 대해 해명해야 할 것을 두려워하는 신자도 있을 것이다. 어떤 경우든 그리스도의 재림은 두려움이나 수치심과 맞물려 있다.

마지막으로 주님의 재림을 희망과 기대를 품고 기다리는 많은 신자가 있다. 그들은 바울의 이 말을 이해하고 간절히 믿는다.

> 주께서 호령과 천사장의 소리와 하나님의 나팔 소리로 친히 하늘로부터 강림하시리니 그리스도 안에서 죽은 자들이 먼저 일어나고 그 후에 우리 살아 남은 자들도 그들과 함께 구름 속으로 끌어 올려 공중에서 주를 영접하게 하시리니 그리하여 우리가 항상 주와 함께 있으리라 그러므로 이러한 말로 서로 위로하라(살전 4:16-18).

나는 사랑하는 사람을 잃은 이들을 돕는 특별한 기회가 주어질 때마다 바로 이 성경 구절을 일깨워준다. 그리스도의 재림, 죽은 자들의 부활, 우리보다 먼저 세상을 떠난 사람들과의 대규모 '가족 상봉', 이것이야말로 슬픔에 빠져 있는 신자들이 기대할 만한 사건이기

때문이다.

그리스도의 재림에 관한 교리는 아이들 버릇을 고치려고 만들어낸 동화도 아니고, 사람들에게 암울한 세상을 헤쳐나갈 힘을 주려고 상상으로 지어낸 예언도 아니다. 또한 미래를 걱정하는 사람들에게 책을 팔기 위해 만들어낸 유행도 아니다. 그리스도의 재림은 예수님뿐만 아니라 사도들, 초대 교회, 지난 2천 년 간 모든 세대의 진정한 신자들이 가르친 진리의 일부분이다.

요한일서 2장 28절-3장 3절에서 요한은 "그가 나타나시는"(2:28, 3:2) 순간을 두 번 언급한다. 이는 요한이 우리 모두와 그의 독자들에게 주님의 재림은 우리가 부끄러워하지 않고 당당하게 직면할 수 있는 불가피한 현실임을 깨닫게 하려는 것이다. 그리고 주님의 재림을 미리 생각하고 계획하라고 촉구하는 것이다. 그리스도가 다시 오시면 "그의 참모습 그대로 볼 것"(3:2)을 알기에 우리는 희망찬 기대로 부푼다.

—2:28-29—

언젠가 그리스도는 다시 오신다. 오늘일 수도 있다. 다음 주일 수도 있다. 몇 년, 몇 십 년, 몇 백 년 후일 수도 있다. 그날이 언제일지는 아무도 모른다(막 13:32). 그러나 그분이 장차 하늘에서 오신다는 사실은 과거에 승천하신 것만큼이나 확실하다(행 1:9-11). 하나님의 깨뜨릴 수 없는 약속에 기초한 이 예언은 분명히 이루어진다. 그러나 그리스도의 재림에 대한 신자들의 반응은 다양하다. 준비가 되어 있는 사람들에게 그것은 위안을 주고 순결을 고취시킨다. 준비가 되어 있지 않은 사람들에게는 두려움과 수치심을 불러일으킨다. 그리스도의 재림에 비추어 우리는 어떻게 살아야 하는가?

요한은 이 대목을 직설적인 명령으로 시작한다. "자녀들아 이제 그의 안에 거하라"(요일 2:28). 여기서 "거한다"는 말은 앞에서 거짓 교사들에 대한 우리의 반응을 가리켜 쓰인 *menō*(3306)이다. 우리는 하나님의 말씀이 우리 안에 거하시게 함으로써 "아들과 아버지 안에 거[한다]"(2:24). 그리고 우리는 우리 안에 거하는 선생이신 성령의 능력으로 "주 안에 거[한다]"(2:27). 요한이 2장 28절에서 독자들에게 "그의 안에 거하라"고 말할 때 우리는 이 말이 빛 가운데서 행하고, 하나님의 말씀을 마음에 새기며, 신앙의 기본 진리에 집중하고, 거짓 교사들의 속임수를 피하며, 그리스도를 본받는 삶을 살라는 뜻임을 안다. 동사 "거하다"는 현재형으로, 일회성 사건이 아니라 지속적인 활동을 의미한다. 우리는 계속 그분 안에 거해야 한다.

계속 그리스도 안에 거하라는 이 중요한 명령은 확신을 주는 말로 이어진다. 그리스도 안에 거하면 우리는 그분 앞에서 부끄러워하지 않고 떳떳이 그분의 재림을 기대하게 된다(2:28). "강림"으로 번역된 헬라어는 *parousia*(3952)인데, 이 문맥에서는 그리스도가 "이 시대의 종말에 세상을 심판하러 영광 가운데 메시아로 강림"하시는 것을 나타낸다.[7] 지금 그분 안에 거하면 그때 떳떳할 수 있다. 그러나 그 반대 역시 사실이다. 그분과 친밀한 관계-성령 안에서 행함-를 유지하지 못하면 우리는 그분이 나타나실 때 수치심에 뒷걸음질칠 것이다!

우리는 강림하실 하나님의 아들이 "의로우신 줄을"(2:29) 알기에 그분의 심판도 의로우실 것을 안다. 사도행전 17장 31절은 이렇게 말한다. "이는 정하신 사람으로 하여금 천하를 공의로 심판할 날을 작정하시고 이에 그를 죽은 자 가운데서 다시 살리신 것으로 모든 사람에게 믿을 만한 증거를 주셨음이니라." 그러므로 성령 안에서 행하고 삶으로 그분을 섬기려고 애썼던 사람들에게 그 의로운 심판관은 정당한 보상을 하실 것이다. 바울도 같은 진술을 한다. "이제 후로는 나를 위하여 의의 면류관이 예비되었으므로 주 곧 의로우신 재판장이 그 날에 내게 주실 것이며 내게만 아니라 주의 나타나심을 사모하는 모든 자에게도니라"(딤후 4:8). 바울은 각 신자가 서야 하는 그리스도의 심판대-우리가 구원받을 자격이 있는지를 결정하기 위해서가 아니라 우리가 그분을 충성스럽게 섬긴 것에 대해 보상받기 위해서-를 언급하면서 이 점을 이론의 여지없이 분명히 한다(고전 3:12-15, 고후 5:9-10). "그에게서 난" 모든 사람은 이 사실 때문에 의를 행하게 될 것이다(요일 2:29).

그러나 요한의 요지는 그보다 더 심오하다. "그에게서 난" 사람들은 믿음을 통해 은혜로 진정한 중생을 경험했다. 그래서 그들은 의롭다고 선포되고 성령으로 말미암아 영적으로 그리스도와 하나가 된다. 스티븐 스몰리(Stephen Smalley)는 이렇게 말한다. "신자는 (그리스도를 통해) '거듭나지' 않으면 하나님과 올바른 관계를 맺을 수 없다…또한 신자가 그리스도를 통해, 성령에 의해서 하나님과의 관계가 굳건해야 '그분 안에 거하고' '올바로 행동하는 것'이 가능하다."[8] 그리스도의 의로 인해 하나님은 우리에게 두 가지를 주셨다.

- **내적 능력**–그분 안에서 우리를 의롭다고 선포하고 우리가 올바르게 살 수 있게 해주는 그분과의 영적 연합.
- **외적 동기**–우리의 충성을 보상하실 의로운 재판관이신 그리스도께 소명해야 한다는 사실.

—3:1–3—

그리스도가 행하신 중생의 사역은 신자들에게 그분 앞에 당당히 설 수 있는 자격을 부여해 주고 그분을 위해 바르게 살 수 있게 해준다. 이 진리에 의거해 요한은 복받치는 경탄(3:1), 영광스러운 약속(3:2), 확고한 소망(3:3)을 가지고 그리스도의 재림을 바라보며 살라는 권고를 마친다.

킹 제임스 성경은 3장의 첫마디를 뉘앙스가 약한 "보라"(see)가 아니라 더 극적인 "바라보라"(behold)로 번역했다. 나는 이 말이 "보라"보다 요한의 말 속에 담긴 경이로움을 더 잘 표현한다고 생각한다. 요한은 "[우리가] 하나님의 자녀라 일컬음을 받게 하셨는가"(3:1)라며 구원의 영광에 대한 흥분을 쏟아낸다. 그리고 우리는 정말 하나님의 자녀이기 때문에 그렇게 불린다는 사실을 명명백백하게 밝히기 위해 이렇게 덧붙인다. "우리가 그러하도다."

그리스도는 본질적으로 하나님의 아들이시므로 우리가 그분과 연합하면 우리는 하나님의 "양자"(롬 8:15, 23, 9:4, 갈 4:5, 엡 1:5)가 된다. 그분과 하나로 간주되고 순전히 은혜로 하나님의 가족이 된다는 건 엄청난 축복이다. 그러나 여기에는 아쉬운 면도 있다. 세상이 그리스도를 모르고 그분과 올바른 관계를 맺지 못하듯이 세상은 우리의 실체를 모른다(요일 3:1). 따라서 신자와 세상 사이에 오해와 불화가 일어나는 것은 불가피하다.

그러나 세상과 신자 사이의 불협화음은 일시적일 뿐이다. 그리스도가 다시 오셔서 이 세상을 바로 세우시면 모든 것이 바뀔 것이다. 요한의 경탄은 재림과 관련된 영광스러운 약속으로 이어진다. 그리스도가 재림하시면 우리는 영광 가운데 부활한다. 그러나 그 이후의 삶이 어떤 모습일지 상세히 알지 못한다. 하지만 최소한 "그가 나타나시면 우리가 그와 같을 줄을 아는 것은 그의 참모습 그대로 볼 것"(3:2)은 안다. 빌립보서 3장 20–21절에 나오는 바울의 진술이 "우리가 그와 같을 줄"이라는 말의 뜻을 명확히 밝혀준다. "그러나 우리의 시민권은 하늘에 있는지라 거기로부터 구원하는 자 곧 주 예수 그리스도를 기다리노니 그는 만물을 자기에게 복종하게 하실 수 있는 자의 역사로 우리의 낮은 몸을 자기 영광의 몸의 형체와 같이 변하게 하시리라."

그러면 "그의 참모습 그대로 볼 것"이라는 요한의 설명은 무슨 뜻일까? 예수님의 "참모습"을 보면 우리가 어떻게 된다는 말인가? 신자인 우리가 예수님의 영광스러운 본체를 실제로 볼 수 있으려면 우리 자신이 먼저 변해야 한다. 있는 그대로의 물리적 세계뿐 아니라 영적 세계도 인지할 수 있어야 한다. 그러면 바울이 고린도전서 13장 12절에서 묘사한 것이 실현될 것이다. "우리가 지금은 거울로 보는 것 같이 희미하나 그 때에는 얼굴과 얼굴을 대하여 볼 것이요 지금은 내가 부분적으로 아나 그 때에는 주께서 나를 아신 것 같이 내가 온전히 알리라."

초자연적인 방법으로 영광스러운 상태로 변하지 않으면 우리는 그분의 "참모습"을 볼 수 없다. 바울은 우리의 변화를 이렇게 설명한다.

> 보라 내가 너희에게 비밀을 말하노니 우리가 다 잠 잘 것이 아니요 마지막 나팔에 순식간에 홀연히 다 변화되리니 나팔 소리가 나매 죽은 자들이 썩지 아니할 것으로 다시 살아나고 우리도 변화되리라 이 썩을 것이 반드시 썩지 아니할 것을 입겠고 이 죽을 것이 죽지 아니함을 입으리로다(고전 15:51-53).

이 변화는 결국 우리와 예수님과의 영적 연합을 더 깊고 두텁게 할 것이고, 그러면 우리는 그분을 더 닮게 될 것이다. 한 주석가는 이렇게 설명한다.

> 예수님이 나타나시면 신자들의 영안과 육안이 완전히 뜨여서 그분의 본체를 볼 것이고, 그렇게 그리스도의 참모습을 본 사람은 모두 변할 것이다. 그분과 우리 자신을 보는 시선도 그분과 같아질 것이다. 우리는 예수님이 도덕적으로 순결하시고, 전적으로 의로우시다는 것을 온전히 인지하게 될 것이고, 그 순간 우리도 그렇게 될 것이다.[9]

그러나 그것은 아직 미래에 벌어질 일이다. 가까운 미래일 수도 있고 먼 미래일 수도 있다. 어쩌면 하나님의 나팔이 우리의 영혼을 천국에서 인도하여 영광스럽게 변한 우리의 몸과 재결합시키거나, 아니면 우리가 여전히 살아 있을 때 필멸에서 불멸의 존재로 바로 변할 수도 있다. 어떤 경우든 이 부활과 영화(glorification)는 아직 일어나지 않았다.

그렇다면 예수님의 재림과 우리가 변화될 날을 갈망하면서 기다리는 동안 우리는 무엇을 해야 할까? 요한은 다음 구절에서 그 질문에 답한다. "주를 향하여 이 소망을 가진 자마다 그의 깨끗하심과 같이 자기를 깨끗하게 하느니라"(요일 3:3). 이 한 줄로 세상을 초탈한 요한의 고고한 신학이 개인적이고 실용적인 신학의 한가운데로 내려온다. 그리스도의 재림을 당당하게 기대하며 얼굴과 얼굴을 맞대고 그분을 보고, 속부터 변화되며, 그분의 영광 가운데서 영원히 사는 것을 갈망하고 있는 모든 그리스도인은 지금 여기서 내면의 정화가 일어나야 한다.

이것은 정결 의식이 아니다. 그리고 단순히 정결함을 선포하는 것이 아니다. 이것은 성화, 즉 그분이 기뻐하시는 방식으로 살기 위해 구별되어 이 땅의 삶에서도 점점 더 그분을 닮아가는 것이다. 그분이 머지않아 분명히 다시 오실 것을 일심으로 기다리면 우리를 몰락시킬 수도 있었던 것들을 씻어내는 정화가 일어나고, 우리의 삶을 지배하는 죄의 권세에서 벗어나 그분을 기쁘시게 하는 삶을 살 힘을 얻는다.

얼마나 놀라운 말인가! 이 단락은 그분 안에 거하라는 명령으로 시작한다(2:28). 그리고 안심시키는 말(2:28-29)과 함께 우리를 하나님의 양자로 삼으신 구원의 사랑을 경탄하면서 절정에 달한다(3:1). 이 정점에서 요한은 장차 우리가 그리스도와 같은 상태가 되리라는 약속을 상기시킨다(3:2). 그리고 그리스도의 재림에 대한 소망이 우리가 정결한 삶을 살 수 있게 하는 동기임을 언급하며 이 단락을 마친다(3:3).

적용: 요한일서 2:28-3:3

그리스도는 다시 오신다…지금 우리는 무엇을 해야 하는가?

상세한 도표와 확고한 주장을 가진 '예언 전문가들'이 예수님의 재림을 의식하며 현재 우리의 생활 방식을 어떻게 바꾸어야 하는지에 대해 시간을 할애하는 경우는 아주 드물다. 그들은 그때 하나님이 무엇을 하실지에 대해서만 쉴 새 없이 말한다. 그리고 지금 우리가 무엇을 해야 하는지에 대한 답은 주지 않는다. 그러나 성경 저자들은 그렇지 않다. 모든 영감으로 쓰인 성경-장래 일에 대한 예언까지도-은 "교훈과 책망과 바르게 함과 의로 교육하기에 유익하니 이는 하나님의 사람으로 온전하게 하며 모든 선한 일을 행할 능력을 갖추게"(딤후 3:16-17) 한다.

그렇다면 그리스도의 재림을 기다리고 있는 우리는 지금 무엇을 해야 하는가? 이 질문에 답할 수 있는 세 가지 원칙이 있다.

첫째, 삶을 정화해야 한다. 누구나 살면서 죄를 짓는다. 사도 요한은 앞에서 이 점을 분명히 밝혔다(요일 1:8). 가장 잘 훈련된 성도라도 매일 영적인 위생을 관리하지 않으면 악취를 풍기기 시작한다. 우리는 때때로 우리의 성품과 행실의 결점을 돌아보기 위해 바울이 말한 "육체의 일"과 "성령의 열매"(갈 5:19-23)를 살펴보아야 한다. 또는 우리 삶의 어리석은 부분을 드러내기 위해 뜻을 충분히 생각하며 반복해서 잠언을 읽으라. 또는 우리 중 아무도 도달하지 못하는 성결의 기준이신 그리스도의 삶을 열심히 공부하라. 그런 다음 하나님께 나아가 죄를 고백하고 "우리를 모든 불의에서 깨끗하게"(요일 1:9) 해달라고 간구하라. 이렇게 그리스도의 재림을 기다리다 보면 그분이 정결하신 것과 같이 우리도 스스로 정결해지려고 노력하게 될 것이다(3:3).

둘째, 미래에 초점을 맞추어야 한다. 우리 인간들은 현 시대의 중력에 너무 쉽게 짓눌린다. 우리는 이 세상 체계는 일시적이며, 그리스도가 장차 다시 오시면 영원한 왕국으로 인도하실 것이라는 사실을 망각한다. 이 진실을 아는 우리는 그것에 부응하는 삶을 살고 있는가? 우리는 복음을 선포하고 그리스도의 몸이 자라는 데 기여할 영원한 것에 시간과 돈을 투자하고 있는가? 아니면 천상의 일에 집중하는 데 방해만 되는 현세의 썩어질 보물을 쌓고 있는가? 통장 내역만 보아도 답이 나올 것이다!

당신의 소비 습관과 캘린더를 정기적으로 검토해서 시간과 재물이 어디에 쓰이는지 자세히 살펴보기를 권한다. 오락과 여흥을 위한 지출과 전도와 선교-즉 영원을 위해 기여하는 것-를 위해 지출하는 것 사이에 불균형한 부분이 있는가? 미래에 초점을 맞추기 위해 조정해야 할 예산이나 일정이 있다면 구체적인 방법을 생각해보라.

마지막으로 아직 시간이 남아 있을 때 우리는 그리스도를 전해야 한다. 잃어버린 자들에게 구원의 기쁜 소식을 더 이상 전할 수 없는 날이 올 것이다. 예수님이 내일 오신다면 오늘 누구에게 복음을 전하겠는가? 그분은 당장이라도 다시 오실 수 있기에 이것은 뜬금없는 질문이 아니다.

예수 그리스도의 인격과 사역에 대한 단순한 믿음만 있으면 잃어버린 영혼이 그리스도 안에 있는 영광스러운 구원의 약속으로 인도될 수 있음을 기억하라. 그러나 그 좋은 소식을 믿으려면 먼저 들어야 한다. 이제 방관만 하지 말고 나서야 할 때다. 사랑으로 진리를 전하라. 그들은 듣지 않을 수도 있다. 심지어 당신을 조롱할 수도 있다. 그러나 성령이 그 죄인의 마음속을 파고들어 영원한 세계의 명부에 또 하나의 영혼이 기록되는 순간 당신이 그 자리에 있을 수 있다. 그에게 복음을 전한 여러 전도자 중 마지막 목소리가 당신일 수도 있다. 너무 미적거리다가 기회를 놓치지 말라!

사탄의 역사를 분별하는 지혜(요한일서 3:4-10)

4죄를 짓는 자마다 불법을 행하나니 죄는 불법이라 5그가 우리 죄를 없애려고 나타나신 것을 너희가
아나니 그에게는 죄가 없느니라 6그 안에 거하는 자마다 범죄하지 아니하나니 범죄하는 자마다 그를
보지도 못하였고 그를 알지도 못하였느니라 7자녀들아 아무도 너희를 미혹하지 못하게 하라 의를 행
하는 자는 그의 의로우심과 같이 의롭고 8죄를 짓는 자는 마귀에게 속하나니 마귀는 처음부터 범죄함
이라 하나님의 아들이 나타나신 것은 마귀의 일을 멸하려 하심이라 9하나님께로부터 난 자마다 죄를
짓지 아니하나니 이는 하나님의 씨가 그의 속에 거함이요 그도 범죄하지 못하는 것은 하나님께로부
터 났음이라 10이러므로 하나님의 자녀들과 마귀의 자녀들이 드러나나니 무릇 의를 행하지 아니하는
자나 또는 그 형제를 사랑하지 아니하는 자는 하나님께 속하지 아니하니라

요즘 시대에 "당신은 지금 죄를 짓고 있어요"라는 말을, "당신 삶을 파괴할 수 있는 행동을 지적해줄 만큼 나는 당신을 사랑합니다"라는 뜻으로 받아들이는 사람은 없을 것 같다. 그보다는 "나는 당신을 판단하고 있습니다"는 의미로 받아들일 것이다. 죄인들이 죄를 다루도록 도울 정도로 그들을 사랑한다는 개념은 죄라는 말을 점점 대수롭지 않게 생각하게 된 세상에서 더는 찾아보기 힘들게 되었다.

도대체 죄에 무슨 일이 일어난 것일까? 그 단어가 언제 우리의 문화 어휘에서 삭제되었을까? 어쩌다 죄라는 말이 '정치적으로 부적절한' 용어라는 소리를 듣게 되었을까? 죄라는 말은 분명 더 이상 먹히지 않는다. 지금은 실수, 오류, 비극, 중독, 질병, 비행, 과실, 실패,

약점, 잘못이라는 말로 대체되었다. 그리고 마지막으로 자주 쓰이는 말이 있다. "그건 내 탓이 아니야!"

그러나 성경은 죄에 대해 사뭇 다른 메시지를 내놓는다. 죄의 발단, 존재, 결과는 하나님의 창조, 타락, 구속의 이야기가 담긴 드라마의 중요한 구성 요소다. 로마서 5장 12절은 이것을 멋지게 요약한다. "그러므로 한 사람으로 말미암아 죄가 세상에 들어오고 죄로 말미암아 사망이 들어왔나니 이와 같이 모든 사람이 죄를 지었으므로 사망이 모든 사람에게 이르렀느니라." 아담은 인류 역사의 무대에 최초로 죄를 등장시킨 인물이다. 그 결과로 죽음이 따라 들어왔다. 그리고 그 시점부터 이야기는 모든 인간에게 퍼져 피조물 전체를 고통에 빠트리고 타락시킨 죄로 얼룩졌다(롬 8:18-22).

그러나 우리는 죄와 죽음에 예속된 비참한 상태로 버려지지 않았다. 이 구속 서사의 영웅이 무대에 등장해 죄의 노예가 된 우리 모두에게 탈출구를 열어준다. "한 사람이 순종하지 아니함으로 많은 사람이 죄인 된 것 같이 한 사람이 순종하심으로 많은 사람이 의인이 되리라"(롬 5:19). 예수 그리스도가 그 영웅이시다. 그분은 우리 죄를 십자가에 못 박으시고 부활하셔서 우리에게 생명을 주셨다. "한 사람의 범죄로 말미암아 사망이 그 한 사람을 통하여 왕 노릇 하였은즉 더욱 은혜와 의의 선물을 넘치게 받는 자들은 한 분 예수 그리스도를 통하여 생명 안에서 왕 노릇 하리로다"(롬 5:17).

그러나 드라마는 끝나지 않았다. 아직 막이 내리지 않았다. 지금 전개되고 있는 드라마 속에서 우리는 여전히 그리스도의 재림을 기다리고 있다. 그때 그리스도는 죄와 사망을 완전히 정복하실 것이다. 그때까지는 불순종, 타락, 죽음의 지배를 받는 과거의 죄성이 계속 남아 있을 것이다. 그 때문에 성령으로 말미암아 구원받고 인치심을 받은 자들 안에 있는 그리스도의 의의 권세와 바울이 "육신"이라고 칭한 죄를 지향하는 옛 습성 사이에 영적 싸움이 벌어진다. 바울은 로마서 7장 18-21절에서 이 끊임없는 난투극을 묘사한다.

> 내 속 곧 내 육신에 선한 것이 거하지 아니하는 줄을 아노니 원함은 내게 있으나 선을 행하는 것은 없노라 내가 원하는 바 선은 행하지 아니하고 도리어 원하지 아니하는 바 악을 행하는도다 만일 내가 원하지 아니하는 그것을 하면 이를 행하는 자는 내가 아니요 내 속에 거하는 죄니라 그러므로 내가 한 법을 깨달았노니 곧 선을 행하기

원하는 나에게 악이 함께 있는 것이로다.

그렇다면 일반적으로 그리스도인의 삶에서 기대되는 성결의 삶이란 어떤 모습일까? 지속적인 승리? 계속되는 노역? 잦은 패배? 느리지만 꾸준한 발전? 사도 요한은 요한일서 3장 4-10절에서 이 질문의 답을 찾을 수 있게 도와준다. 하지만 우리는 이 대목에서 조심해야 한다. 특정 단어들과 요한이 그것을 사용하는 방법을 세심히 보지 않으면 구원의 확신을 얻지 못하거나, 오로지 믿음만으로 정말 구원을 얻는지 의심하며 떠날 수도 있다. 분명히 말하지만, 요한의 의도는 정말로 구원받은 자들에게 의심을 드리우는 것이 아니라 구원받은 척하는 자들과 방황하는 신자들에게 회심과 충성을 촉구하는 것이다.

—3:4—

이 단락의 첫마디는 "죄를 짓는 자"다. 거기서 멈추라. 이 구절을 제대로 이해하는 것이 좋은 신학과 나쁜 신학, 올바른 적용과 그릇된 적용의 차이를 낳는다. "(죄를) 짓다"로 번역된 헬라어 *poiōn*[*poieō*(4160)에서 파생됨]은 현재 능동분사다. 요한은 어쩌다가 짓는 죄가 아니라 일종의 생활방식으로 끊임없이, 고집스럽게, 습관적으로 죄를 짓는 사람을 염두에 두고 있다. 대니얼 아킨(Daniel Akin)은 말한다. "*poiōn*이라는 단어는 이미 지은 죄를 깨닫는 것뿐 아니라 지속적으로 죄를 짓고 있는 상태를 암시하기 위해…이 단락에서 자주 쓰인다. 다시 말해, 죄는 고의적이고 습관적인 행위다."[10] 그러므로 요한은 육신과 전쟁을 벌일 성령의 능력도 없고, 그리스도의 용서에 의지할 수도 없는 잃어버린 사람에 대해 말하고 있는 것이다. 그런 사람들의 생활방식은 죄로 가득 차 있는 것이 특징이다.

습관적으로 죄를 짓는, 즉 잃어버린 사람은 "불법을 행하나니 죄는 불법이[다]." 그렇다면 "죄를 짓는 것"과 "불법을 행하는 것"은 무엇이 다른가? 스티븐 스몰리에 따르면 두 번째 문구는 "강한 표현이다. 이는 어떤 죄인이 되었든 고의로 법을 어기는 행위를 암시한다."[11] 그러나 맥락을 더 넓게 보면 바로 전에 요한은 그리스도의 임박한 재림을 생각하며 스스로 정화하고 거룩한 삶을 사는 자들을 하나님의 진짜 자녀들이라고 말했다(3:3). 이것은 불법이 삶의 특징인 적그리스도들과 거짓 교사들과 극명히 대조된다. 그렇다면 "불법"

은 "그리스도 안에서 하나님이 아닌 악마에게 동조한 반역으로 정의할 수 있다…이는 단순히 하나님의 율법을 어기는 것이 아니라 불법을 저질러서(사탄의 방식으로) 노골적으로 그분에게 대항하는 것을 의미한다."[12]

요컨대, 요한일서 3장 4절에 묘사된 유형의 사람은 성령이 내주하시는 하나님의 자녀와 대척점에 서 있다. "죄를 짓고 불법을 행하는" 사람은 2장 29절에 언급된 "의를 행하는" 참된 신자와 정반대다.

—3:5-6—

그리스도가 초림하셨을 때의 사명은 "죄를 없애[는 것]"(3:5)이었다. 그리스도는 성육하신 신인(God-man)으로서 "죄 있는 육신의 모양으로"(롬 8:3) 오셔서 죄 없는 삶을 사셨고, 다른 사람들의 죄를 대속하기 위해 죽으셨으며, 죄가 그분을 지배할 수 없었기 때문에 다시 살아나셨다. 바울은 이렇게 썼다. "하나님이 죄를 알지도 못하신 이를 우리를 대신하여 죄로 삼으신 것은 우리로 하여금 그 안에서 하나님의 의가 되게 하려 하심이라"(고후 5:21). 그리스도가 온전히 의로우시고 죄가 없으셔야만 이 희생적인 대속 행위를 완수하실 수 있었다. 우리가 그분을 신뢰하고 하나님의 자녀가 되면 그리스도의 의가 우리를 (신분적으로) 의롭다고 선포하고 (경험적으로) 의를 행할 수 있도록 우리 안에서 역사하기 시작한다. 그러면 신자에게 돌아오는 결과는 날마다 온종일 죄의 권세와 벌이는 싸움이다. 하나님의 영이 우리 안에 살아계시기에 그 전쟁은 치열하지만 의로운 삶을 살 수 있다. 그러나 하나님의 영과 그리스도의 의가 없는 불신자들은 "죄를 범하는 것"이 특성이다.

요한일서 3장 6절에서 요한은 이 점을 못 박는다. 그리스도 안에 거하는 자, 즉 그분과 교제를 나누는 참 신자들은 습관적이고 지속적으로 죄를 짓지 않는다. 그리고 그 반대 역시 사실이다.

죄를 억제하거나 회개하지 않고 계속 죄 가운데 사는 사람들은 진정한 구원의 의미로 그리스도를 보거나 알지 못하는 것이다. 다시 한번 나는 요한이 이 구절을 평생 성화를 이루어가는 과정에서 죄와 치열하게 싸우며 요한일서 1장 9절 말씀—"만일 우리가 우리 죄를 자백하면 그는 미쁘시고 의로우사 우리 죄를 사하시며 우리를 모든 불의에서 깨끗하게 하실 것이요"—을 자주 실천하는 하나님의 참된 자녀들을 마음에 두고 한 것이 아님을 강조해야겠다. 요한은 3장 6절에서 세상과 육신의 쾌락을 탐닉하며 죄를 고백할 마음이 전혀 없는 구원받지 못한 사람들에 대해 쓰고 있다.

—3:7-8—

이제 이 구절에서 요한은 지금까지 계속 강조해온 진리를 매듭지으면서 정점에 도달한다. 그는 다시 한번 특유의 "자녀들아"라는 다정한 호칭으로 말문을 연다. 그가 이렇게 어투를 부드럽게 바꾼 이유는 엄격하지만 사랑하는 할아버지 같은 마음으로 거짓 교사들의 위험성을 다시 한번 경고하기 위함이다. "자녀들아 아무도 너희를 미혹하지 못하게 하라"(3:7). 요한은 먹잇감을 찾아 배회하고 있는 사기꾼들이 그리스도에 대한 거짓 교리를 가르치는 데서 그치지 않았음을 알았다. 그들의 그릇된 관행과 난잡한 도덕성은 그들이 날조한 가짜 그리스도와 일맥상통했다.

요한이 활동하던 시대의 사기꾼들은 의로운 삶이 사실 그다지 중요하지 않다고 사람들을 설득하는 데 목표를 두었다. 이 적그리스도들은 우리의 생활방식과 영원한 영혼의 상태와는 아무 관계가 없다고 주장했다. 요한은 그가 할 수 있는 가장 강력한 말로 격하게 이 거짓 교사들을 공격한다. 그리스도와 맺은 신분적 관계로 인해 정말로 의로워진 사람은 의를 행한다(3:7). 그러나 행악하는 사람은 처음부터 죄인이었던 '마귀'에게 속해 있다. 나는 구원받지 못한 거짓 교사들을 묘사하는 말로 '마귀에게 속해 있다'는 것보다 더 정신이 번쩍 드는 말은 없는 것 같다.

요한은 행위로 사람을 판단한다. 그는 확실히 예수님의 가르침을 열심히 들었던 것 같다.

> 못된 열매 맺는 좋은 나무가 없고 또 좋은 열매 맺는 못된 나무가 없느니라 나무는 각각 그 열매로 아나니 가시나무에서 무화과를, 또는 찔레에서 포도를 따지 못하느니라 선한 사람은 마음에 쌓은 선에서 선을 내고 악한 자는 그 쌓은 악에서 악을 내나니 이는 마음에 가득한 것을 입으로 말함이니라(눅 6:43-45).

"마귀에게 속하나니"라는 말은 요한복음 8장 44절에서 예수님을 거부하는 일부 위선적인 유대인 지도자들에게 예수님이 훈계하실 때 나온다. "너희는 너희 아비 마귀에게서 났으니 너희 아비의 욕심대로 너희도 행하고자 하느니라."

한편 그리스도의 추종자로 자처하면서 대놓고 행악을 일삼아 하나님의 자녀가 아니라 악마의 자녀로 보이는 사람들이 있다. 반면에, 의를 행하고 예수님이 하신 말씀과 행동을 실천하는 사람들이 있다. 하나님의 아들은 "마귀의 일을 멸하려"(요일 3:8) 오셨기 때문에 악마의 일을 하는 집단이 그리스도의 편에 설 수 없는 것은 당연하다.

얼마나 지혜로운 말인가! 모든 사역에 적용 가능한 가장 좋은 테스트 중 하나가 교리와 의무, 서로 사랑하는 것과 함께 주님을 사랑하는 것, 믿음과 행함 사이의 조화를 얼마나 중

영지주의적 쾌락주의(요한일서 3:8)

1세기 말 기독교 공동체를 오염시킨 초기 이단 중 하나가 훗날 영지주의로 알려진 변질된 이원론적 사상이었다. 헬라 철학과 거기서 나온 이분법적 세계관과 밀접하게 연결되어 있는 이 원시 영지주의(proto-Gnostics)는, 육신은 우리의 참 존재 곧 비물질적 영혼에서 파생되었다는 개념을 차용했다. 이런 관점에서 보면 몸에 일어난 일은 영적인 삶과는 무관했다.

반대로 성경과 초기 그리스도인들은 육신도 원래부터 하나님의 선한 창조물이며(창 1:26-31, 2:7), 따라서 인간의 본질적인 부분이라고 가르쳤다. 비록 현생에서 육신은 부패, 고통, 죄와 죽음에 시달리고 있지만, 하나님의 계획은 몸을 멸망시키고 영혼을 해방시켜 영원히 육신이 없는 존재로 두는 것이 아니다. 놀랍게 들릴지 모르겠으나, 하나님의 계획은 몸을 부활시켜 인간의 물리적인 부분을 회복시키고 영화롭게 하는 것이다(고전 15:42-43).

1세기 그리스도인들은 몸은 영혼의 감옥이나 무덤 같은 것으로, '진짜 사람'의 물리적 껍데기에 불과하다는 영지주의 사상과 대립했다. 영혼과 육신을 분리하는 이 강력한 이원론에 따르면 육신은 도덕적 가치가 없는 것으로 생각될 수 있었다. 육신의 성향은 관능적이고 세속적인 까닭에 그것은 선한 영혼을 죄악으로 유혹하고 악의 구렁텅이로 끌고 간다.

이 이원론적인 철학에서 삶에 대한 두 가지 접근 방식이 나왔다. 하나는 혹독한 자기 훈련과 그것도 모자라 자해까지 하면서 육체의 욕망을 영혼에 복종시키는, 터무니없을 정도로 극단으로 흐른 금욕주의였다. 다른 하나는 쾌락주의였다. 쾌락주의자들은 영혼만 죽음에서 살아남을 것이므로 몸으로 무슨 짓을 하든 상관없다고 믿었다. 그들은 육신의 정욕을 채워주는 온갖 기회를 제공했다.

사도 요한이 그의 첫 번째 서신에서 세속적인 사기꾼들의 특성을 묘사할 때 몸에 대한 쾌락주의적이고 방임적인 태도를 염두에 두었을 수도 있다. 전혀 뉘우치지도 않고 제멋대로 죄를 지어도 된다는 그들의 사상을 보면 그들이 진정한 하나님의 성결한 자녀와 같은 부류가 아님을 알 수 있다.

히 여기는지를 보는 것이다. 둘 중 어느 하나가 결여되어 있으면 잘못된 것이다. 그것은 이단이거나 거짓 가르침이 싹틀 수 있는 비옥한 못자리일 수 있다.

—3:9-10—

요한일서 3장 9절은, 3장 4절에서 상세히 살펴본 용어들의 정의를 잊어버리면, 1장 8-10절과 상충되는 것처럼 보일 수 있다. 3장 9절에서 요한은 이렇게 말한다. "하나님께로부터 난 자마다 죄를 짓지 아니하나니…그도 범죄하지 못하는 것은 하나님께로부터 났음이라." 그러나 1장 8절과 10절에서는 이렇게 말한다. "만일 우리가 죄가 없다고 말하면 스스로 속이고 또 진리가 우리 속에 있지 아니할 것이요…만일 우리가 범죄하지 아니하였다 하면 하나님을 거짓말하는 이로 만드는 것이니." 그렇다면 무엇이 맞는 말일까? 하나님에게서 난 사람은 "죄를 범하지 않는가?" 아예 죄를 지을 수 없는가? 아니면 죄가 없다는 주장은 거짓말인가?

여기서 헬라어의 다양한 시제가 상황을 설명하는 데 도움이 된다. 나이절 터너(Nigel Turner)는 이렇게 설명한다.

> 요한은 현재 시제(*hamartanein*)를 사용했다. 이것은 동사의 현재 어간으로 '죄인이 되다'는 뜻이다. 즉, 이 말은 행위보다는 상태를 나타낸다…사도는 기독교 신자는 절대 죄인이 될 수 없다고 단언한다. 신자는 이런저런 죄를 지으면서…죄인의 길로 들어서는 첫걸음을 내디딜 수는 있지만, '죄인'의 상태가 되기 전에 멈춘다. '그리스도 안에' 있다고 해서 단번에 완전해지는 것은 아니다. 그렇다고 신자로서 수치스러운 행위를 할 때마다 절대 깨질 수 없는 신비한 연합이 영구히 끊어지는 것도 아니다. 죄는 그리스도인을 지배하지 못한다.[13]

현대인의 성경이 3장 9절을 정확하게 번역했다. "하나님의 자녀들은 계속해서 죄를 짓지 않습니다." 계속 죄를 짓지 못하는 것은 그들이 "하나님에게서 태어[났기]"(3:9) 때문이다. 이 말은 중생을 나타내며, 중생함으로 성령이 내주하시고 내적 사역이 일어난다. 성령의 역사는 항상 하나님의 말씀을 심어 싹을 틔우는 것과 관련이 있지만(마 13:1–23), 여기서 거듭 난 사람이 품고 있는 "씨"는 성령을 가리킨다.[14]

이 단락은 3장 10절에서 의의 교사와 거짓의 교사를 분별하는 최종 시험을 알려주면서 끝난다. 하나님의 자녀들은 의로운 생활방식을 따르고 그리스도 안에 있는 형제자매를 사랑하는 반면에, 마귀의 자녀들은 의로운 생활방식을 취하지 않고 형제자매를 사랑하지 않는다.

요한이 하나님의 자녀들과 악마의 자녀들에게서 얼마나 극명한 차이를 기대하고 있는지 보라!

적용: 요한일서 3:4–10

죄를 지우다

당신이 죄를 지우는 데 도움이 될 세 가지를 간략히 말해주겠다. 우리 대부분에게 이것은 아주 기본적인 성경의 진리를 상기시켜준다. 그러나 나는 각 진술에 보다 중요한 실제적인 의미를 더하고 싶다.

첫째, 우리는 모두 죄인이다. 우리 중 일부는 구원받은 죄인이고 나머지는 잃어버린 죄인이다. 창세기 3장에 기록된 사건 이후로 우리의 본성에 죄를 짓는 성향이 있기 때문에 모든 인류는 죄 가운데 있다. 잃어버린 자들은 대부분 자기들이 길을 잃었다는 사실을 받아들이지 않는다…자기들이 죄인이라고 생각하지도 않으며, 자기들의 행위를 '죄'라고 부르지도 않는다. 어떤 사람들은 양심의 가책을 거부하는 것은 물론이고, 자기들의 행위를 거의 또는 전혀 뉘우치지 않는다(참조. 롬 2:15, 딤전 4:2). 그런 사람들은 대부분 하나님과 기독교 신앙에 반감을 품고 끝까지 저항한다. 반면에 구원받은 우리 역시 죄인이지만, 창세기 3장과 로마서 3장의 진리를 시인한 우리 같은 죄인들은 죄에 대한 이해가 다르다. 우리는 그것을 있는 그대로 죄라고 부른다. 그리고 우리는 우리의 삶을 그리스도께 맞추려는 새로운 갈망을 가지고 있다. 성령은 하나님의 뜻에 위배되는 생각과 행동에 연루되는 것은 하나님을 욕되게 하고 우리 자신을 파괴하는 것이라고 우리의 양심을 일깨운다.

우리 구원받은 죄인들도 그리스도의 구원을 알기 전에는 잃어버린 죄인이었다는 사실을 잊지 말라. 우리는 잃어버린 자들을 긍휼히 여기고 우리가 누군가에게서 전해 받은 구원을 자비의 마음과 친절한 자세로 전해야 한다. 잃어버린 죄인들이 죄를 고집하고, 영적인 일을 조롱하며, 당신이 그리스도를 위해 죄와 씨름하는 것을 바보같이 여겨도 놀라지 말라. 그러나 그리스도를 믿는다고 주장하는 자들이 죄로 가득 찬 생활방식을 취할 때에는 그 모순에 의문을 제기하고 도전할 권리가 당신에게 충분히 있다. 고린도전서 5장 9-13절에서 바울이 말한 잃어버린 죄인들과 구원받은 죄인들에게 접근하는 방법을 읽어보라.

둘째, 하나님은 죄인을 사랑하신다. 하나님은 자기 아들을 보내어 잃어버린 죄인들을 위해 죽게 하실 만큼 그들을 사랑하신다(요 3:16, 롬 5:8). 하나님은 "죄에 대하여, 의에 대하여, 심판에 대하여 세상을 책망하[기]"(요 16:8) 위해 자기의 영을 세상에 보내실 만큼 잃어버린 죄인들을 사랑하신다. 하나님은 길 잃은 죄인들을 향해 집으로 돌아오라고 매 순간 호소하고 계신다. 하나님은 또 구원받은 죄인들의 삶에 성령을 보내실 만큼 그들을 사랑하신다(롬 5:5). 그분의 사랑이 우리로 하여금 자기 희생적인 삶을 살도록 강권하신다(고후 5:14-15, 요일 3:16, 4:9-11). 그리고 아들을 통해 우리에게 보여주신 그분의 사랑은 영원한 구원의 관계 속에 우리를 붙들어둔다(롬 8:35-39). 그분은 절대 우리를 떠나거나 버리지 않으신다(히 13:5).

신자-은혜로 구원받은 죄인-로서 잃어버린 자들과 구원받은 자들을 대하는 우리의 태도는 바로 이 하나님의 사랑에 대한 기본 진리를 반영해야 한다. 하나님이 아들과 성령을 통해 하늘에서 손을 내미실 정도로 잃어버린 자들을 사랑하시듯이, 성령이 내주하시는 그리스도의 몸인 우리 역시 이웃과 전 세계의 잃어버린 자들에게 손을 내밀어야 한다. 온전히 거룩하신 하나님이 잃어버린 죄인들을 사랑하실진대 우리 같은 구원받은 죄인들이 무슨 명분으로 잃어버린 자들을 복음을 들을 가치가 없다며 내칠 수 있겠는가? 당신은 잃어버린 자들에게 하나님의 사랑을 선포하는 일에 어떤 방법으로 참여하고 있는가? 그리고 구원과 성화를 이루는 하나님의 사랑의 수혜자인 동료 신자들에 대해서는 그리스도를 닮아가는 영적 성장을 서로 도움으로써 피차 사랑을 실천하라는 명령을 받았다. 히브리서 10장 24-25절은 이렇게 말한다. "서로 돌아보아 사랑과 선행을 격려하며 모이기를 폐하는 어떤 사람들의 습관과 같이 하지 말고 오직 권하여 그 날이 가까움을 볼수록 더욱 그리하자." 당신은 구원받은 자들이 더 성장하도록 독려하는 일에 어떤 방식으로 참여하고 있는가?

셋째, 마귀는 죄인을 혼란스럽게 만든다. 사탄은 온갖 방법으로 잃어버린 죄인들을 헷갈리게 할 수 있다. 그 중 하나는 죄에 대한 인식을 혼란스럽게 하는 것이다. 즉 죄의 실체나 그 심각성을 부인하는 것이다. 또 다른 방법은 그들을 사랑하시는 하나님과 그들을 위해 죽으신 구세주가 정말로 존재하는지 긴가민가하게 만드는 것이다. 그 외에도 더 미묘한 다른 방법은, 잃어버린 자들이 구원받지 않았는데도 구원받았다고 확신하게 만드는 것이다. 사탄은 선행, 교인 증명서, 부모가 물려준 신앙의 유산, 그 외에 오직 그리스도를 믿는 믿음을 통해 오직 은혜로 받는 구원의 복음이 아닌 다른 것들을 구원의 증거로 제시한다.

사탄은 구원받은 죄인들에게는 종종 그 반대의 시도를 한다. 사탄은 그들이 구원을 잃었다고 생각하게 만든다. 사탄은 신자들이 자기들의 선행이 아니라 악행에 주목하고, 하나님의 은혜와 자비의 약속에서 눈을 돌려 자기들의 부족함만 계속 보게 만든다. 그리고 믿음의 공동체 안에 있는 구원받은 동료 죄인들, 곧 의심과 절망에 빠져 있는 혼란스러운 그리스도인에게 힘을 실어줄 수 있는 사람들로부터 멀리 유인해낸다.

우리는 자기들이 길을 잃지 않았다고 생각하는 잃어버린 죄인들이 실은 길을 잃었다는 것을 깨닫도록 도와야 한다. 다시 말해, 세 가지 진술 중 첫 번째가 사실임을 분명히 보여줄 필요가 있다. 우리는 모두 죄인이다. 기도하는 마음으로 로마서 3장 9-18절을 나누면서 시작하는 것이 좋다. 그리고 세상의 상태와 모든 사람이 자기의 양심에 따라 살지 못하는 것에 대해 냉정하고 진솔하게 나누는 대화는 잃어버린 죄인들이 죄와 구세주가 필요한 현실에 눈뜨는 데 도움이 될 수 있다.

그러면 자신이 지은 죄 때문에 구원을 의심하게 된 구원받은 죄인들에게는 무엇을 말해주어야 하는가? 우리는 그들이 자기들의 공로에 집중하지 말고 그리스도의 공로에 다시 초점을 맞추도록 도와야 한다. 구원이란 그들의 선행이 아니라 믿음을 통해 은혜로 이루어진다는 사실을 거듭 확인하게 해주어야 한다(엡 2:8-9). 또 그들이 삶에 존재하는 죄의 권세와 싸우는 것을 도와서 그들이 의롭고, 기쁨으로 충만하며, 결실을 맺는 풍성한 삶을 누리게 해야 한다. (이 일에는 은혜가 많이 필요하다!) 그들이 죄 속에서 뒹구는 시간이 줄어들수록 사탄이 그들을 고발할 수 있는 기회도 줄어든다.

가인이 아니라 그리스도처럼!(요한일서 3:11-24)

11우리는 서로 사랑할지니 이는 너희가 처음부터 들은 소식이라 12가인 같이 하지 말라 그는 악한 자
에게 속하여 그 아우를 죽였으니 어떤 이유로 죽였느냐 자기의 행위는 악하고 그의 아우의 행위는 의
로움이라

13형제들아 세상이 너희를 미워하여도 이상히 여기지 말라 14우리는 형제를 사랑함으로 사망에서
옮겨 생명으로 들어간 줄을 알거니와 사랑하지 아니하는 자는 사망에 머물러 있느니라 15그 형제를
미워하는 자마다 살인하는 자니 살인하는 자마다 영생이 그 속에 거하지 아니하는 것을 너희가 아는
바라 16그가 우리를 위하여 목숨을 버리셨으니 우리가 이로써 사랑을 알고 우리도 형제들을 위하여
목숨을 버리는 것이 마땅하니라 17누가 이 세상의 재물을 가지고 형제의 궁핍함을 보고도 도와 줄 마
음을 닫으면 하나님의 사랑이 어찌 그 속에 거하겠느냐 18자녀들아 우리가 말과 혀로만 사랑하지 말
고 행함과 진실함으로 하자 19이로써 우리가 진리에 속한 줄을 알고 또 우리 마음을 주 앞에서 굳세게
하리니 20이는 우리 마음이 혹 우리를 책망할 일이 있어도 하나님은 우리 마음보다 크시고 모든 것을
아시기 때문이라 21사랑하는 자들아 만일 우리 마음이 우리를 책망할 것이 없으면 하나님 앞에서 담
대함을 얻고 22무엇이든지 구하는 바를 그에게서 받나니 이는 우리가 그의 계명을 지키고 그 앞에서
기뻐하시는 것을 행함이라

23그의 계명은 이것이니 곧 그 아들 예수 그리스도의 이름을 믿고 그가 우리에게 주신 계명대로
서로 사랑할 것이니라 24그의 계명을 지키는 자는 주 안에 거하고 주는 그의 안에 거하시나니 우리에
게 주신 성령으로 말미암아 그가 우리 안에 거하시는 줄을 우리가 아느니라

요한은 독자들에게 하나님을 사랑하고 서로 사랑하라고 거듭 권면한다(요일 2:10, 3:10-11, 14, 23, 4:7, 11-12, 20-21, 5:2). 그는 세상을 사랑하는 것에 대해 경고한다(2:15-16). 그리고 죄로 가득 찬 생활방식을 받아들이는 것이 얼마나 위험한지를 강조한다(3:10). 이 주제는 그리스도를 닮고 싶지만 항상 부족한 그리스도인들의 양심을 건드린다. 이 말이 주는 부담감을 고스란히 받아들이면 우리는 창피해서 몸 둘 바를 모를 것이다. 우리 중에 예수 그리스도가 베푸신 온전한 사랑의 기준에 도달하는 사람은 아무도 없기 때문이다.

이렇게 죄를 깨닫게 하는 진리에 비추어 어떤 신자들은 "내가 구원을 받기는 했나? 나는 세상을 너무 많이 사랑한 게 아닐까? 나는 그리스도 안에 있는 형제자매를 충분히 사랑하는가? 지금까지 살아오는 동안 미워한 사람들이 있지 않은가?"라는 생각을 할 수도 있다. 이런 의문이 들면 하나님의 명령을 진지하게 받아들이는 신자들은 양심의 가책을 받기

마련이기에 요한은 불안한 양심을 진정시켜주는 향유를 발라준다. 그것은 바로 은혜의 향유다.

—3:11—

요한은 이 단락을 아주 친숙한 메시지로 시작한다. "서로 사랑하라." 요한복음의 상당 부분이 이 메시지를 중심축으로 연결되어 있다. 요한은 수십 년 전 최후의 만찬 자리에서 예수님이 이 단순한 명령을 말씀하셨을 때(요 13:34-35) 그 의미를 제대로 이해했다. 그는 한순간도 그 명령을 잊지 않았다. 그 명령은 요한의 마음과 생각을 가득 채우고 그의 행동을 지배했다.

요한의 독자들은 이 명령을 이번에 처음 들은 것이 아니다. 요한은 이미 요한일서 2장 10절에서 표현을 바꾸어 이 명령을 언급했다. 그리고 "서로 사랑하라"는 명령은 요한이 수년 동안 가르치고 설교하면서 자주 반복했던 주제였다. 실제로 요한일서의 수신인들도 이미 이 메시지를 그들이 그리스도를 믿고 그리스도인의 삶을 시작한 "처음부터" 들었다.

그렇다면 그리스도인은 서로 사랑하는 것을 삶의 요체로 삼아야 한다. 요약하자면 하나님을 사랑하고 서로 사랑하는 것이 계명을 지키는 것이다(마 22:36-40). 이것은 신약성경 전반에 걸쳐 나오는 주제이며(예. 롬 13:8, 살전 4:9, 벧전 1:22), 예수님의 참 제자를 가려내시는 표징이기도 하다(요 13:35).

그렇다면 여기서 말하는 형제들에 대한 사랑은 어떤 모습일까?

—3:12-18—

우리가 이미 아는 비이지만, 사도 요한은 요지를 분명히 이해시키기 위해 대조를 즐겨 사용한다.

- 진실 대 거짓
- 사랑 대 증오

- 정의 대 부정
- 순종 대 불순종
- 빛 대 어둠
- 하나님의 자녀 대 사탄의 자녀

요한은 이 구절에서도 역시 "서로 사랑하라"는 명령을 더 상세히 설명하기 위해 두 가지 대조적인 예를 제시한다. 첫 번째는 그리스도 안에 있는 형제자매를 사랑하는 것과 정반대되는 예다(요일 3:12-15). 두 번째는 지극히 이상적인 사랑을 예시한다(3:16-18). 요한은 이 양극단의 한가운데 신자들을 놓고 둘 중 한쪽으로 밀어붙이려고 한다.

요한은 형제간의 경쟁을 다룬 최초의 서사, 곧 가인이 동생 아벨을 살해한 사건으로 독자를 데려가 형제를 사랑하기는커녕 미워한 예를 보여준다(3:12). 요한은 가인이 "악한 자에게 속[했다]"고 말하는데 이 말은 3장 8절의 "마귀에게 속[하다]"와 대구를 이룬다.

요한일서 3:8	죄를 짓는 자는 마귀에게 속하나니.
요한일서 3:12	그는 악한 자에게 속하여.

요한은 가인을 "마귀의 자녀들"을 보여주는 최초의 예로 제시하면서 3장 10절에서 제기한 논거("이러므로 하나님의 자녀들과 마귀의 자녀들이 드러나나니 무릇 의를 행하지 아니하는 자나 또는 그 형제를 사랑하지 아니하는 자는 하나님께 속하지 아니하니라")를 자연스럽게 전개한다. 가인은 이 범주에 들어맞는 완벽한 예다. 그는 하나님의 명령을 어기고 하나님의 경고를 무시했을 뿐 아니라 '친동생 살해'라는 극단적인 결말로 자신의 증오심을 풀었다.

요한은 '도살하다 또는 학살하다'는 뜻을 가진 *sphazō*(4969)라는 용어로 가인의 행위를 생생하게 묘사한다.[15] 이 말은 가인이 동생에게 품은 잔인성, 야만성, 증오심을 암시한다. 이 사건은 형제가 언쟁 끝에 벌인 주먹다짐이 도를 넘게 된 비극적인 과실치사가 아니었다. 아벨에 대한 가인의 공격은 잔혹하고 계획적인 살인이었다.

그런데 왜 그랬을까? 요한은 묻는다. "가인은 왜 동생을 죽였는가?" 무엇이 가인에게 그토록 깊은 증오, 분노, 격분, 난폭함을 불러일으켰을까? 아벨이 끊임없이 가인을 괴롭혀 형의 삶을 비참하게 만들었을까? 그래서 결국 가인이 폭발했던 걸까? 자기가 옳은 일을 하고 있다는 망상에 사로잡히는 뿌리 깊은 착란증 같은 게 가인에게 있었을까? 요한의 답은 충격적이다. 가인이 아벨을 죽인 것은 "자기의 행위는 악하고 그의 아우의 행위는 의로[웠기]"(3:12) 때문이다.

요한의 이 말을 이해하려면 창세기 4장에 나오는 이 살인사건의 전모를 되짚어볼 필요가 있다. 이야기를 보면 장자인 가인은 "농사하는 자"였고, 그의 동생 아벨은 "양 치는 자"였다(창 4:2). 다시 말해 가인은 농부였고, 아벨은 목자였다. 그런데 가인의 질투와 시기와 분노를 격발시킨 일이 일어났다. 가인은 하나님께 "땅의 소산"(창 4:3)을 제물로 드렸다. 한편 아벨은 자기 양 떼에서 가장 좋은 양을 희생 제물로 드렸다(창 4:4). 아벨이 드린 피의 제물은 하나님이 기쁘게 받으셨다. 그러나 가인이 드린 식물 제물에는 아무 관심을 보이지 않으셨다(창 4:4-5).

왜일까? 두 형제 모두 자기가 땀 흘려 거둔 소산을 제물로 가져오지 않았던가? 어째서 하나님은 아벨의 동물 제물은 받으시고 가인이 일군 땅의 소산물은 거절하셨을까? 원문은 그 이유를 명확히 밝히지 않지만, 잘 보면 몇 가지 이유를 찾을 수 있다. 가인과 아벨 모두 하나님이 적절한 제물로 무엇을 요구하시는지 이미 알고 있었을 것이다. 아마 아담과 하

Public Domain/Jastrow/Wikimedia Commons

AD 1084년경 이탈리아 살레르노 대성당의 상아판에 조각된 가인과 아벨의 모습. 현재는 파리의 루브르 박물관에 소장되어 있다.

와가 범죄한 직후 하나님이 친히 "아담과 그의 아내를 위하여 가죽옷을 지어 입히[신]"(창 3:21) 때부터 동물이 제물의 요건임을 알았을 것이다. 생각해보라. 동물 가죽으로 아담과 하와의 옷을 만들려면 여러 마리의 동물이 죽어야 했다.

가인과 아벨이 하나님이 직접 행하신 동물 희생을 표본으로 삼았다면 아마 동물 희생의 필요성에 관해 부모에게서 구체적인 지침을 받았을 것이다(참조. 레 17:11, 히 9:22). 생명체를 희생해서 그 피를 흘리는 것은 궁극적으로 "자기를 단번에 제물로 드려 죄를 없이 하시려고"(히 9:26) 하신 그리스도의 속죄의 죽음을 기대하는 행위였다. 가인이 피 흘림이 있는 제물만 하나님이 받으신다는 걸 알면서도 자기 마음대로 과일과 채소를 제물로 드렸다면, 이는 그가 진정한 믿음과 순종의 자세가 아닌 반항과 자립의 정신을 가지고 있었음을 보여주는 것이다.

그러나 가인의 제물이 거부당한 데에는 이와 관련된 또 다른 요인이 있다. 히브리서 11장 4절은 말한다. "믿음으로 아벨은 가인보다 더 나은 제사를 하나님께 드림으로 의로운 자라 하시는 증거를 얻었으니." 아벨은 "믿음으로" 제사를 드렸다. 그는 하나님과 그분의 말씀을 신뢰했고, 그분은 가장 좋은 것이 무엇인지 아시며, 그분의 요구는 옳고, 온전한 순종을 받아 마땅하다고 믿었다. 반면에 가인은 자기가 수고해서 흘린 땀이 충분하므로 자기가 무언가를 바치기만 하면 굳이 하나님이 특정하신 요건을 따르지 않아도 된다고 생각한 것 같다.

가인이 믿음과 순종으로 제물을 바치려면 어떻게 해야 했을까? 주님께 제물로 바칠 동물을 잡는 수고? 아니면 자기 밭의 소산물을 주고 아벨의 가축을 가져오는 물물 교환? 어쩌면 그는 동생 아벨과 함께 동물을 바칠 수도 있었을 것이다. 여하튼 가인은 이미 동생과 껄끄러운 관계로 기울어질 소인을 가진 자기중심적이고, 신실하지 못하며, 불순종하는 마음을 드러냈다.

우리는 나머지 이야기를 알고 있다. 가인은 화가 났고 그것을 숨기지 않았다(창 4:5-6). 가인의 인생에서 가장 중요한 순간에 하나님은 직접 가인을 대면하시고 선택의 기회를 주셨다. "네가 선을 행하면 어찌 낯을 들지 못하겠느냐 선을 행하지 아니하면 죄가 문에 엎드려 있느니라 죄가 너를 원하나 너는 죄를 다스릴지니라"(4:7). 가인은 마음속에 끓고 있는 분노가 비등점에 도달하기 전에 회개하라는 하나님의 호소에 귀를 기울이는 대신 들판에서 동생을 살해했다!(창 4:8) 기어이 피를 보는 폭력으로 동생을 죽인 것은 사실상 "피를 원하십니까? 당신이 원하는 피가 여기 있습니다!"라며 하나님을 조롱하는 것이나 다름없었다.

이 사건은 가인이 "악한 자에게 속[했다]"는 것을 보여주는 생생한 예이며, 가인이 의로운 동생의 행실을 보고 동생을 살해하게 된 것도 그 관계에서 기인했다. 1세기 요한의 독자들(그리고 지금 우리)에게 이것이 시사하는 바는 분명하다. 세상에는 가인처럼 "악한 자에게 속[한]" 사람이 허다하다는 것이다. 진실과 마주쳐도 그들은 계속 악한 길로 내달린다. 요한은 말한다. "형제들아 세상이 너희를 미워하여도 이상히 여기지 말라"(요일 3:13).

이 참담한 이야기는 요한이 "마귀에게 속[한 것]"과 "악한 자에게 속[한 것]"에 대해 말할 때 어떤 종류의 사악함을 뜻한 것인지 밝혀주면서 동시에 참된 신자들이 처한 상황에 대한 중요한 사실을 전달한다. 뒤이어 요한은 "형제를 사랑하는" 자들과 "형제를 미워하는" 사람을 또다시 대조한다(3:14-15). 자기 형제를 미워하는 사람은 "사망에 머물러 있[다]"(3:14). 즉 그들은 믿음을 통해 은혜로 얻는 영생을 소유하지 못했다(3:15). 이런 사람도 가인의 경우와 마찬가지로 살인자다. 살인은 억제되지 않은 증오의 종착지이기 때문이다(마 5:21-22, 15:19).

그렇지만 요한의 취지는 독자들이 자신의 구원을 의심하게 하려는 것이 아니다. 오히려 다른 신자들을 미워하는 구원받지 못한 자들과 달리 "우리는 형제를 사랑함으로 사망에서 옮겨 생명으로 들어[갔다]"(요일 3:14). 우리는 이것을 어떻게 아는가? 우리는 형제자매를 사랑하기 때문이다. 요한의 독자들이 가인의 성향과 살인 행위를 보면서 그들 자신을 가인과 같은 존재로 보지 않으리라는 것이 요한이 의도하는 바다. 하나님의 자녀들은 분노에 사로잡혀 친동생을 죽인 가인처럼 행동하지 말고 정반대의 희생적인 사랑을 보여주신 그리스도의 본을 따라야 한다(3:16). 그리스도가 사랑 때문에 우리를 위해 자기 목숨을 버리셨듯이 우리도 형제를 위해 생명을 내놓기까지 사랑해야 한다.

요한은 우리가 이것을 글자 그대로 받아들이기를, 다시 말해, 동료 신자들에게 어떻게든 도움이 되려고 피를 흘리거나 우리 자신을 희생하는 방법을 찾기를 바랐을까? 그런 상황이 발생한다면 우리의 영적 가족을 위해 순교하는 것이 그리스도인다운 자세인 것은 맞다. 그러나 요한은 훨씬 더 실제적인 생각을 하고 있었다. 그것은 그리스도 안에 있는 형제자매의 물질적 필요를 채워주는 것이다(3:17). 우리가 이 생에서 물질적인 축복을 받았는데

도 동료 신자들의 절실한 필요를 채워주지 않는다면 "하나님의 사랑이 어찌 그 속에 거하겠느냐?" 요한은 분명 "그렇지 않다"고 답할 것이다. 그리스도의 모범을 따르려면 우리는 형제자매를 말로만 아니라 "행함과 진실함으로"(3:18) 사랑해야 한다.

—3:19-24—

아마 당신은 지금 어디쯤 서 있는지 궁금할 것이다. 우리 중 아무도 그리스도처럼 완벽한 삶을 살지는 못한다. 아무도 그리스도 안에 있는 형제자매에게 계속 희생적인 사랑을 보이지 못한다. 우리는 모두 행동-도움이 필요할 때 무시하고, 말로 비난하며, 한 공동체의 동료로 그들을 보살피지 못하는-으로 형제를 함부로 대할 때가 있다. 가인이 아벨에게 한 것처럼 피를 흘리지는 않더라도 우리는 그리스도가 우리를 사랑하신 것처럼 형제를 사랑하지 못하는 자신의 모습을 자주 본다

요한은 우리 모두가 선을 행해야 함을 알면서도 하지 못하는 상태라는 것을 안다. 그래서 그는 이 구절 속에 중요한 격려의 말을 집어넣는다. 가인과 그리스도 사이에서 이도 저도 아닌 상태에 있는 참 신자들은 그들이 행위가 아닌 하나님의 아들의 이름을 믿음으로써 의롭게 된다는 사실을 기억해야 한다.

요한은 말한다. "이로써 우리가 진리에 속한 줄을 알고"(3:19). 무엇으로 아는가? 행함과 진실함으로 안다. 그리스도 안에 있는 형제자매를 사랑함으로 그것이 드러난다. 그분이 사랑하신 대로 우리가 사랑할 때 우리는 위에서부터 온 새로운 본성이 우리 안에 거한다는 사실을 입증한다. 그러나 어쩔 수 없이 죄가 우리의 생각과 언행 속에 들어와도 우리는 하나님 앞에서 확신할 수 있다. 그분은 우리의 자책하는 마음보다 훨씬 크시기 때문이다. 그분은 우리를 아신다. 그분은 우리의 믿음과 사랑의 진정성을 아신다. 그분은 우리가 악과 맞서 싸우고 습관적인 죄와 씨름하는 것을 아신다. 그리고 그분은 그분의 성령으로 그것을 극복할 힘을 주신다.

요한이 바라는 것은 우리의 확신을 굳건히 해주는 것이다. 그는 말한다. "너희는 가인과 다르다!"

의심하는 자는 이렇게 말할 것이다. "하지만 요한 당신은 내 마음을 볼 수 없잖아요. 지

난 주에 나는 한 장로님에게 무지무지하게 화가 났었어요. 그리고 그 부인에게도요!"

"아니, 그렇지 않습니다." 요한은 대답한다. "당신의 삶을 보십시오. 당신은 거짓 가르침의 도전을 받았을 때도 믿음을 지켰습니다. 당신은 교회의 궁핍한 자들을 꾸준히 돌보았고, 상처받은 자들에게 집을 열어주었으며, 잃어버린 자들에게 다가갔습니다. 그리고 이 모든 일의 동기는 그리스도에 대한 믿음과 다른 사람들에 대한 사랑이었습니다." "하지만 저는 어제 그 집사의 턱을 주먹으로 쳤거든요!"

요한은 고개를 가로젓는다. "보십시오, 당신이 그 일에 대해 양심의 가책을 느낀다는 사실이 당신이 가인과 절대 같지 않다는 뜻입니다. 당신은 사탄의 자식이 아닙니다. 성령이 당신의 양심을 들쑤시고 계십니다. 당신은 성령의 음성에 응답하면 됩니다. 하나님께 지은 죄를 고백하십시오. 형제자매와 화해하십시오. 자존심을 버리고 사죄하십시오."

이것이 3장 19-24절의 요지다. 그는 하나님의 참 자녀들이 죄 때문에 구원을 의심하게 하려는 것이 아니라 그들이 가인의 길로 한 발짝이라도 내디디려 할 때 의와 진리의 길로 즉시 돌이키도록 종용하려는 것이다.

이 과정에서 요한은 부정적인 경고보다는 긍정적인 격려를 사용한다. 그는 아예 그런 의심이 신자들의 마음에 파고들지 못하게 하는 삶의 방식을 알려주고 그 유익을 자세히 설명한다. 우리가 하나님의 명령을 지키고 그분을 기쁘시게 해서 그분 앞에서 양심에 거리낄 것이 없다면 우리는 담대하게 기도의 응답을 기대할 수 있다(3:21-22). 요한은 "담대함"이라는 용어를 2장 28절에서도 사용했다. "자녀들아 이제 그의 안에 거하라 이는 주께서 나타내신 바 되면 그가 강림하실 때에 우리로 담대함을 얻어 그 앞에서 부끄럽지 않게 하려 함이라."

순종하는 삶에서 얻은 이 자신감이 있기에 우리는 기도를 꺼리지 않는다. 다른 사람들이 하나님께 요청하기 위해 나아가는 동안 우리는 구석에 숨지 않는다. 고백하지 않은 죄와 그로 인한 죄책감은 하늘 아버지께 진실한 기도를 드리지 못하게 막는 가장 큰 장애물이다. 수치심은 하나님과 우리의 관계를 가로막는 벽이다. 그러나 우리가 우리 죄를 고백하고, 관계를 회복하며, 빛 가운데서 행하다 보면, 계속 담대하게 하나님께 나아가게 된다. 하나님께 감사하고, 그분과 함께 나누며, 그분을 경배하고 찬양하며, 우리의 요청을 아뢰게 된다.

마지막으로, 요한은 우리가 우리의 마음과 선행에서 눈을 돌려 예수 그리스도와 성령을 바라보게 한다. 결국, 하나님 안에 있을 때만이 구원에 대해 지속적으로 확신할 수 있다. 그렇다. 요한은 그리스도 안에 거하고 그분의 계명대로 행하라고 권고한다. 그러면서 우리가 그분 안에 거할 수 있는 유일한 이유는 그분이 우리 안에 거하시기 때문임을 다시 한번 일깨운다! 그것은 행위로 가능한 것인가? 선의로 가능한 것인가? 아니면 끊임없는 훈련으로 삶이 정화될 때 가능한 것인가? 아니다. 그리스도는 오직 믿음으로 말미암아 우리 안에 거하신다. 요한은 이렇게 말한다. "그의 계명은 이것이니 곧 그 아들 예수 그리스도의 이름을 믿고"(3:23). 이것이 첫 단계다. 왜냐하면 "믿음이 없이는 하나님을 기쁘시게 하지 못하[기]"(히 11:6) 때문이다.

이 외에도 우리를 그리스도와 하나 되게 만드는 진정한 구원의 신앙은 성령이 영원히 내주하시는 것을 가능하게 한다. 성령의 권능으로 우리는 "서로 사랑하라"(요일 3:23)는 그분의 명령을 지킬 수 있다. 또한 그분이 우리 안에 거하시고 우리가 그분 안에 거하면 주 예수 그리스도와 진정한 구원의 관계 안에 있는 사람들만 알 수 있는 내적 확신을 갖게 된다. 요한은 이렇게 썼다. "우리에게 주신 성령으로 말미암아 그가 우리 안에 거하시는 줄을 우리가 아느니라"(3:24). 성령은 우리에게 성부의 선하심에 대한 믿음, 성자의 완전무결한 역사, 성령의 지속적인 도우심에 대한 확신과 자신감을 주신다. 성령은 우리가 그리스도를 시인하도록 격려하신다. 성령은 우리가 의롭게 살 수 있는 힘을 주신다. 성령은 우리가 다른 사람들을 사랑하도록 부추기신다. 성령은 모든 진리를 우리에게 가르치신다. 성령은 우리의 죄를 깨닫게 하신다. 성령은 시련을 당할 때 우리를 위로하신다.

그리고 감사하게도, 성령은 우리가 받은 영생의 선물을 안전하게 지켜주신다!

적용: 요한일서 3:11-24

양심의 역할

누구라도 자기 삶의 밑바닥을 들여다보면 그리스도보다는 가인의 모습을 더 보지 않겠는가? 그러면 많은 사람은 자연히 믿음과 영생의 소망을 의심하게 된다. "내가 정말 구원받았다면, 어째서 여전히 잃어버린 사람처럼 생각하고 말하고 행동하는가?" 우리는 누구나 죄의식과 싸운다. 특히 매우 예민한 양심의 소유자이거나 죄책감과 수치심을 강조하고 실수를 부정적으로만 보는 환경에서 자란 사람들은 더 그렇다.

반면에, 그리스도인의 삶이 '순항 고도'에 도달해서 우리를 통해 일하시는 성령을 잘 느낄 때에는 떳떳한 양심에 대한 자신감을 회복하기도 한다. 간혹 늘 우리를 끌어내리던 유혹에서 벗어나거나, 스스로도 깜짝 놀랄 만큼 그리스도처럼 말하고 행동하는 자신을 발견하거나, 우리 안에 있는지도 몰랐던 다른 사람들에 대한 사랑을 보여줄 때가 있다.

그러나 대부분의 평범한 그리스도인은 영적 싸움에서 이겨 구름 위로 날아오르는 삶과 패배해서 땅바닥에 질질 끌려가는 삶 사이에서 어정쩡하게 살고 있다. 우리를 괴롭히는 의심이 슬그머니 끼어들어 우리가 가인과 그리스도 중 어느 쪽에 더 가까운지 궁금하게 만드는 것이 바로 이 어간이다. 구원받은 것이 의심스럽기 시작할 때 우리는 어떻게 하는가? 일상에서 짓는 죄 때문에 구원을 확신하지 못하는 사람들을 우리는 어떻게 보살피고 있는가? 요한일서 3장 12-24절에서 구원을 확신하는 데 도움이 될 세 가지를 제시해보려 한다.

첫째, 당신을 비난하는 양심의 소리가 들리면 돌이켜 이유를 물으라. 사뭇 잘 지내고 있는데 느닷없이 마음속에서 경종이 울린다. "거기서 멈춰. 그건 옳지 않아." 그 양심의 찔림을 그냥 지나치지 말라. 양심은 하나님이 주신 선물이다. 양심의 본분은 구원을 의심하게 만드는 것이 아니라 하나님이 기뻐하시는 방식으로 구원받은 삶을 살게 하는 것이다. 당신의 양심이 경종을 울리면 그 일을 해결하라. 당신은 그리스도 안에 있는 형제자매에게 경솔한 말을 했을 수도 있다. 혹은 자부심, 탐욕, 질투에 이끌려 내린 결정을 재고해야 할지도 모른다. 혹은 하나님과 혹은 다른 그리스도인들과의 친밀한 교제가 소원해져서 당신의 양심이 붉은 깃발을 들고 우선순위를 되돌아보라고 채근하는 것일 수도 있다. 어떤 경우든, 양심의 소리를 무시하지 말고 왜 그러는지 물으라. 당신의 양심이 당신을 그리스도께로 이끌게 하라. 고백과 회개로 호응하라.

둘째, 당신을 지지하는 마음의 소리가 들리면 주변에서 이유를 찾으라. 그러면 당신을 아끼고 삶을 함께 나누는 그리스도 안의 동료 신자들이 보일 수도 있다. 혹은 당신이 보살펴서 같은 하나님의 자녀가 된 사람들을 볼 수도 있다. 혹은 종종 간과하기 쉬운 축복-가족, 친구, 좋은 직장, 훌륭한 교회, 건강, 행복-이 눈에 들어올 수도 있다. 하나님은 기도에 응답하시며 약속을 지키신다. 찬양과 감사로 화답하라.

셋째, 당신에게 확신을 주시는 성령의 음성이 들리면 내면을 보고 이유를 알라. 성령은 당신 안에 거하신다. 이것은 은유가 아니다. 성령은 정말로 현존하시고, 당신에게 생명을 주시며, 당신 안에 성령의 열매–사랑, 희락, 화평, 오래 참음, 자비, 양선, 충성, 온유, 절제(갈 5:22-23)–를 맺게 하신다. 그리스도인의 믿음은 우리가 주장하는 몇 가지 명제적 진리를 지적으로 받아들이는 것이 다가 아니다. 믿음은 살아 있어서 그 안에서 우리가 경험한 것을 말로 다 옮길 수는 없다. 우리는 그리스도를 통해 내주하시는 성령의 권능으로 하나님과 신비한 연합을 이룬다. 그리고 성령은 사랑하는 자녀들의 심령에 "너희는 귀한 자녀다"(참조. 롬 8:16)라고 말씀하신다. 모름지기 이 초자연적인 확신에 대한 자연스런 반응은 경이와 경외감이다.

진리와 오류의 분별(요한일서 4:1-6)

[1]사랑하는 자들아 영을 다 믿지 말고 오직 영들이 하나님께 속하였나 분별하라 많은 거짓 선지자가
세상에 나왔음이라 [2]이로써 너희가 하나님의 영을 알지니 곧 예수 그리스도께서 육체로 오신 것을 시
인하는 영마다 하나님께 속한 것이요 [3]예수를 시인하지 아니하는 영마다 하나님께 속한 것이 아니니
이것이 곧 적그리스도의 영이니라 오리라 한 말을 너희가 들었거니와 지금 벌써 세상에 있느니라 [4]자
녀들아 너희는 하나님께 속하였고 또 그들을 이기었나니 이는 너희 안에 계신 이가 세상에 있는 자보
다 크심이라 [5]그들은 세상에 속한 고로 세상에 속한 말을 하매 세상이 그들의 말을 듣느니라 [6]우리는
하나님께 속하였으니 하나님을 아는 자는 우리의 말을 듣고 하나님께 속하지 아니한 자는 우리의 말
을 듣지 아니하나니 진리의 영과 미혹의 영을 이로써 아느니라

성경의 어떤 진술들은 나를 괴롭힌다. 그것을 너무 오래 붙잡고 있거나 지나치게 깊이 묵상하거나 과도하게 집착하다 보면 밤에 잠을 이루지 못하게 된다. 주로 신자들에게 임박한 고난과 교회의 우려스러운 발전에 대해 경고하는 구절들이다. 이런 구절들은 하나같이 점점 나빠지고 있는 우리 주변의 세상을 사뭇 암울하게 그린다.

- 그 때에 사람들이 너희를 환난에 넘겨 주겠으며 너희를 죽이리니 너희가 내 이름 때문에 모든 민족에게 미움을 받으리라(마 24:9).
- 거짓 선지자가 많이 일어나 많은 사람을 미혹하겠으며(마 24:11).

- 불법이 성하므로 많은 사람의 사랑이 식어지리라(마 24:12).
- 거짓 그리스도들과 거짓 선지자들이 일어나 큰 표적과 기사를 보여 할 수만 있으면 택하신 자들도 미혹하리라(마 24:24).
- 사람들이 너희를 출교할 뿐 아니라 때가 이르면 무릇 너희를 죽이는 자가 생각하기를 이것이 하나님을 섬기는 일이라 하리라(요 16:2).
- 이것을 너희에게 이르는 것은 너희로 내 안에서 평안을 누리게 하려 함이라 세상에서는 너희가 환난을 당하나 담대하라 내가 세상을 이기었노라(요 16:33).
- 그러나 성령이 밝히 말씀하시기를 후일에 어떤 사람들이 믿음에서 떠나 미혹하는 영과 귀신의 가르침을 따르리라 하셨으니(딤전 4:1).
- 때가 이르리니 사람이 바른 교훈을 받지 아니하며 귀가 가려워서 자기의 사욕을 따를 스승을 많이 두고 또 그 귀를 진리에서 돌이켜 허탄한 이야기를 따르리라(딤후 4:3-4).
- 사랑하는 자들아 너희를 연단하려고 오는 불 시험을 이상한 일 당하는 것 같이 이상히 여기지 말고(벧전 4:12).

나는 이 시대의 영적, 도덕적, 문화적 쇠퇴에 놀라는 신자들의 질문을 자주 받는다. "도대체 무슨 일이 벌어지고 있는 건가요? 우리 가족에게 무슨 일이 일어나고 있는 걸까요? 우리 교회는요? 우리 학교…우리 나라…우리 세상은요?" 나는 늘 머릿속을 맴도는 이 성경 말씀에 비추어 간명히 답할 수 있다. "정확히 예언된 바다."

사도 요한은 그리스도인의 삶에 대한 이런저런 논의 끝에 이 단락의 서두에서 이미 소개한 주제로 다시 돌아간다. 즉 진리와 오류, 기만적인 '적그리스도들'과 신뢰할 수 있는 교사들을 서로 대조하는 것이다. 여기에서 요한은 교사가 아닌 청중의 책임, 곧 진리와 오류를 분별하는 우리의 책임에 초점을 맞춘다.

—4:1—

요한은 두 가지 중요한 명령으로 독자들의 교리적 순결에 대한 우려를 표명하기 시작한다.

그가 이런 지시를 하는 까닭은 독자들을 마음속 깊이 아끼기 때문이다. 그의 독자들은 그리스도 안에서 "사랑하는" 자녀들이다. 요한은 앞서 이 신자들에게 서로 사랑하는 것과 세상을 사랑하지 않는 것의 중요성에 대해 썼다(요일 2:15, 3:23). 우리의 사랑은 차별적이고, 분별력 있으며, 구별되는 사랑이어야 한다. 마찬가지로 요한이 그리스도인으로서 우리가 받아들인 교리에 대해 논한 것을 보면 우리의 믿음 역시 차별적이고, 분별력 있으며, 구별되는 믿음이어야 한다는 것이 분명해진다. 이를 위해 요한은 두 가지를 지시한다. 첫 번째는 부정 명령이고 두 번째는 긍정 명령이다. "사랑하는 자들아 영을 다 믿지 말고 오직 영들이 하나님께 속하였나 분별하라"(4:1).

여기서 "영"으로 번역된 *pneuma*(4151)의 가장 기본적인 의미는 '숨' 또는 '바람'이다. 이 말은 천사적인 것이든 신성한 것이든 혹은 인간적인 것이든 비물질적이고 비물리적인 본질을 묘사하는 데도 쓰인다.[16] 스티븐 스몰리가 지적하듯이 요한일서 4장 1절에서 "이 말은…진리의 영 또는 오류의 영에서 영감을 받은 인간을 나타낸다."[17]

사실, 그 가르침이 참이든 거짓이든, 모든 인간 교사의 배후에는 대개 그들에게 동기와 권한을 부여해주는 무언가가 있다. 그것은 사악함, 거짓, 사리사욕, 육욕의 영이거나 또는 의, 진리, 사랑, 성결의 영일 수 있다. 결국 오류의 바람에 날아다니는 교사들은 그들이 알든 모르든 사탄의 속임수에 휘둘리고 있는 것이다. 또 진리의 바람에 이끌리는 교사들은 성령의 권능을 힘입는다.

요한은 특유의 이것이냐 저것이냐의 화법으로 간단명료하고 단도직입적으로 진리를 설명한다. 가르치는 사람은 모두 진리의 영을 대변하는 자이거나, 하나님의 대언자이거나, 아니면 오류의 영을 대변하는 자이거나, 사탄의 대언자다. 요한의 첫 번째 명령은 기본적으로 "쉽게 속지 말라"는 뜻이다. 듣는 대로 다 믿으면 안 된다. 돌다리도 두드려보고 건너라! 겉만 보지 말고 영적 실체를 분별해야 한다.

이것은 두 번째 명령과 연결된다. 우리는 "영들이 하나님께 속하였나 분별"하기 위해 교사들의 "영을…분별"해야 한다(4:1). 나는 도베르만 핀셔 같은 잘 훈련된 경비견을 그려본다. 도베르만은 자기 영역 안에서 어떤 소리를 듣거나 움직임을 포착하면 뾰족한 귀를 쫑긋 세우고 그쪽을 뚫어져라 쳐다본다. 그리고 위협을 느끼면 영역을 지키기 위한 행동을 개시한다. 마찬가지로 그리스도인들도 특히 기독교 신앙의 기본 교리와 관련해서는 진리

묵상의 서재

침식당하는 현대 교회(요한일서 4:1-6)

나는 현대 기독교에 심상치 않은 침식이 발생하는 것을 지켜볼 만큼 오래 살았다. 과거 1950년대에 내가 다녔던 교회는 지금과 같은 교회가 아니었다. 영향력 있는 대형 교회들은 갈수록 월스트리트나 브로드웨이와 유전자를 교배한 것 같아 보인다. 미국이라는 거대 기업과 연예 산업을 위한 기술에서 발생한 이상한 돌연변이가 하나님 말씀을 체계적으로 가르치는 것을 대체했거나, 최소한 희석시켰다. 감사하게도 주목할 만한 예외가 있지만, 그게 더 슬픈 현실이다. 예외는 예외일 뿐 규칙이 아니다.

건전한 교리에 입각한 질긴 고기를 제공하는 대신 우리의 예배처는 오락이 주원료인 말랑말랑한 이유식으로 관심을 돌렸다. 지금은 소비자 심리가 신학적 사고와 성경 지식의 대용물로 용인되는 시대다. 남에게 쉽게 영향을 받고 순진한 믿음의 유아들은 대개 청중보다도 교육 수준이 낮은 설교자와 교사들에게서 자기들이 듣고 싶은 말을 들으려고 모인다!

이런 현상들을 생각하면 나는 유진 피터슨(Eugene Peterson)이 『메시지 성경』에 풀어 쓴 디모데후서 4장 3-4절을 떠올리지 않을 수 없다. "그대는 사람들이 건전한 가르침을 싫어하고, 영적 불량식품-자신들의 기호에 맞는 변덕스러운 의견-으로 배를 채우려고 할 때가 온다는 것을 알게 될 것입니다. 저들은 진리를 등지고 헛된 망상을 좇을 것입니다."

나는 이 말이 어떤 사람들에게는 심술궂은 노인네의 호통처럼 들린다는 걸 안다. 또는 구식 교회주의가 좀 더 '적합한' 것으로 대체되는 꼴을 못 보는 '고루한 노인네'의 극단적인 폭언으로 들릴 수도 있다. 하지만 절대 그렇지 않다. 나도 그런 답답한 비관론자들이 인간이 만든 전통, 시대에 뒤떨어진 취향, 지난날의 구태에 집착하는 것을 어리석은 꼬장질이라고 비난해온 바다. 현대 기독교의 퇴보에서 가장 마음에 걸리는 것은 거룩한 것을 무미건조한 이미지로 바꾸는 것이다. 우리는 사람들의 비위를 맞춰 그들을 계속 끌어들이기 위해 의도적으로 역사적인 기독교를 시시한 캐리커처로 지나치게 단순화시키는 현상을 목도하고 있다.

오늘날 그런 목사들과 교사들은 '세상에서 온' 사람들의 특징을 고스란히 지니고 있다. "그들은 세상에 속한 고로 세상에 속한 말을 하매 세상이 그들의 말을 듣느니라"(요일 4:5). 1세기와 마찬가지로 지금 우리도 "오직 영들이 하나님께 속하였나 분별"하는(4:1) 방법을 배워야 한다. 당신도 부디 그러기를!

와 오류를 분별할 수 있도록 경계하고 준비되어 있어야 한다.

영을 분별하라. 군중을 끌어모으는 역량을 보고 교사를 판단하지 말라. 직함, 학위, 이름에 붙는 수식어에 영향을 받지 말라. 근사한 예복, 윤이 흐르는 양복, 우렁찬 목소리에 현혹되지 말라. 우리의 기준은 하나님의 말씀, 주 예수 그리스도의 인격과 사역에 관한 복음, 역사적인 기독교 신앙의 기본 진리다. 요즘에는 이런 태도를 편협하다고 하는 사람들도 있을 것이다. 그러나 성경은 이 진리를 받아들이는 것을 "고상한 마음"이라고 부른다. 누가는 베뢰아에서 복음을 들은 사람들을 다음과 같이 표현했다. "베뢰아의 유대 사람들은 데살로니가의 유대 사람들보다 더 고상한 사람들이어서, 아주 기꺼이 말씀을 받아들이고, 그것이 사실인지 알아보려고, 날마다 성경을 상고하였다"(행 17:11, 새번역).

요한은 데살로니가전서 5장 21-22절에서 바울과 유사한 방식으로 '시험하다'는 뜻의 *dokimazō*(1381)를 사용한다. "모든 것을 시험해 보고 좋은 것을 꼭 붙드십시오. 그리고 악한 일은 어떤 종류이든지 멀리하십시오"(공동번역). 이 말은 '어떤 것의 진위를 판단하기 위해 엄밀히 조사하다'는 뜻이다.[18] 보석감정사는 반지가 진짜인지 알아보려고 깐깐하게 살펴보며 다이아몬드에 관한 지식을 총동원한다. 은행원은 보통 진폐의 외양, 질감, 품질을 속속들이 익혀서 진폐와 위폐를 가려낸다. 마찬가지로 신자들도 대립되는 주장의 진위를 분별하려면 진정한 기독교 신앙을 제대로 숙지하고 있어야 한다.

요한의 경고는 한낱 이론이 아니다. 그는 경고 뒤에 이런 말을 달지 않는다. "걱정 말라. 혹시 언젠가 일부 거짓 교사들이 무심코 다소 의심스러운 말을 할 가능성에 대비해서 이 말을 하는 것이다." 아니다. 요한은 그 시대가 당면한-그리고 수 세기에 걸쳐 더 넓고 깊어진-위기에 대해 말하고 있다.

그는 명령 뒤에 취지를 진술한다. "많은 거짓 선지자가 세상에 나왔음이라"(요일 4:1). 요한이 한 거짓 선지자(예. 마술사 시몬) 또는 모두 같은 말을 하는 몇몇 거짓 선지자라고 말하지 않은 것에 유의하라. 세상에는 거짓 선지자가 많다. 그리고 요한이 이 거짓 선지자들이 세상으로 나가거나 또는 종말이 되어서야 교회를 파괴하기 시작할 거라고 말하지 않은 것에 주목하라. 그들은 세상으로 나갔다! 이미 요한의 시대에 그리스도의 예언은 성취되기 시작했다. "거짓 선지자가 많이 일어나 많은 사람을 미혹하겠으며"(마 24:11).

—4:2-3—

우리는 참과 거짓을 어떻게 분별하는가? 요한은 요한일서 4장 2-3절에서 이 문제를 다룬다. "이로써 너희가 하나님의 영을 알지니." 잘 들으라! 이것 하나만 철두철미하게 알면 진리와 오류를 분별할 수 있다. 보석감정사가 확대경을 통해 가짜 다이아몬드를 찾아내거나 은행원이 몇 가지 간단한 테스트로 위조지폐를 식별하듯이, 신자들은 진정한 설교자들에게서 진리의 영의 목소리를 듣고 가짜에게서 오류의 영을 분별할 수 있다.

사람은 무엇으로 하나님의 영을 알 수 있는가? 사실, 그것은 사물이 아니라 인격-예수 그리스도의 인격-이다. 요한은 말한다. "곧 예수 그리스도께서 육체로 오신 것을 시인하는 영마다 하나님께 속한 것이요 예수를 시인하지 아니하는 영마다 하나님께 속한 것이 아니니"(4:2-3). 2장 20-21절을 논의하면서 보았듯이, "성도에게 단번에 주신 믿음의 도"(유 1:3)인 역사적인 기독교 신앙은 예수 그리스도의 인격과 사역이 요체다. 모름지기 진정한 교사는 다른 예수가 아니라 바른 예수를 고수해야 한다. 그들은 예수님을 성육하신 신인(God-man), 성령의 능력으로 성부가 보내신 분으로 받아들이고, 그분의 동정녀 탄생, 무죄한 삶, 대속의 죽음 그리고 죽음에서 영광스럽게 부활하셨음을 믿어야 한다. 이는 그분을 유일한 구세주이자 주님으로 받아들이며 장차 왕으로 오실 것을 기대하고 있다는 뜻이다.

예수 그리스도에 대한 올바른 가르침은 일종의 시금석이다. 그 사람의 가르침은 예수님을 성육하신 하나님으로 인정하는가? 그들은 그리스도를 영원한 하나님의 아들로 믿는가? 그들은 개인적으로 예수님을 구주와 주님으로 믿는다고 고백하며, 다른 사람들에게도 그렇게 하라고 가르치는가? 이 설교자나 교사는 그리스도를 구세주이자 주님이신 그분의 올바른 위치에 걸맞게 그분을 가르침의 중심에 두고 사역의 머리로 삼고 있는가? 아니면 자신이 모든 것의 중심에 있는가?

요한은 너할 나위 없이 분명하다. 진리의 영으로 움직이는 교사는 진짜 예수님에 대한 신앙을 시인한다. '시인하다'로 번역된 *homologeō*(3670)는 전심으로 일평생 예수 그리스도에 대한 개인적 신앙을 고백한다는 뜻을 지니고 있다. 더 넓은 의미로는 '어떤 것이 사실이거나 진실임을 인정하는 것'뿐만 아니라 '충성의 맹세'라는 뜻도 있다.[19] 그래서 바울은 "하나님을 시인하나 행위로는 부인"(딛 1:16)하는 거짓 교사들에 대해 경고할 수 있다. 말과 행실이라는 두 가지 요소 모두 신앙을 진정으로 시인하는 징표다.

왜곡된 가르침이나 난잡한 생활로 그리스도를 부인하는 사람들은 "적그리스도의 영"(요일 4:3)의 사주를 받는다. 사탄이 언젠가 하나의 적그리스도와 하나의 거짓 선지자를 통해 이룰 것(참조. 계 13장)을 지금은 다수의 적그리스도들과 거짓 선지자들을 통해 꾀하고 있다. 그래서 바울도 미래의 적그리스도를 "불법의 사람"(살후 2:3)으로 지칭하면서 지금은 하나님이 마지막 때에 풀려날 궁극적인 무법자를 막고 계시는데도 "불법의 비밀이 이미 활동하였다"(살후 2:6-7)고 경고했다. 이 세상에는 마지막 때 적그리스도에게서 나타날 특징과 똑같은 반기독교적 성향—동일하게 악한 영의 권세를 등에 업은—이 이미 왕성하다(살후 2:6-7).

현재와 미래의 적그리스도들

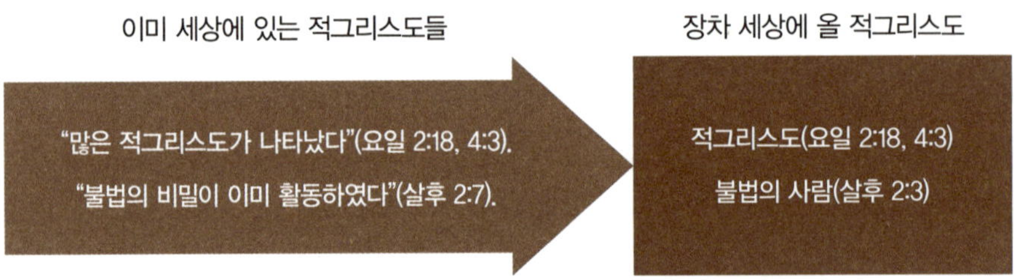

현재 활동 중인 적그리스도들과 불법한 자는 궁극적인 적그리스도가 출현할 것을 예상하게 하는 증표다.

적그리스도의 영과 은밀한 불법의 영이 진즉에 세상에서 활동하고 있기 때문에—그리고 초대 교회 때부터 존재했기 때문에—우리는 진리와 오류를 분별하는 데 항상 힘써야 한다.

—4:4-6—

요한은 두 개의 대조군을 병치시켜서 거짓 교사들에 대한 긴급한 경고와 분별에 대한 시의적절한 권고를 마무리한다. 이 세 구절의 첫마디를 주목하라. "자녀들아 너희는"(4:4), "그들은"(4:5), "우리는"(4:6). "너희"와 "우리"는 하나님에게서 난 자들을 가리킨다. "그들"은 세상에 속한 자들이다.

요한은 우선 독자들을 인정한다. 그는 그의 독자들이 진정한 믿음을 고백하고 그에 상

지금도 사도와 선지자가 있는가?(요한일서 4:1)

간혹 '사도'나 '선지자'를 자처하는 설교자나 교사들을 만날 때가 있다. 대개는 가장 보편적인 의미로 이 명칭을 사용한다. 선교사들은 사도라는 말을 '파송받은 자'라는 뜻으로 사용할 것이고, 설교자들은 '메시지를 선포하는 자' 또는 고대의 선지자들 대부분이 그랬듯이 '홀로 굳게 서 있는 자'라는 뜻으로 사용할 수 있다. 이 용어에 대한 성경 자체의 정의를 혼동하지만 않는다면, 그런 식으로 '사도'와 '선지자'라는 말을 사용하는 것은 무방하다. 그러나 신약성경에 나오는, 교회의 주춧돌인 사도와 선지자와 같은 위상을 지닌 '사도'나 '선지자'임을 자처하는 사람들이 간혹 있다(엡 2:20). 실제로 다음 세대에서 일어날 교회의 대대적인 부흥과 개혁은 진실한 사도와 선지자들을 통해서 올 것이며, 그들을 따르는 그리스도인들과 교회만이 새로운 성령의 물결에 참여하게 될 거라고 주장하는 사람들이 지금도 있다.

그게 가능한 일일까? 요즘도 그런 권위를 가진 진짜 사도와 선지자들이 있을 수 있을까?

성경에 따르면-그리고 초대 교회의 증언으로 확인된 바에 따르면-정식으로 사도와 선지자로 인정받은 직분은 1세기 교회 시대에만 있었다. 바울은 이렇게 썼다. "하나님이 교회 중에 몇을 세우셨으니 첫째는 사도요 둘째는 선지자요"(고전 12:28). 이는 사도가 교회의 기본 직분에서 첫 번째 서열임을 나타낸다. 또한 바울은 진정한 사도의 징표는 "예수 우리 주를 [본 것]"(고전 9:1)임을 시사했다. 고린도전서 15장 5-8절에서 바울은 부활하신 예수님을 목격한 사람들을 열거하면서 예수님이 야고보와 "그 후에 모든 사도에게"(15:7) 그리고 "맨 나중에 만삭되지 못하여 난 자"(15:8) 같은 자신에게 나타나셨다고 말한다. "진정한 사도"의 또 다른 중요한 징표는 "표적과 기사와 능력"(고후 12:12)을 행하는 권능이었다. 원사도들의 메시지를 확증해주는 표적과 기사의 역할은 히브리서 2장 3-4절에 나온다. 이 구절에서 히브리서 저자는 이렇게 썼다. "우리가 이같이 큰 구원을 등한히 여기면 어찌 그 보응을 피하리요 이 구원은 처음에 주로 말씀하신 바요 들은 자들이 우리에게 확증한 바니 하나님도 표적들과 기사들과 여러 가지 능력과 및 자기의 뜻을 따라 성령이 나누어 주신 것으로써 그들과 함께 증언하셨느니라."

그러나 이렇게 말하는 사람도 있을 수 있다. "하나님이 1세기 이후로도 기본적인 사도의 사역을 계속하실 수 있지 않으실까? 하나님이 계속해서 사도와 선지자들을 부르시고, 표적과 기사로 하나님의 메시지를 확증하면서 후대에 교회의 기반을 넓히시는 게 더 사리에 맞지 않을까?"

원래의 사도들과 선지자들 이후의 초기 그리스도인 세대로 돌아가 보면 사도와 선지자들에게서 배출된 최초의 제자들이 이 직분을 이미 사라진 교회의 기본 사역으로 언급한 것을 볼 수 있다.[20] 이 사실은 초대 교회가 특정 기독교 문서를 성경으로 인정할 것인지를 따질 때 무엇을 기준으로 삼았는지를 보면 특히 주요하다. 2세기 중반에 작성된 무라토리 목록은 지혜롭게도 『헤르마스의 목자』(*Shepherd of Hermas*)라는 책이 사도와 선지자들 시대 이후에 쓰였다는 사실에 근거해 성령의 영감을 받은 책에서 배제했다. "이 책은 교회에서 선지자나 사도의 글로 공개적으로 읽힐 수 없다. 선지자는 수가 다 찼고, 사도 시대 이후에 쓰였기 때문에 사도들의 글도 아니다."(밑줄 나의 강조)[21]

사도 시대 이후 초대 교회의 기록과 성경은 모두 신약성경에 나오는 사도들과 선지자들의 수가 교회의 제1세대 이후로 변하지 않았음을 입증한다. 그들의 글뿐 아니라 주님의 십자가 처형과 부활에 관한 그들의 가르침도 교회의 초석이 되었다.

지상에서의 삶이 끝났을 때 그들의 직책도 끝이 났다. 오늘날 그들의 교리는 성경에 보존되어 있고 살아 있는 그들의 제자들-전도자, 목사, 교사-이 그것을 가르친다(엡 4:11). 따라서 지금은 아무도 교회에서 권위 있는 사도나 진짜 선지자라는 주장을 정당하게 할 수 없다.

응하는 삶을 살고 있는 그리스도의 참된 신자이며 추종자임을 안다. 그렇기 때문에 그의 독자들은 "그들을 이[겼다]." 다시 말해서, 그의 독자들은 세상의 기만과 타락과 어둠을 피해 예수 그리스도에 대한 진정한 구원 신앙에 도달할 수 있었다. 나중에 요한은 이것을 분명하게 기술한다. "예수께서 하나님의 아들이심을 믿는 자가 아니면 세상을 이기는 자가 누구냐"(요일 5:5).

요한은 그의 독자들이 누구를 "이겼다"고 말한 것인가? 요한은 하나님에게서 오지 않은 수많은 사람, "세상에 속한"(4:5) 사람들을 말하고 있다. 요한은 특히 적대적인 사람들, 핍박하는 사람들, 거짓 교사들을 생각했을 것이다. 참된 신자들은 어떻게 그들을 이기는가? 그들 자신의 성결, 지혜, 힘으로가 아니라 그들 안에 거하시는 하나님의 영으로 이긴다.

그들은 "[그들] 안에 계신 이가 세상에 있는 자보다 크[시기]"(4:4) 때문에 이겼다. 우리를 가르치시고, 진리로 인도하시며, 우리가 사기꾼들과 정면으로 맞설 때 힘을 주시는 분은 하나님의 영이다(눅 12:11-12, 요 14:26, 16:13). 우리 안에 계시는 하나님의 영은 진리에 대적하는 어떤 적-인간이든 마귀든-보다도 강하시다.

그는 요한일서 4장 5절에서 "그들"을 더 자세히 묘사한다. 그들은 세상에 속하였고, 속임수로 다른 사람들을 꼬인다. 그것이 세상 학문이든, 세상 과학이든 또는 세상 문화-거짓 종교, 정치, 철학, 금융-이든 이 거짓 교사들은 세상 사람들이 듣기 좋아하는 말을 하고, 그들의 말을 듣는 세상 사람들은 아무 의심 없이 그들의 거짓말을 곧이곧대로 받아들인다. 그리고 그리스도인들이 이 사기꾼들의 불건전한 교리와 불경스러운 삶에 이의를 제기하면 "세상"은 일제히 들고 일어나 진리를 어리석고, 무지하며, 편협하고, 옹졸하며, 비열하고, 심지어는 혐오스러우며 위험하다고 비난한다. 이 갈등이 우리와 그들 사이의 인기를 겨루는 시합이라면 그리스도인들은 번번이 질 것이다. 그러나 이것은 그들과 하나님 사이의 영적 싸움이며, 우리 안에 계시는 이가 세상에 있는 자보다 더 크시다(4:4).

마지막으로, 세상의 말과 거짓말에 열심히 귀 기울이는 세상 사람들 사이에 유대감이 있듯이, 하나님의 말씀과 하나님의 백성 사이에는 친밀감이 있다. 예수님도 직접 이렇게 말씀하셨다. "내 양은 내 음성을 들으며 나는 그들을 알며 그들은 나를 따르느니라"(요 10:27). 성령의 능력으로 하나님의 말씀을 이해하고 믿게 된 진정한 신자들은 진짜 예수님을 받아들이고, 그에 따라 그분의 참된 추종자들과 친밀한 교제를 나눈다. 더 나아가 요한은 "하나님을 아는 자는 우리의 말을 듣고 하나님께 속하지 아니한 자는 우리의 말을 듣지 아니하나니"(요일 4:6)라고 말한다. 여기서 "우리"는 진짜 사도들, 즉 요한과 진리를 말하는 그의 동료들을 가리킨다. 오늘날 우리는 하나님의 말씀 속에 들어 있는 사도들이 영감으로 쓴 글에 전심으로 절대적으로 헌신하며 그들의 말을 "듣는다."

이 두 가지 시험, 곧 인간이 되신 예수 그리스도께 말과 행실로 충성하고 하나님의 말씀을 충실히 따르는 것은 진리의 영과 오류의 영을 분별해주는 확실하고 신뢰할 수 있는 길잡이다.

적용: 요한일서 4:1–6
분명히 다른 점이 있다!

진리의 영과 오류의 영을 분별할 때 이 두 가지 원칙을 기억하라. 1) 가르치는 사람의 말을 주의 깊게 듣고, 2) 따르는 사람들을 신중히 살펴보라. 첫째, 말하는 것과 말하지 않는 것도 세심하게 살펴야 한다. 그 교사가 편의대로 빼놓는 것이 무엇인가? 때때로 거짓 교사들은 예수님은 단 한 번도 언급하지 않고 계속 말한다. 또는 그리스도가 이루신 십자가의 공로로 해결되는 우리의 죄와 죄책감의 문제를 일절 언급하지 않고 당신의 삶을 멋지게 만들 수 있는 방법을 말한다. 그들이 쓰는 용어를 잘 들으라. 거짓 교사들은 전통적인 기독교 언어를 완전히 다른 의미로 사용하기를 좋아한다.

둘째, 그런 교사들이 끌어들이는 군중과 그들이 실천하는 원칙에서 많은 것을 알 수 있다. 그들은 그들의 성경을 가지고 있는가? 그들은 성경을 읽고, 공부하고, 그 진리대로 살라고 권면하는가? 그들은 자기들의 신앙과 하나님을 사랑하고 다른 사람들을 사랑하는 것에 대해 진지한가? 아니면 피상적인 삶을 살고 있는가? 그들은 그리스도를 널리 전파하는가? 아니면 사람들을 모집해서 자기들 교회로 오게 하는가?

우리는 분별의 필요성과 중요성을 이해하고 우리가 만나는 교사들과 교회에 이 두 가지 원칙을 적용해야 할 책임을 진지하게 받아들여야 한다. 진리의 영과 오류의 영을 식별하는 데 도움이 될 일곱 가지 진술이 있다.

1. 우리가 기만의 시대에 살고 있다는 사실을 잊지 말라. 성경은 그것을 예언했다. 그러니

그런 상황을 목격해도 놀라지 말라. 시대가 악하다는 것을 알라. 어둠을 받아들이지 말고 빛이 되어 어둠을 드러내라.

2. **교리적 분별력은 생존과 번영에 중요한 역할을 한다.** 당신과 내가 우리 세대에 변화를 일으키기 원한다면 중도적인 사고를 할 여유가 없다. 우리는 하나님의 말씀을 공부하고(그냥 읽는 게 아니라), 교리를 숙지하며, 뜻 깊은 삶과 사역 경험을 일구어야 한다.
3. **역사적 뿌리와 교리적 진리를 계속 소중히 여기고 수용해야 한다.** 시대와 문화가 바뀌고, 그에 따라 예배 형식과 사역 방법이 변하는 것은 이해할 수 있다. 그러나 삼위일체의 하나님과 그리스도의 인격과 사역에 관한 전통적인 기독교 신앙은 동일하게 유지되어야 한다. 교회 사역의 핵심을 절대 놓치면 안 된다.
4. **각 세대의 신자들은 신앙을 지킬 중대한 책임이 있다.** 믿음을 받고, 믿고, 전달하는 사슬의 약한 고리 하나가 교회를 거짓 교리와 사악한 시대로 이끌 수 있다. 우리는 영적 표류자가 아니라 영적 영웅의 세대로 기억되기를 원한다.
5. **교회 지도자들은 교회의 사역을 잘 인도할 소명을 받았다.** 신실한 지도자는 성도들에게 사역을 준비시키면서 교회가 올바른 방향으로 나아가는지, 그리스도를 중심에 두고 있는지, 성경에 충실한지를 확인하면서 교회를 이끈다.
6. **교회 지도자들은 교인들을 지키는 임무를 받았다.** 지도자들은 교인들이 진리와 거짓을 분별할 수 있도록 교육시키고, 사역을 파괴하거나 신자들을 등쳐 먹으려는 자들과 맞서 교회를 지켜야 한다. 신실한 목자는 자기 양 떼를 보호한다.
7. **지금 교회가 강건해도 내일도 그러리라는 보장은 없다.** 매일 우리는 진리와 오류를 분별하고, 교리와 실천으로 그리스도를 인정하며, 다음 세대에 믿음을 전달하겠다는 의지를 새롭게 다져야 한다. 우리가 떠난 뒤 믿음의 경주를 할 자들에게 바통을 넘겨주기를 바란다면 믿음이 어린 사람들을 멘토링하는 것이 무엇보다 중요하다.

주

1. Wiersbe, *Be Real*, 84-85.
2. 미래의 적그리스도에 대한 자세한 설명은 Charles R. Swindoll, *Swindoll's Living Insights New Testament Commentary*, 제15권, *Revelation*(Carol Stream, IL: Tyndale House, 2014), 188-201을 보라. (『찰스 스윈돌의 신약 인사이트:요한계시록』 디모데 역간), Charles R. Swindoll, *Swindoll's Living Insights New Testament Commentary*, 제10권, *1 & 2 Thessalonians*(Carol Stream, IL: Tyndale House, 2016), 124-137을 보라.(『찰스 스윈돌의 신약 인사이트:데살로니가전·후서』 디모데 역간)
3. Irenaeus of Lyons, *Against Heresies* 3.3.4.
4. John Calvin, *Commentaries on the Catholic Epistles*, John Owen 번역(Edinburgh: Calvin Translation Society, 1855), 192.
5. Holsteen and Svigel, *Exploring Christian Theology*, 2:253.
6. John H. Leith 편집, *Creeds of the Churches: A Reader in Christian Doctrine from the Bible to the Present*, 제3판(Louisville, KY: John Knox, 1982), 35에서 인용.
7. Bauer 외, *Greek-English Lexicon*, 781.
8. Smalley, *1, 2, 3 John*, 134, 136.
9. Gary W. Derickson, *1, 2 & 3 John*, Evangelical Exegetical Commentary, H. Wayne House, W. Hall Harris III, and Andrew W. Pitts 편집(Bellingham, WA: Lexham Press, 2012), 286-287.
10. Daniel L. Akin, *1, 2, 3 John*, 제38권, The New American Commentary(Nashville: Broadman & Holman, 2001), 140.
11. Smalley, *1, 2, 3 John*, 154.
12. 같은 책, 155.
13. Nigel Turner, *Grammatical Insights into the New Testament*(Edinburgh: T. & T. Clark, 1965), 151.
14. Smalley, *1, 2, 3 John*, 173-174.
15. Bauer 외, *Greek-English Lexicon*, 979.
16. 같은 책, 832-836.
17. Smalley, *1, 2, 3 John*, 218.
18. Bauer 외, *Greek-English Lexicon*, 255.
19. 같은 책, 708.
20. 1 Clement 5.3-4; 42.1-3; Ignatius, *Magnesians* 13.1; *Romans* 4.3; Polycarp, *Philippians* 9.1; Tertullian, *Against Marcion* 4.5를 보라.
21. "The Muratorian Fragment", in Bruce M. Metzger, *The Canon of the New Testament: Its Origin, Development, and Significance*(Oxford: Clarendon Press, 1987), 307.

확신에 찬 삶

요한일서 4:7–5:21

많은 사람이 구원의 확신을 놓고 씨름한다. 그들은 자기들이 적정량의 진리, 적정 수준의 믿음을 가지고 적정한 양과 질의 선행을 유지하고 있는지 의심한다. 또는 이생에서 완전히 근절할 수 없는 내면의 악한 생각과 행실로 눈을 돌린다. 그러면 그들은 자기들처럼 끊임없이 죄를 짓는 더러운 인간을 거룩하신 하나님이 받아주실 리 없다는 잘못된 믿음을 갖게 될 수도 있다. 또는 불확실한 나쁜 신학으로 그들을 다그치는 그릇된 설교자와 교사들에게 지나치게 몰두한다. 그들이 주장하는 신학의 많은 부분은 바울이 다루었던 유대주의자들의 거짓 가르침과 크게 다르지 않다. 즉, 행위로 의롭게 된다는 케케묵은 이단적인 내용이 그들이 신봉하는 신학의 주를 이룬다.

참으로 안타깝다! 기독교의 구원의 메시지에 담긴 위대함은 예수 그리스도가 우리를 위해 모든 것을 이루셨다는 것이다. 그분이 우리의 빚을 다 갚으시고 우리의 구원을 봉인하시기 위해 성령을 보내셨다. 이 모든 일을 순전히 거저 주는 은혜로 하셨다. 우리는 구원받을 자격도 없었고, 자격을 갖출 수도 없었다.

구원의 확신이 없는 사람들은 자신감도 없다. 역설적이게도 주님을 향한 불타는 열정을 품은 신실한 신자들을 만들어내는 것은 구원을 잃을 수도 있다는 두려움이 아니다. 그것은 오히려 자기들이 구원에 부합하도록 충분히 노력했는지 노상 초조해하다가 김이 빠져버리고 만다. 우리가 불안의 어둠 속에서 시무룩해 있지 않고 확신을 가지고 빛 가운데서 행하려면 그리스도가 온전히 이루신 일로 말미암은 구원의 확신이 있어야 한다.

확신이 그토록 중요하기에 요한은 친교가 확신에 찬 삶을 낳는다는 격려로 편지를 끝맺는다(4:7-5:21). 이 단락에서 확신에 관한 핵심 구절은 5장 13절인데, 암송하면 참 좋을 구절이다. "내가 하나님의 아들의 이름을 믿는 너희에게 이것을 쓰는 것은 너희로 하여금 너희에게 영생이 있음을 알게 하려 함이라." 또한 오직 그리스도에 대한 믿음만으로 오직 은혜로 받는 구원에 대한 확신은, 많은 사람이 자주 가르치듯이, 우리를 나태함이나 안주하는 태도로 이끌지 않는다. 구원의 확신이 있으면 오히려 하나님과 다른 사람들과 더 깊고, 더 기쁘고, 더 생산적인 관계를 맺게 된다.

핵심 용어

ἀγαπάω[*agapaō*, 아가파오]*(25)* '사랑하다'

ἀγάπη[*agapē*, 아가페]*(26)* '사랑', '자비'

신약성경 밖에서 헬라어 명사 *agapē*는 거의 쓰이지 않는다. 헬라 문화는 이성에게 도취된 충동적인 *erōs*를 예찬했다. 헬라인들은 또 *philia*(5373), 즉 깊은 우정에서 나오는 따뜻하고 고결한 애정을 존중했다. *agapē*는 애정과 자비에 대한 대가로 아무것도 기대하지 않는 무조건적이고 사심 없는 사랑을 나타낸다. 관련 동사 *agapaō*는 사람들을 향한 하나님의 사랑과 더불어 다른 사람들에게 그 사랑을 그대로 보여주어야 하는 그리스도인의 책임을 완벽하게 표현한다. 사도 요한에게 그리스도인의 삶은 완전한 모본이신 그리스도를 본받고 성령의 권능을 힘입어 하나님과 동료 신자들에게 *agapē*를 실천하는 것으로 요약되었다.

νικάω[*nikaō*, 니카오]*(3528)* '정복하다', '압도하다', '극복하다'

*nikaō*의 의미는 적을 제압하는 것(눅 11:22)에서부터 선으로 악을 극복하는 것(롬 12:21)에 이르기까지 의미가 다양하다. 요한의 글에서는 우리를 대신해 세상을 이기신 예수 그리스도가 성취하신 일을 믿음으로써 우리가 사탄과 세상을 이길 수 있다는 맥락에서 쓰였다(요 16:33, 요일 4:4). 신자들이 "이긴다"는 것이 어떤 의미인지를 이해하는 열쇠는 요한일서 5장 4–5절에서 찾을 수 있다. "무릇 하나님께로부터 난 자마다 세상을 이기느니라 세상을 이기는 승리는 이것이니 우리의 믿음이니라 예수께서 하나님의 아들이심을 믿는 자가 아니면 세상을 이기는 자가 누구냐."

지고한 사랑(요한일서 4:7–21)

7사랑하는 자들아 우리가 서로 사랑하자 사랑은 하나님께 속한 것이니 사랑하는 자마다 하나님으로
부터 나서 하나님을 알고 8사랑하지 아니하는 자는 하나님을 알지 못하나니 이는 하나님은 사랑이심
이라 9하나님의 사랑이 우리에게 이렇게 나타난 바 되었으니 하나님이 자기의 독생자를 세상에 보내
심은 그로 말미암아 우리를 살리려 하심이라 10사랑은 여기 있으니 우리가 하나님을 사랑한 것이 아
니요 하나님이 우리를 사랑하사 우리 죄를 속하기 위하여 화목 제물로 그 아들을 보내셨음이라 11사
랑하는 자들아 하나님이 이같이 우리를 사랑하셨은즉 우리도 서로 사랑하는 것이 마땅하도다 12어느
때나 하나님을 본 사람이 없으되 만일 우리가 서로 사랑하면 하나님이 우리 안에 거하시고 그의 사랑
이 우리 안에 온전히 이루어지느니라 13그의 성령을 우리에게 주시므로 우리가 그 안에 거하고 그가
우리 안에 거하시는 줄을 아느니라 14아버지가 아들을 세상의 구주로 보내신 것을 우리가 보았고 또
증언하노니

15누구든지 예수를 하나님의 아들이라 시인하면 하나님이 그의 안에 거하시고 그도 하나님 안에
거하느니라 16하나님이 우리를 사랑하시는 사랑을 우리가 알고 믿었노니 하나님은 사랑이시라 사랑
안에 거하는 자는 하나님 안에 거하고 하나님도 그의 안에 거하시느니라 17이로써 사랑이 우리에게
온전히 이루어진 것은 우리로 심판 날에 담대함을 가지게 하려 함이니 주께서 그러하심과 같이 우리
도 이 세상에서 그러하니라 18사랑 안에 두려움이 없고 온전한 사랑이 두려움을 내쫓나니 두려움에는
형벌이 있음이라 두려워하는 자는 사랑 안에서 온전히 이루지 못하였느니라 19우리가 사랑함은 그가
먼저 우리를 사랑하셨음이라 20누구든지 하나님을 사랑하노라 하고 그 형제를 미워하면 이는 거짓말
하는 자니 보는 바 그 형제를 사랑하지 아니하는 자는 보지 못하는 바 하나님을 사랑할 수 없느니라
21우리가 이 계명을 주께 받았나니 하나님을 사랑하는 자는 또한 그 형제를 사랑할지니라

"신약성경에서 '사랑 장'을 펴세요"라고 말하면 대부분의 사람은 재깍 고린도전서 13장을 펼 것이다. 그 '자선 송가'가 '사랑 장'이라는 명예로운 칭호를 얻은 데에는 그럴 만한 이유가 있다. 그 사랑 장의 열세 구절에만 *agapē*가 여덟 번 나온다. 그리고 사심 없는 사랑에 대한 시적 묘사는 액자에 넣어 걸어놓기 딱 좋다.

> 사랑은 오래 참고 사랑은 온유하며 시기하지 아니하며 사랑은 자랑하지 아니하며 교만하지 아니하며 무례히 행하지 아니하며 자기의 유익을 구하지 아니하며 성내지 아니하며 악한 것을 생각하지 아니하며 불의를 기뻐하지 아니하며 진리와 함께 기뻐하고 모든 것을 참으며 모든 것을 믿으며 모든 것을 바라며 모든 것을 견디느니라 사랑은 언제까지나 떨어지지 아니하되 예언도 폐하고 방언도 그치고 지식도 폐하리라(고전 13:4-8).

나는 바울이 고린도전서에 표현한 언어의 아름다움과 그 위력을 폄하할 생각은 전혀 없지만, '사랑 장'이라고 불릴 수 있는 훨씬 더 강력한 다른 성경 구절, 곧 요한일서 4장이 있다는 것을 알려주고 싶다. 요한일서 4장 7-21절에는 명사 "사랑"(*agapē*)과 동사 "사랑하다"(*agapaō*)가 총 27회 나온다. 성경에서 '사랑'을 이토록 노골적으로 강조한 장은 없다.

그리스도를 닮은 이 자기 희생적이고, 이타적인 사랑이 사도 요한의 삶을 변화시켰다. 요한복음에서 그는 스스로를 "그[예수]가 사랑하시는 자"(요 13:23, 19:26, 21:7, 20)로 일컫는

다. 그는 자기가 그리스도의 사랑을 받을 정도로 위대했음-이러한 사랑의 실천으로-을 밝히려고 이렇게 표현한 것이 아니었다. 내 생각에는 오히려 예수님이 그런 무조건적이고 사심 없는 사랑을 누구에게나, 특히 자기에게 베푸셨다는 사실에 요한은 감탄을 금할 수 없었던 것 같다. 요한은 예수님이 자기의 됨됨이 때문이 아니라 자기의 됨됨이에도 불구하고 사랑하셨다고 생각했다.

이 놀라운 하나님의 사랑이 요한일서 4장 7-21절에 기록된 요한의 '사랑 장'의 밑거름이 되었다. 요한이 이 편지에서 서로 사랑하라는 주제를 언급한 것이 이번이 세 번째다(2:7-10, 3:11-18). 특히 이 구절에서는 사랑이 그리스도인의 삶의 중심축이라는 주장을 가장 강력히 펼친다.

—4:7-12—

회중의 규모와 비중이 커지고, 열정적인 창립자에서 다음 세대로 리더십이 넘어갈 때 가장 먼저 훼손되는 것은 건전한 교리나 충실한 설교나 전도의 우선순위가 아니다. 가장 먼저 시드는 것 중 하나가 사랑이다(참조. 계 2:4). 예수 그리스도의 복음이 예루살렘에서 퍼져나가 로마 세계 전역에 교회가 세워진 지 한 세대밖에 지나지 않은 요한의 시대에도 이미 형제들의 사랑이 식기 시작했다.

확실히, 요한이 4장에서 사랑하라는 호소를 여러 번 반복하고, 밑줄을 긋고, 동그라미를 쳐서 강조하는 게 좋겠다고 생각할 정도로 서로에 대한 사랑이 식었다. 그는 이 단락을 앞에서 썼던 직설적이지만 부드러운 명령으로 시작한다. "사랑하는 자들아 우리가 서로 사랑하자"(요일 4:7, 참조. 2:10, 3:11, 23). 그리고 다음 몇 구절에서 두 번 더 반복한다(4:11-12). 그는 노망 난 노인네처럼 아무 생각 없이 같은 말을 반복한 것이 아니다. 그가 이 말을 되풀이한 까닭은 그의 독자들이 계속 들어야 할 말이기 때문이다. 그들의 미적지근한 사랑은 요한의 마음을 아프게 했다.

요한은 "서로 사랑하라"는 명령을 독자들이 진지하게 받아들이도록 세 가지 당위성을 제시한다. 그것은 신학적 당위성(4:7-10), 보답의 당위성(4:11), 실제적 당위성(4:12)이다.

신학적 당위성(4:7-10). 요한은 하나님의 본성이 사랑인 것과 그분과 하나로 묶여 있는 우리 안에 그 본성이 내재되어 있음을 강조하면서 서로 사랑하라는 명령에 대한 설득력 있는 변증을 시작한다. "사랑하는 자마다 하나님으로부터 나[며]"(4:7), "하나님은 사랑이[시다]"(4:8). 자기를 내어주는 타인 중심의 아가페 사랑은 다름 아닌 하나님의 본성이다. 사랑은 그분의 인격에서 가장 중요한 특성이다. 우리가 거듭나서 그분을 개인적으로 알게 되고, 성령이 우리 안에 거하시게 되면 우리는 그분과 하나가 된다. 우리가 하나님 안에 거하고 하나님이 우리 안에 거하시는 것이 사실이라면 하나님의 사랑의 성품이 우리에게서도 흘러나올 수밖에 없다.

요한은 4장 8절에서 이 진리의 부정적인 측면을 언급한다. 사랑은 하나님의 성품을 나타내는 가장 중요한 본질-"하나님은 사랑이심이라"-이므로 사랑하지 않는 사람은 "하나님을 알지 못[한다]." 호스가 수도꼭지에 연결되면 호스를 통해 물이 흘러나온다. 전선이 전원에 연결되면 그 전선에는 전기가 흐른다. 나뭇가지가 뿌리와 몸통에 연결되어 있으면 가지에 수액이 흐른다. 한 사람이 아들을 통해 성령의 내주하심으로 말미암아 사랑하는 아버지와 정말로 연결되어 있다면, 하나님의 사랑이 그 사람을 통해서 다른 사람들에게로 흘러갈 것이다.

요한은 4장 9-10절에서 신학적 당위성을 더 깊이 파고들면서 하나님의 아가페 사랑의 궁극적 표현인 예수 그리스도께 초점을 맞춘다. 하나님이 우리 죄를 위한 화목 제물로 삼으시려고 독생자를 보내셨을 때 우리는 하나님의 사랑을 분명히 눈으로 보고 알 수 있게 되었다. 아들을 통해 우리는 완전히 용서받았고 영생을 얻었다.[1] 하나님은 그러실 필요가 없으셨다. 어쨌든, 우리는 용서와 영생을 얻어내지 못했고, 하나님은 우리에게 보상으로 그것을 주실 의무가 없었다. 자기 아들을 우리의 구세주로 보내신 것은 순전히 은혜-사심 없고 희생적이며 이타적인 사랑-의 행위였다. 예수님도 "사람이 친구를 위하여 자기 목숨을 버리면 이보다 더 큰 사랑이 없나니"(요 15:13)라고 말씀하셨고, 하나님 아버지의 계획과 목적에 따라 정확히 그렇게 하셨다.

서로 사랑해야 하는 신학적 당위성은 다른 사람에게 초점을 맞춘 사랑이 바로 하나님의 본질이라는 데 있다. 그리고 하나님은 예수 그리스도를 보내셔서 용서받을 자격이 없는 죄인들의 죄를 위해 죽게 하심으로써 그 본질을 분명하게 보여주셨다(요 3:16).

보답의 당위성(요일 4:11). '보답하다'는 말은 호의에 보답한다는 뜻이다. 누가 당신의 등을 긁어주면 당신도 그들의 등을 긁어주는 게 도리다. 누가 당신에게 음식을 대접하면 당신도 그들을 대접해야 한다. 그러나 하나님의 경제학에서는 우리를 향한 하나님의 사랑과 은혜의 행동에 보답할 방법이 없다. 그분은 우리에게서 아무것도 받으실 필요가 없고, 우리 역시 어떤 식으로든 그분께 유익을 끼칠 수 있는 어떤 것도 생각하거나, 느끼거나, 말하거나, 행할 수 없다. 하나님은 그리스도를 통해 우리에게 보여주신 당신의 사랑을 우리가 '되갚는' 것이 아니라 '대신 갚아주기를' 바라신다.

철저히 다른 사람 중심인 하나님의 사랑을 얼마나 명확히 보여주는 그림인가! 그분은 우리에게 무조건적인 사랑을 보여주시면서 그 대가로 우리가 다른 사람들에게 조건 없는 사랑을 베풀기를 바라신다. "가는 정이 있으면 오는 정이 있다"는 인과응보적 사고로 삶을 대하는 전형적인 인간 본성과 얼마나 대조되는가. 우리가 다른 사람들을 사랑함으로써 하나님의 사랑에 화답하기를 바라시는 하나님의 뜻은 인과응보가 아니다. 그것은 은혜다! 은혜는 하나님에게서 무언가를 얻으려면 반드시 무언가를 해야 한다는 영적 조작, 이교도의 마법, 종교적 의식의 기반을 모조리 무너뜨린다. 서로 사랑해야 하는 보답의 당위성은 영적인 삶을 세속적인 주고받기 식으로 접근하는 태도를 바꾸어 하나님의 사랑을 입은 수혜자들이 그분의 은혜를 흘려보내는 통로가 되게 한다.

실제적 당위성(4:12). 요한이 "어느 때나 하나님을 본 사람이 없[다]"고 단언한 것은 이번이 처음이 아니다. 그는 복음서에서도 같은 주장을 했다. "본래 하나님을 본 사람이 없으되"(요 1:18). 복음서에서 요한이 말한 요지는 이것이다. 예수님이 사람들에게 하나님을 나타내지 않으셨다면 하나님 아버지의 성품은 추상적인 개념으로 감춰져 있었을 것이다. 하나님의 본질 자체는 육안으로 볼 수 없지만, 그리스도가 오셔서 하나님의 보이지 않는 것들을 드러내셨다.

그런데 요한일서 4장 12절에서 요한은 그리스도의 출현 외에 하나님이 자신의 성품을 세상에 드러내시는 다른 방법을 추가한다. "어느 때나 하나님을 본 사람이 없으되 만일 우리가 서로 사랑하면 하나님이 우리 안에 거하시고 그의 사랑이 우리 안에 온전히 이루어지느니라." (나중에 4장 17절에서도) "온전히 이루어지다"로 번역된 *teleioō*(5048)는 '완성하다', '끝내다', '끝을 맺다', '성취하다'는 뜻이다.[2] 하나님의 사랑은 우리가 서로 사랑할 때 우리 안에서 결실을 맺고 그 본연의 목적을 성취한다. 그리고 이 '완성된' 사랑은 세상에 하나님을 드러낸다.

사도 요한은 성육하신 신인(God-man)이신 예수님을 실제로 보고, 듣고, 만지기까지 한 얼마 안 되는 사람 중 하나였다(1:1). 2세기 이후로는 살아 있는 사람 중에 그렇게 예수님을 직접 만난 사람이 없었다. 우리는 예수님을 만난 사람들의 이야기를 읽고 그분을 믿지만, 그들처럼 물리적으로 그분을 체험하지는 못한다. 그 때문에 지금은 하나님의 성품을 나타내는 두 번째 방법이 아주 중요해진다. 우리는 성육하신 하나님의 아들을 보고, 듣고, 만지지 못하기에 지상에서 볼 수 있는 사랑이신 하나님의 성품을 입증하는 유일한 증거는 그리스도를 닮은 신자들의 사랑–신자들을 통해 흘러나오는 하나님의 사랑–이다. 하나님은 우리 안에 거하시며 우리를 통해 그분의 뜻을 이루기로 하셨고, 그 과정에서 우리는 더 그리스도를 닮게 된다. 우리는 눈에 보이지 않는 사랑의 하나님이 보내신 눈에 보이는 전령이 된다.

신자들의 삶에 나타나는 성령의 역사

1. 성령의 세례로 그리스도의 몸의 지체가 됨(고전 12:13).
2. 거듭나게 하심(요 6:63, 고후 3:6).
3. 구원을 인치심(엡 1:13–14).
4. 관계를 위해 내주하심(요 14:16–17, 고전 6:19).
5. 변화를 위해 성령을 충만케 하심(엡 5:18–21).
6. 순종할 힘을 주심(갈 5:22–23, 빌 2:12–13).

—4:13–16—

그리스도가 보여주신 사심 없는 사랑의 비길 데 없는 모본과 세상에서 하나님의 완전한 사랑의 전파자가 되라는 숭고한 소명을 생각하면 우리는 두 손을 번쩍 들고 이렇게 말할 수밖에 없을 것이다. "뭐라고요? 저는 포기합니다! 실제로 그런 사랑을 할 수 있는 건 그리스도 한 분밖에는 없어요!"

바로 그거다. 바로 거기가 당신이 있어야 할 지점이다. 4장 13–16절에서 요한은 우리를 그런 항복의 자세로 유도한다. 우리 스스로는 절대 이런 사랑을 나타내지 못한다. 그러나 하나님은 우리를 홀로 버려두지 않으셨다. 우리가 그리스도께 의지할 때 하나님은 삼위일체의 세 번째 위격을 우리에게 보내셔서 우리 안에 거하시며 능력을 주게 하셨다. 성령은 우리의 마음을 밝혀 예수 그리스도의 복음을 이해하게 하신다. 그분은 또 우리의 마음을 열어 그것을 받아들이겠다는 의지에 힘을 실어주신다.

그러나 성령은 거기서 멈추지 않으신다. 우리를 하나님의 생명과 하나로 묶어주시는 성령의 영원한 임재는 우리가 예수님을 하나님의 아들로 계속 고백할 수 있게 해주신다(4:15). 우리를 하나님의 생명에 접목시키시는 그 성령이 또 우리를 하나님의 사랑에 접붙이신다. 그래서 우리는 그 사랑의 수혜자일뿐만 아니라 통로이기도 하다(4:16). 요한은 4장 17절에서 이것을 분명히 밝힌다. "이로써 사랑이 우리에게 온전히 이루어진[다]." 그것은 무엇으로 이루어지는가? 각 사람에게 임한 성령의 영원한 임재를 통해 하나님이 우리 안에 거하심으로 이루어진다.[3]

한마디로 우리는 자력으로 하나님의 사랑을 실현하도록 이 땅에 남겨지지 않았다. 사실 그것은 불가능하다. 우리의 육신-죄성을 가진 타락한 상태인-안에서는 하나님이 보여주시는 아가페 사랑이 나오지 않는다는 사실을 잊으면 안 된다. 그러나 이 사랑은 모든 신자 안에 거하시는 성령의 열매 중 하나다(갈 5:22-23). 성령은 서로 사랑하라는 하나님의 명령을 성취하시기 위해 우리 안에서 일하신다.

—4:17-21—

요한일서 4장 12절에 나온 "온전히 이루어지다"라는 용어가 4장 17절에서도 의도된 목적을 이룬다는 뜻으로 쓰였다. 하나님의 사랑은 우리가 성령의 능력을 힘입어 서로에게 그 사랑을 표현할 때 우리 안에서 비로소 완성된다. 이 사랑이 우리 삶에서 무르익고 우리가 서로를 점점 더 깊이 사랑하게 되면 다음의 몇 가지가 실현된다.

첫째, 떳떳하게 심판 날을 맞이할 수 있다(4:17). 우리가 세상에 하나님의 성품을 보여줌으로써 우리와 그분과의 관계가 진실하다는 것을 입증하기 때문에 우리는 "심판 날에 담대함을 가[진다]." 이 약속은 2장 28절에서 요한이 이미 말한 내용을 그대로 되풀이한 것이다. "이로써 사랑이 우리에게 온전히 이루어진 것은 우리로 심판 날에 담대함을 가지게 하려 함이니." 언젠가 우리는 각자 하나님 앞에서 해명해야 한다(롬 14:12). 이 심판은 우리가 영생을 얻었는지를 결정하는 재판이 아니라 그리스도의 왕국에서 우리가 받을 보상을 결정하기 위해 우리가 맺은 결실을 평가하는 것이다(고전 3:10-15). 구원받아 성령이 내주하시는 우리는 그리스도의 재림을 두려워할 필요가 없다. 우리가 그분의 능력으로 서로 사랑한다면 우리는 담대하게 그분의 재림을 고대할 수 있다.

둘째, 형벌에 대한 두려움에서 벗어난다(요일 4:18). 형제들에 대한 성숙한 사랑이 있다면 우리 삶에는 두려움이 없을 것이다. 빛이 한순간에 어둠을 몰아내듯이 하나님의 사랑과 함께하는 삶은 두려움을 물리친다. 그러나 그 반대도 마찬가지다. 어떤 사람이 지옥, 그리스도의 재림, 또는 하나님의 진노와 형벌에 대한 두려움 속에서 산다면 그 사람은 그리스도로 말미암는 구원의 지식이 없거나 빛 가운데서 행하는 삶에서 이탈한 것이다.

셋째, 서로에 대한 사랑이 계속 커진다(4:19-21). 우리는 왜 사랑하는가? "그가 먼저 우리를 사랑하셨기 때문"이다. 우리가 먼저 그분을 사랑한 것이 아니다. 바울은 이렇게 썼다. "우리가 아직 죄인 되었을 때에 그리스도께서 우리를 위하여 죽으심으로 하나님께서 우리에 대한 자기의 사랑을 확증하셨느니라"(롬 5:8). 하나님이 먼저 하셨다. 그분의 사랑이 먼저 왔다. 우리의 사랑은 그분의 사랑에 대한 반응이고, 그분의 영으로 말미암아 가능해지며, 그리스도의 모본을 본뜬 것이다. 그러므로 우리가 그리스도를 더 닮아갈수록 서로에 대한 사랑도 자랄 것이다.

하나님을 진정으로 사랑하는 사람이 그리스도 안에 있는 형제자매에게 증오심을 품을 수 있을까? 구원을 통한 하나님의 수직적 사랑을 진심으로 받아들이고, 그 사랑을 수직적으로만 보답해서 관심과 애정을 모조리 하늘에 쏟는 것이 가능한가? 이것이 신비주의가 추구하는 궁극의 목표-홀로 은밀히 지고한 사랑의 고지에 올라가는 것-다. 이를테면 하나님을 사랑하고 하나님의 사랑을 받는 형언할 수 없는 경험 속으로 침잠하는 것. 그런 식으로 수직적 사랑만 추구하면 세상의 수평적인 것들-세상 사람들조차도-은 하나님을 사랑하는 데 방해가 된다.

사도 요한은 그리스도 안에 있는 형제자매를 무시하고, 등한시하며, 거부하고, 미워하는 이런 종류의 신비적이고, 개인적이며, 은밀한 하나님에 대한 사랑을 완전히 배제한다(요일 4:20). 하나님을 사랑한다고 주장하면서 "그 형제를 미워하는" 사람은 "거짓말쟁이"다. 왜일까? 모름지기 우리의 자비, 은혜, 자선, 애정, 조건 없는 사랑의 우선순위는 눈앞에 있는 그리스도 안의 형제자매여야 하기 때문이다. 하나님은 눈으로 볼 수 없고, 만질 수 없으며, 도달할 수 없다. 아무리 명상이나 만트라를 많이 해도 우리가 속한 물리적 세계와 천국

사이의 간극을 메울 수는 없다. 하나님이 우리 앞에 두신 사람들도 사랑하지 못하면서 어떻게 눈에 보이지 않는 하나님을 진심으로 사랑한다고 진지하게 주장할 수 있겠는가?

하나님에 대한 우리의 사랑은 다른 사람들을 향한 우리의 사랑에서 드러나야 한다. 그렇지 않으면 그것은 가짜다. 우리가 서로 사랑할 때 우리는 먼저 우리를 사랑하신 하나님을 나타낸다.

적용: 요한일서 4:7–21
서로 사랑하기

우리는 서로 사랑해야 한다. 주일 예배 때 옆에서 예배드리고, 주일학교에 함께 앉아 있고, 유아실에서 함께 봉사하고, 복도에서 조용히 지나치는 그리스도 안에 있는 형제자매를 사랑해야 한다. 우리는 그들을 무조건, 사심 없이, 희생적으로 사랑해야 한다.

그렇다면 어떻게 사랑해야 하는가? 그 사랑은 어떤 모습이어야 하는가? 주일 아침 헌금함에 얼마간의 돈을 넣어서 그리스도 안에 있는 형제가 더위를 먹지 않도록 에어컨을 틀 수 있으면 되는가? 아니면 주 예수님은 무언가 더 확실한 것, 더 실제적인 것을 바라시는가?

그리스도 안에 있는 우리의 형제자매를 진심으로 사랑하는 것이 어떤 모습인지에 대한 더 명확한 그림을 얻기 위해 시간을 들여 서로 사랑하라는 개념을 구체적으로 보여주는 몇 구절을 묵상하라. 아래의 여섯 구절에 나오는 사랑을 생각할 때 기대되는 구체적인 행동을 요약해서 적으라. 그런 다음 이 사랑을 실천할 대상을 적으라. 표를 완성했으면 내주하시는 성령의 능력으로 사랑하라는 그리스도의 명령에 따라 어떻게 살아야 할지 기도하며 생각해보라.

구절	행동	대상
요한복음 15:12–13		
로마서 12:9–13		
로마서 13:8–10		

갈라디아서 5:13-15		
에베소서 4:1-3		
히브리서 10:24-25		

믿는 자, 이기는 자, 증언하는 자(요한일서 5:1-12)

1예수께서 그리스도이심을 믿는 자마다 하나님께로부터 난 자니 또한 낳으신 이를 사랑하는 자마다
그에게서 난 자를 사랑하느니라 2우리가 하나님을 사랑하고 그의 계명들을 지킬 때에 이로써 우리가
하나님의 자녀를 사랑하는 줄을 아느니라 3하나님을 사랑하는 것은 이것이니 우리가 그의 계명들을
지키는 것이라 그의 계명들은 무거운 것이 아니로다 4무릇 하나님께로부터 난 자마다 세상을 이기느
니라 세상을 이기는 승리는 이것이니 우리의 믿음이니라

5예수께서 하나님의 아들이심을 믿는 자가 아니면 세상을 이기는 자가 누구냐 6이는 물과 피로
임하신 이시니 곧 예수 그리스도시라 물로만 아니요 물과 피로 임하셨고 증언하는 이는 성령이시니
성령은 진리니라 7증언하는 이가 셋이니 8성령과 물과 피라 또한 이 셋은 합하여 하나이니라 9만일
우리가 사람들의 증언을 받을진대 하나님의 증거는 더욱 크도다 하나님의 증거는 이것이니 그의 아
들에 대하여 증언하신 것이니라 10하나님의 아들을 믿는 자는 자기 안에 증거가 있고 하나님을 믿지
아니하는 자는 하나님을 거짓말하는 자로 만드나니 이는 하나님께서 그 아들에 대하여 증언하신 증
거를 믿지 아니하였음이라 11또 증거는 이것이니 하나님이 우리에게 영생을 주신 것과 이 생명이 그
의 아들 안에 있는 그것이니라 12아들이 있는 자에게는 생명이 있고 하나님의 아들이 없는 자에게는
생명이 없느니라

성경 전반에 걸쳐 신자를 일컫는 명칭은 다양하다. 우리는 그리스도인, 제자, 추종자, 성도, 양, 소금, 빛, 그리스도의 대사, 그리스도의 몸의 지체, 왕의 제사장, 외국인, 이방인, 그리스도의 종, 하나님의 백성으로 불린다. 보석상이 밝은 빛 아래서 다이아몬드를 이리저리 돌려 보듯이, 각 명칭은 우리의 성품, 역할, 지위, 특권 등의 여러 측면을 드러낸다.

요한은 서신 말미에 신자들을 가리키는 명칭을 두 가지 더 소개하고 하나님의 아들에 대해 동일한 증언을 하는 세 증인에 관해 알려준다. 그것은 모두 우리가 하나님의 영원한 가족이 되는 것이 어떤 의미인지를 더 깊이 이해할 수 있게 해준다. 이 단락의 마지막 두

소절에서 우리는 하나님의 말씀을 통틀어 복음에 대한 가장 명확한 진술 중 하나를 만나게 된다.

—5:1-3—

왕년의 위대한 성경 교사 메릴 테니(Merrill Tenney)는 요한복음의 취지를 이렇게 요약했다.

> 요한복음은 '믿는다'는 말이 예시하듯이 시종일관 독자들로 하여금 믿음을 받아들이게 하려고 애쓴다. 기초가 되는 헬라어 *pisteuo*는 이 복음서에서 적어도 98회 이상 쓰였고, 신뢰나 헌신으로 번역된 경우도 있지만, 일반적으로 '믿는다'로 번역되었다. 이것은 어떤 명제에 대한 단순한 동의를 의미하는 것이 아니라 대개 개인적인 주장에 대한 인정 또는 어떤 이상이나 사람에 대한 개인적인 헌신을 뜻한다. 요한은 자기 독자들을 안정된 믿음으로 이끌려고 노력했다.[4]

사도 요한은 필생의 사역을 마무리할 때가 다가오자 복음을 전파하려는 목적-그의 독자들이 성육하신 예수 그리스도가 이루신 일을 유일한 구원의 수단으로 믿고, 헌신하며, 신뢰하고, 의지하게 하는 것-으로 네 번째 복음서를 썼다. 그러나 비슷한 시기에 쓴 요한일서에서는 독자들이 이미 진정한 믿음으로 그리스도를 받아들인 것으로 전제했다. 그들은 예수님이 자기들의 죄를 위해 죽으시고 죽음에서 부활하신 신인(God-man)이며 약속된 메시아라고 믿었다. 예수님을 그리스도로 믿는 이 믿음(5:1)은 폭발의 파동처럼 세상 밖으로 퍼져나가는 영적 축복의 진원지가 되었다.

첫째, 신자는 "하나님께로부터 난 자"(5:1)다. 이 말을 이해하려면 요한복음 3장을 보면 된다. 거기서 예수님은 니고데모에게 이렇게 말씀하셨다. "진실로 진실로 네게 이르노니 사람이 거듭나지 아니하면 하나님의 나라를 볼 수 없느니라"(요 3:3). "거듭났다"는 것은 "성령으로 났다는"(요 3:5-6, 8) 뜻이다. 베드로는 그의 첫 번째 서신서에서 영적으로 새로 태어나는 것에 대한 예수님의 가르침을 회상하며 이렇게 썼다. "우리 주 예수 그리스도의 아버지 하나님을 찬송하리로다 그의 많으신 긍휼대로 예수 그리스도를 죽은 자 가운데서 부활하게 하심으로 말미암아 우리를 거듭나게 하사 산 소망이 있게 하시며"(벧전 1:3). 그리고 이렇게 덧붙였다. "너희가 거듭난 것은 썩어질 씨로 된 것이 아니요 썩지 아니할 씨로 된 것이니 살아 있고 항상 있는 하나님의 말씀으로 되었느니라"(벧전 1:23).

둘째, 거듭난 신자는 아버지와 사랑의 관계를 맺는다(요일 5:1). 그리스도를 믿어 성령으로 거듭난 우리는 하나님의 영원한 가족으로 받아들여진 하나님의 영적 자녀다. 우리 안에 계신 성령은 우리가 하나님 아버지를 사랑하도록 이끄신다. 갈라디아서 4장 6절에서 바울은 이렇게 썼다. "너희가 아들이므로 하나님이 그 아들의 영을 우리 마음 가운데 보내사 아빠 아버지라 부르게 하셨느니라." 아람어로 *Abba*(아바)는 가장을 친숙하게 부르는 애칭이다. 바울은 우리가 하나님의 자녀가 되었으며 그분과 친밀한 관계를 누린다는 것을 강조하기 위헤 이 단어를 사용했다.

하나님의 자녀로 맺어진 새로운 관계는 단순한 신분의 변화 이상이다. 그것은 체험된다. 그것은 하나님이 우리를 의롭다고 선포하시는 데서 그치지 않는다. 하나님은 우리를 그분의 자녀로 선언하는 법적 문서에 서명하셨을 뿐만 아니라 우리에게 성령을 주셔서 아들로 인치셨다. 우리가 그리스도와 연합해서 하늘 아버지의 아들이신 그리스도와 하나님의 관계에-자녀로 입양되어-참여하게 되면 우리도 하나님을 "*Abba*"라고 부를 수 있고, 성령을 통해 하나님과 개인적인 가족 관계를 맺는다(롬 8:15).

셋째, 우리와 하늘 아버지와 사랑으로 맺어진 가족 관계는 하나님의 동료 자녀들과 사랑을 나누는 가족 관계로 확장된다(요일 5:1-2상). 요한은 아버지를 사랑하는 사람은 영적 형제(5:1)인 다른 "하나님의 자녀[들]"(5:2)도 사랑할 것이라고 말한다. 특히 하나님이 서로 사랑하라고 명령하셨기 때문에 입양된 자녀로 하나님 아버지와 사랑하는 가족 관계 속에 있으면서 그리스도 안에 있는 다른 형제자매를 경멸하는 것은 요한으로서는 상상도 할 수 없는 일이다.

넷째, 우리는 하나님과 다른 사람들과 사랑하는 가족 관계로 맺어져 있기 때문에 자연히 그분의 명령에 기꺼이 순종하게 된다(5:2하-3). 이 명령은 예수님이 말씀하신 것처럼 모든 율법의 초석이다.

> 예수께서 이르시되 네 마음을 다하고 목숨을 다하고 뜻을 다하여 주 너의 하나님

> 을 사랑하라 하셨으니 이것이 크고 첫째 되는 계명이요 둘째도 그와 같으니 네 이웃을 네 자신 같이 사랑하라 하셨으니 이 두 계명이 온 율법과 선지자의 강령이니라(마 22:37-40).

이 두 개의 명령은 동전의 양면과 같다. 한쪽이 없으면 다른 쪽도 있을 수 없다. 이 둘은 불가분의 관계다.

하나님의 명령은 "무겁지 않다"는 점에 주목하라. 여기서 "무거운"으로 번역된 헬라어는 *barys*(926)로, 예수님이 바리새인들에 대해 말씀하실 때 사용하셨다. "또 무거운 짐을 묶어 사람의 어깨에 지우되 자기는 이것을 한 손가락으로도 움직이려 하지 아니하며"(마 23:4). 성령의 능력을 힘입은 사랑이 우리를 움직일 때 하나님의 명령은 짐이 아니라 기쁨이 된다. 그 기쁨은 아버지와 그분의 영적 자녀들에 대한 사랑으로 가득 찬 마음에서 흘러나온다.

—5:4-5—

요한은 5장 4절에서 하나님을 사랑하고 다른 사람들을 사랑하라는 명령을 따르는 것이 짐스럽거나 싫지 않은 이유를 설명한다. 거듭난 사람들은 "세상을 이기[기]"(5:4) 때문이다. "이기다"로 번역된 동사는 *nikaō*(3528)이며, '정복하다'는 뜻도 있다. 여기서 요한은 그리스도를 믿음으로써 성령의 내적 사역으로 사탄과 세상-심신을 허약하게 만드는 속임수와 파괴적인 유혹을 포함해-을 이기는 사람들을 일컫는 데 이 용어를 사용한다. 그는 5장 4절에서 이것을 분명히 밝힌다. "세상을 이기는 승리는 이것이니 우리의 믿음이니라."

세상을 이기는 것은 선행이나 개인의 인내가 아니라 믿음이라는 점에 유의하라. 무엇에 대한 믿음인가? 예수 그리스도가 성취하신 일과 성령의 권능에 대한 믿음이다. 요한은 눈곱만큼이라도 우리 힘을 보태어 세상을 이긴다는 오해의 여지를 남기지 않으려고 이 점을 충분히 밝힌다. "예수께서 하나님의 아들이심을 믿는 자가 아니면 세상을 이기는 자가 누구냐"(5:5).

거듭남-오직 그리스도만 믿음으로써 오직 은혜로 이루어지는-은 우리에게서 세상의 지위를 지우고 하나님의 가족에 속하게 한다. 믿음을 통해 은혜로만 얻는 그 새로운 관계 속에서 우리는 사랑하라는 하나님의 명령을 수행할 수 있는 기회를 얻는다. 우리의 내면이 그럴 수 있도록 준비된다. 그러니 바울이 이렇게 외칠 수 있었던 것이 놀랍지 않다. "누가 우리를 그리스도의 사랑에서 끊으리요 환난이나 곤고나 박해나 기근이나 적신이나 위험이나 칼이랴…그러나 이 모든 일에 우리를 사랑하시는 이로 말미암아 우리가 넉넉히 이기느니라"(롬 8:35, 37).

—5:6-12—

우리는 그리스도를 믿고 그분과 하나가 되었다. 우리는 예수님이 "아빠"라고 부르신 그 하늘 아버지의 자녀가 되었다! 우리는 그리스도의 지상 사역 때 그분께 권능을 주셨던 그 성령이 주시는 힘을 받는다. 그러나 요한이 이 책에서 이미 밝혔듯이 21세기와 마찬가지로 1세기에도 성부, 성자, 성령에 대한 불경스러운 믿음을 가진 거짓 교사들이 있었다. 그들은 하나님의 거룩하심을 의심한다. 그들은 그리스도의 신성을 부인한다. 그들은 예수님의 죽음이 우리 죄를 대속하실 수 있다는 생각에 코웃음을 친다. 그들은 예수님의 부활을 신화라고 말한다. 그들은 성령을 가장 지고한 인간 본성, 우리 모두를 고취시키는 내면의 목소리로 축소한다.

하나님의 자녀들이 비판하는 자들과 사기꾼들을 맞닥뜨릴 것을 알았던 요한은 예수님께로 주의를 돌리면서 그리스도의 신성한 역할을 입증하는 세 가지 증거를 언급한다. 다음은 요한이 수십 년 전에 직접 목격한 세 가지 증거다. 그는 예수 그리스도가 "물과 피로 임하[셨다고]"(요일 5:6) 말한다. 물과 피와 함께 성령이 친히 증거하심으로써 그리스도의 인격과 사역에 관해 서로 완전히 일치하는 세 가지 증거-"성령과 물과 피"(5:7-8)-를 이룬다.

이쯤에서 당신은 요한이 무슨 말을 하는지 몰라서 머리를 긁적일 수도 있다. 여러 사람이 "성령과 물과 피"를 다양하게 해석했는데, 내가 요한이 이 구절에 사용한 언어에서 가장 그럴 법하다고 생각하는 의미와 그 이유를 제시하겠다. 다른 것들을 해석하는 데 실제로 도움이 되기 때문에 쉬운 것부터 시작하겠다. 성령은 언제 그리스도에 대해 증언하거나 증명하셨는가?

사실 그리스도에 대한 성령의 증언은 선지자들을 감동시켜 오실 메시아에 대해 쓰게 한 구약성경부터 시작되었다(참조. 눅 24:27, 44 , 벧후 1:21). 그러나 사도 요한은 더 직접적인 증언을 생각하고 있었다. 어쨌든 그는 세례 요한의 사역을 목격했다. 사실 나는 사도 요한이 요한복음 1장 35–37절에 나오는 세례 요한의 두 제자 중 하나였고, 다른 하나는 안드레였다고 확신한다. "또 이튿날 요한이 자기 제자 중 두 사람과 함께 섰다가 예수께서 거니심을 보고 말하되 보라 하나님의 어린 양이로다 두 제자가 그의 말을 듣고 예수를 따르거늘."

원래 세례 요한의 제자였던 사도 요한은 바로 전날 예수님이 세례 받으시던 현장에 있었을 것이다. 여하튼 그는 예수님의 세례에 관한 세례 요한의 증언을 분명히 들었다. "요한이 또 증언하여 이르되 내가 보매 성령이 비둘기 같이 하늘로부터 내려와서 그의 위에 머물렀더라 나도 그를 알지 못하였으나 나를 보내어 물로 세례를 베풀라 하신 그이가 나에게 말씀하시되 성령이 내려서 누구 위에든지 머무는 것을 보거든 그가 곧 성령으로 세례를 베푸는 이인 줄 알라 하셨기에"(요 1:32–34). 성령은 예수님이 세례 받으실 때 눈에 보이는 형체로 내려오셨을 뿐만 아니라 예수님이 사역하실 때에도 놀라운 기적들을 계속 행하셨다. 물론 사도 요한은 예수님이 신성한 아들이심을 입증하는 대부분의 현장에 있었다.

그래서 사도 요한은 성령의 증언을 목도할 기회가 많았다. 뿐만 아니라 그가 "물"의 증언이라고 한 것도 목격했다(요일 5:6–8). 나는 이것은 예수님의 세례 사건을 여기서 다시 언급한 것이라고 생각한다. 그러나 이번에 요한은 우리를 위해 마태복음에 기록된 그 사건의 다른 측면에 초점을 맞춘다. 성령이 물속에 계신 예수님께 내려왔을 때 하늘에서 선포하는 음성이 들렸다. "이는 내 사랑하는 아들이요 내 기뻐하는 자라"(마 3:17). 하나님 아버지의 육성이라는 하늘에서 전달된 이 강력한 증언은 평생 사도 요한에게 영향을 미쳤을 것이다. 훗날 예수님이 변모하실 때 구름 속에서 한 목소리가 "이는 내 사랑하는 아들이요 내 기뻐하는 자니 너희는 그의 말을 들으라"(마 17:5)고 선포했던 변화산 사건의 목격자로 뽑힌 세 명의 제자 중 하나가 사도 요한이었다는 사실을 돌이켜보면 흥미롭다. 요한은 그 하늘의 음성–세례 받으시던 강과 변화산의 구름 속에서 들려온–을 아버지 하나님이 예수님이 아들이심을 증언하시는 완벽한 증거로 생각했을 것이다.

그다음에 "피"의 증언이 나온다(요일 5:6–8). 확신하건대 여기서 말하는 "피"는 예수님이 십자가 위에서 죽으신 것을 가리킨다. 십자가에서 예수님이 흘리신 피는 "죄 사함을 얻

하늘에서 증언하는 세 증인?(요한일서 5:7)

현대의 성경 번역본 대부분은 요한일서 5장 7-8절을 "증언하는 이가 셋이니 성령과 물과 피라 또한 이 셋은 합하여 하나이니라"고 번역했다. 그러나 일부 오래된 성경 번역본-특히 1611년에 쓰인 킹제임스 성경-에는 7절에 삼위일체를 명확히 언급한 한 구절이 더 있다(밑줄 친 부분). "왜냐하면 하늘에서 증언하는 셋, 아버지, 말씀, 성령이 계시기 때문이다. 그리고 이 셋은 하나다. 그리고 이 땅에서 증언하는 셋 곧 성령, 피, 물이 있다. 그리고 이 셋은 합하여 하나다."

현대 번역본은 왜 아버지, 말씀, 성령의 연합에 대한 언급을 없앴을까? 삼위일체를 부정하는 이단의 영향을 받았을까? 아니면 편집상의 실수였을까? 그들은 불경한 번역가들이었을까? 아니면 수 세기 동안 아무도 고칠 생각을 하지 않은 무고한 실수였을까?

실상은 학자들 사이에서 요한의 쉼표(Comma Johanneum)로 불리는 이 삽입구가 킹제임스 성경이 번역된 이후 요한의 원본 편지에 삽입되었다는 확실한 증거를 발견했기 때문에 현대 번역가들이 제외한 것이다. 이 구절은 사도 요한이 쓴 것이 아니다. 신약성경 학자 브루스 메츠거(Bruce Metzger)는 다음과 같이 말한다. "이 구절은 가짜이며 신약성경에 포함될 자격이 없는 것이 확실하다."[5] 이 결론을 뒷받침해주는 몇 가지 사실이 있다.

첫째, 요한일서의 원문을 찾기 위해 우리가 사용할 수 있는 수백 개의 헬라어 사본 중 딱 여덟 개에만 요한의 쉼표 구절이 들어 있다. 이 여덟 개 중 두 개는 16세기 것이고, 하나는 18세기 것이다. 나머지 다섯 개에는 원래 이 구절이 없었는데 나중에 첨가되었다! 요컨대, 필사자가 이 구절을 원문에 집어넣어 필사한 최초의 필사본은 종교개혁 때의 것이다![6]

둘째, 요한의 쉼표는 신뢰할 만한 헬라어 사본이 없는 것 외에도 역사적인 뒷받침도 부족하다. 시리아어, 콥트어, 아르메니아어, 에티오피아어, 아랍어, 슬라브어 그리고 초기 라틴어 같은 고대 헬라어 성경 번역본에도 이 구절은 전혀 나오지 않는다.[7] 라틴어 사본에 처음 나타난 것은 6세기경 로마 가톨릭 불가타 성경(라틴어로 번역된 성경)의 후기 편집본에서다. 또한 이 구절에 대한 지식을 분명히 보여준 최초의 역사적인 인물은 4세기의 스페인 이교도였다. 5세기에 일부 라틴어권 교회 교부들이 이 구절을 언급하기 시작했지만, 헬라권 교부들은 아무도 이 구절의 존재를 알지 못했던 것으로 보인다.[8]

이 구절의 신빙성에 대한 증거가 이렇게 빈약한데 어떻게 이 구절이 중세 시대에 로마 가톨릭 불가타 성경과 종교개혁 이후에 킹제임스 성경에 삽입되었을까? 메츠거는 요한의 쉼표가 "원문의 셋을 삼위일체를 상징하는 것으로 이해하면서 발생했으며…처음에는 난외의 주석으로 쓰였다가 나중에 본문에 포함되었을 것이다"라고 설명한다.[9]

종교개혁 당시 로마 가톨릭 학자 에라스무스는 1516년에 헬라어 신약성경 초판을 발행하면서 요한의 쉼표 구절을 처음으로 제외했다. 왜 그랬을까? 그가 헬라어 성경을 조판하고 인쇄하기 시작했을 때 그가 사용할 수 있는 헬라어 사본 중 그 구절이 들어 있는 것이 하나도 없었기 때문이다. 그러나 로마 가톨릭 교회의 공식 번역본인 불가타 성경에는 이 삽입구가 들어 있었기 때문에 교회 지도자들은 에라스무스에게 이 요한의 쉼표 구절을 넣도록 압력을 가했다. 그래서 그는 1521년 판에 분명한 단서를 달아서 이 구절을 집어넣었다.[10] 일단 이 구절이 추가되자 훗날 에라스무스의 편집본을 기초로 헬라어 신약성경을 출판한 편집자들은 그것이 하나님의 말씀일 수도 있다는 두려움에 그 구절을 없애지 못했다. 그래서 1611년에 킹제임스 성경을 편찬한 번역가들은 요한의 쉼표를 포함시켰다.

그러나 현대 번역본은 로마 가톨릭 교회의 라틴어 불가타 성경과 정치적 압력을 받은 에라스무스의 헬라어 신약성경의 오류를 수정해 원래 사도 요한이 짧게 쓴 대로 요한일서 5장 7-8절을 복원했다.

게 하려고 많은 사람을 위하여 흘리는"(마 26:28) 것이었다. 요한은 예수님이 최후의 만찬에서 이 예언적 말씀을 하실 때 거기 있었다. 그는 예수님이 십자가에 달리실 때 십자가 밑에 있었다(요 19:25-27). 그리고 그는 복음서에서 한 병사가 창으로 예수님의 옆구리를 찔렀을 때 "곧 피와 물이"(요 19:34-35) 나왔다는 사실을 강조했다.

요한이 예수님의 옆구리에서 물과 피가 쏟아진 것을 직접 목격하고 증언한 것이 왜 그렇게 중요한가? 요한일서를 쓸 당시에 가현적 영지주의자들로 알려진 거짓 교사들이 예수님은 사실 육체가 없는 유령이거나 설령 어떤 종류의 육신을 가졌어도 정말로 죽은 것이 아니라는 주장을 하고 있었음을 잊지 말라. 그리스도의 대속의 죽음은 기독교 신앙의 요체이기 때문에 사도 요한은 예수님이 정말 육체적으로 죽으셨다는 사실을 강조한 것이다. "이를 본 자가 증언하였으니 그 증언이 참이라 그가 자기의 말하는 것이 참인 줄 알고 너희로 믿게 하려 함이니라"(요 19:35).

여기서도 요한은 십자가에서 성취된, 성령의 영감을 받은 성경 말씀을 언급하면서 성령의 증언에 기댄다. "이 일이 일어난 것은 그 뼈가 하나도 꺾이지 아니하리라 한 성경을 응하게 하려 함이라 또 다른 성경에 그들이 그 찌른 자를 보리라 하였느니라"(요 19:36-37). 그렇게 예수님은 피의 고난과 죽음으로 당신이 죄를 위해 죽을 대망의 메시아이심을 직접 입증하셨다.

이뿐 아니라 예수님이 돌아가셨을 때 주변 지역 역시 그분이 죽음의 지배를 받는 한낱 필멸의 존재가 아님을 보여주는 놀라운 현상을 경험했다. 칠흑 같은 어둠이 땅을 덮었고, 큰 지진이 지축을 흔들었으며, 성전의 휘장이 찢어졌다(마 27:45-51). 그리스도의 죽음과 함께 나타난 이런 놀라운 표적들로 인해 한 백부장은 저절로 이렇게 외쳤다. "이 사람은 진실로 하나님의 아들이었도다"(막 15:39).

이것이 요한이 말하는 "성령과 물과 피"의 세 증언이다(요일 5:6-8). 이 증거들은 모두 예수님이 죽을 수밖에 없는 인간이 아니며, 유령 같은 천상의 존재만도 아니라는 사실을 보여준다. 고대하던 메시아로 온 신인(God-man)이신 그분의 정체성은 그분의 삶의 시작부터 끝까지 성부, 성자, 성령의 숱한 초자연적인 증거로 입증되었다. 아들에 대한 하나님의 이 증언은 인간의 어떤 증언보다도 강력하다(5:9). 하나님이 자기 아들의 신분과 역사에 대해 친히 하신 증언을 부정하는 것은 하나님을 거짓말쟁이로 만드는 것이다(5:10). 그런 사람이 영원한 형벌 외에 하나님에게서 무엇을 기대할 수 있겠는가?

그러나 아들에 관한 증언을 믿은 사람은 "하나님이 우리에게 영생을 주신 것과 이 생명이 그의 아들 안에 있[다]"(5:11)는 진리를 고스란히 받아들였다. 나는 이 선물의 과거 시제적 특성을 다시 한번 강조한다. 영생은 우리가 성장해서 이루는 것이 아니다. 영생은 우리가 받는 상이나 노고에 대한 보상이 아니다. 성취의 결과물도 아니다. 영생은 바울이 에베소서 2장 8-9절에서 말했듯이, 오직 그리스도만 믿음으로 오직 은혜로 말미암아 주어진다. "너희는 그 은혜에 의하여 믿음으로 말미암아 구원을 받았으니 이것은 너희에게서 난 것이 아니요 하나님의 선물이라 행위에서 난 것이 아니니 이는 누구든지 자랑하지 못하게 함이라."

요한일서 5장 12절에서 요한은 이 기본 진리를 현재 시제로 쓰면서 더 깊이 들어간다. "아들이 있는 자에게는 생명이 있고 하나님의 아들이 없는 자에게는 생명이 없느니라." 요한은 아들이 있는 자들은 단순히 영생에 접근할 수 있다거나 영생에 대한 소망이 있다고 말하지 않는다. 그들은 지금 실제로 영생을 소유하고 있다. 이 생명은 빼앗기거나 잃어버릴 수 없다. 그렇지 않다면 요한이 그것을 "영생"으로 부를 수 없었다. 요한은 의문의 여지없이 분명하다. 당신에게 아들이 있다면-구원을 위해 그분만 신뢰한다면-당신은 생명을 소유하고 있다.

적용: 요한일서 5:1-12

신분에 어울리는 삶

이 열두 구절 속에서 사도 요한은 몇 가지 중요한 논제를 다룬다. 그리스도인으로서 우리의 정체성은 견고한 기반 위에 튼튼히 세워졌고, 그것을 세 개의 기둥이 든든히 받쳐준다. 우리는 하나님에게서 난 신자들이다(5:1-3). 우리는 그리스도를 통해 이기는 자들이다(5:4-5). 우리는 성령의 증언을 전하는 증인이다(5:6-12). 이 각각의 중심 진리에 대한 개인적인 적용을 생각해보자.

우리는 하나님에게서 난 신자들이다. 우리는 그리스도를 믿음으로써 하나님에게서 났기 때문에 하늘에 계신 한 아버지의 자녀들이다. 그러나 일부 신자가 교회에서 서로를 대하는 방식을 보면 음모를 꾸미고, 험담하며, 공모하고, 대놓고 충돌하는 저질 리얼리티 쇼의 일부라고 생각될 정도다! 우리가 '하나님의 자녀'라는 신분에 맞게 산다면 그리스도 안에 있는 형제자매를 희생적인 사랑과 존경으로 대할 것이다.

우리는 그리스도를 통해 이기는 자들이다. 그리스도 안에 있는 형제자매여, 이기는 자라는 당신의 신분을 깨닫고 하나님의 자녀로서 이기기 위해 성령의 능력을 붙들 때 모든 것이 변할 것이다. 당신은 더는 유혹이나 실패에 걸려 넘어져 끝없이 패배하는 삶을 살지 않아도 된다. 극복하지 못할 것이 뻔한 역경과 극한의 위기에 몰려도 겁먹지 않는다. 더는 박해자들을 두려워하거나 적에게 주눅들지 않는다. 그것은 앞에서 요한이 썼듯이, "자녀들아 너희는 하나님께 속하였고 또 그들을 이기었나니 이는 너희 안에 계신 이가 세상에 있는 자보다 크심"(4:4)이기 때문이다.

우리는 성령의 증거를 전하는 증인이다. 요한은 하나님의 아들을 믿는 자는 "자기 안에 증거가 있[다]" – 성령과 물과 피의 증거–고 말한다(5:10). 이 증거로 우리는 무엇을 해야 하는가? 예수님이 우리를 위해 이 질문에 직접 답하셨다. "너희는 세상의 빛이라 산 위에 있는 동네가 숨겨지지 못할 것이요 사람이 등불을 켜서 말 아래에 두지 아니하고 등경 위에 두나니 이러므로 집 안 모든 사람에게 비치느니라 이같이 너희 빛이 사람 앞에 비치게 하여 그들로 너희 착한 행실을 보고 하늘에 계신 너희 아버지께 영광을 돌리게 하라"(마 5:14-16). 증거를 가진 자로서 증언하라! 당신의 말과 행동으로 증언하라! 주저하지 말라. 당신의 빛을 비추라!

절대적 확신(요한일서 5:13-21)

13내가 하나님의 아들의 이름을 믿는 너희에게 이것을 쓰는 것은 너희로 하여금 너희에게 영생이 있
음을 알게 하려 함이라 14그를 향하여 우리가 가진 바 담대함이 이것이니 그의 뜻대로 무엇을 구하면
들으심이라 15우리가 무엇이든지 구하는 바를 들으시는 줄을 안즉 우리가 그에게 구한 그것을 얻은
줄을 또한 아느니라

16누구든지 형제가 사망에 이르지 아니하는 죄 범하는 것을 보거든 구하라 그리하면 사망에 이르
지 아니하는 범죄자들을 위하여 그에게 생명을 주시리라 사망에 이르는 죄가 있으니 이에 관하여 나
는 구하라 하지 않노라 17모든 불의가 죄로되 사망에 이르지 아니하는 죄도 있도다

[18]하나님께로부터 난 자는 다 범죄하지 아니하는 줄을 우리가 아노라 하나님께로부터 나신 자가
그를 지키시매 악한 자가 그를 만지지도 못하느니라 [19]또 아는 것은 우리는 하나님께 속하고 온 세상
은 악한 자 안에 처한 것이며 [20]또 아는 것은 하나님의 아들이 이르러 우리에게 지각을 주사 우리로
참된 자를 알게 하신 것과 또한 우리가 참된 자 곧 그의 아들 예수 그리스도 안에 있는 것이니 그는
참 하나님이시요 영생이시라
[21]자녀들아 너희 자신을 지켜 우상에게서 멀리하라

내가 아는 사람 중 노스웨스트에서 자란 두 청년이 있다. 그들은 인생의 중요한 순간을 맞을 때마다 어머니가 쓰신 편지를 읽는다. 아들이 어린아이에서 남자로 성장해갈 때 어머니가 눈에 익은 손글씨로 써서 보낸 격려와 권면의 편지, 생일, 성탄절, 고등학교 졸업을 축하하는 편지들이다. 이 소년들에게 보낸 엄마의 편지는 그지없이 애틋한 사랑의 표현이다. 액자에 넣어 놓고 보아도 좋을 글이다

그들은 왜 엄마의 편지를 그토록 소중히 여길까? 그 청년들의 어머니는 그들이 아주 어렸을 때 암으로 돌아가셨기 때문이다. 암은 그 어머니를 하루가 다르게 갉아먹었지만, 그녀는 병상에 누워 죽을 날만 기다리지 않고 아들들이 맞이할 특정한 시기에 전달될 편지를 쓰면서 시간을 보냈다. 때마다 소년들의 아버지가 편지를 전달했고, 아이들은 엄마에게서 그지없이 따뜻한 사랑의 말을 들을 수 있었다.

마찬가지로, 사도 요한은 모든 하나님의 영적 자녀에게 액자에 넣어 보관할 만한 편지-그지없는 애틋함이 담긴 사랑의 편지-를 남겼다. 격려와 권고의 편지, 경고와 지침을 주는 편지, 절대적인 확신을 주는 편지다. 이 편지 곧 요한일서는 수 세기 동안 우리를 위해 보존되었다. 이것은 솔직담백하면서도 심오하고 실제적인 사랑의 편지다.

—5:13—

요한은 앞 단락을 멋진 확신의 말로 끝냈다. "하나님이 우리에게 영생을 주신 것과 이 생명이 그의 아들 안에 있는 그것이니라 아들이 있는 자에게는 생명이 있고 하나님의 아들이 없는 자에게는 생명이 없느니라"(요일 5:11-12). 5장 13절에서는 단연 기억할 만한 가치가 있는, 확신에 대한 예리한 진술로 편지를 마무리하기 시작한다. 요한은 독자들에게 이토

록 깊은 애정의 편지를 쓴 목적을 명확히 설명한다. 그가 "이것", 곧 요한일서를 쓴 이유는 그들에게 영생이 있음을 알게 하려는 것이었다(5:13). 하지만 지금 영생을 소유하고 있다는 이 확언은 "하나님의 아들의 이름을 믿는 자들"에게만 국한된다. 오로지 그리스도의 인격과 사역을 믿는 자들은 자기가 영생을 소유했음을 알 수 있다. 구원의 확신은 가능성의 문제가 아니다. 그것은 오직 그리스도 안에서 오직 은혜로 말미암아 오직 믿음으로 받는 구원의 선물이다.

"알다"로 번역된 동사 *oida*(1492)는 요한일서에 통틀어 15번 나온다. 이중 거의 절반이 이 마지막 단락에 집중되어 있다. 요한은 편지를 마무리하면서 독자들에게 확고한 지식을 전달해서 흔들리지 않는 확신의 토대를 마련해주고 싶어한다. 그는 독자들에게 무엇을 알리고 싶어 했을까?

> 내가 하나님의 아들의 이름을 믿는 너희에게 이것을 쓰는 것은 너희로 하여금 너희에게 영생이 있음을 알게 하려 함이라(5:13).

> 우리가 무엇이든지 구하는 바를 들으시는 줄을 안즉 우리가 그에게 구한 그것을 얻은 줄을 또한 아느니라(5:15).

> 하나님께로부터 난 자는 다 범죄하지 아니하는 줄을 우리가 아노라 하나님께로부터 나신 자가 그를 지키시매 악한 자가 그를 만지지도 못하느니라(5:18).

> 또 아는 것은 우리는 하나님께 속하고 온 세상은 악한 자 안에 처한 것이며(5:19).

> 또 아는 것은 하나님의 아들이 이르러 우리에게 지각을 주사 우리로 참된 자를 알게 하신 것과 또한 우리가 참된 자 곧 그의 아들 예수 그리스도안에 있는 것이니 그는 참 하나님이시요 영생이시라(5:20). (밑줄 나의 강조)

이 중 많은 것이 요한이 앞에서 여러 번 다룬 주제들이라는 사실에 유의하라. 요한은 구원의 확신을 분명히 일깨워주어 우리가 그리스도와 맺은 관계에 대해 더 당당해질 수 있기를 바란다. 우리가 이 확신을 지키려면 지속적으로 일깨워져야 한다. 5장 14-21절에서 요한은 우리가 무엇을 더 알기 원하는지 자세히 살펴보자.

—5:14-17—

요한은 우리가 하나님께 기도함으로 구하는 것을 받을 수 있음을 알기 원한다. 여기서 우리는 요한이 특정한 신학적, 성경적 맥락 안에서 이 말을 하고 있다는 점에 유의해야 한다. 기도는 부질없는 바람, 요행을 바라는 것, 원대한 꿈 또는 육신의 소욕을 채우려는 욕망이 아니다. 하나님은 우리의 소원을 들어주는 요술 램프 속 지니가 아니시며, 그리스도인의 기도는 지니를 불러내기 위해 램프를 문지르는 행위와 다르다. 기도를 자기 뜻을 하나님께 강요하거나 자기의 바람에 하나님의 뜻을 꿰맞추는 편리한 방법으로 생각하는 육신적이고 위험한 함정에 빠지면 안 된다. 오히려 기도는 그분의 뜻에 우리의 뜻을 맞추는 수단이다. 따라서 모든 진실한 기도는 "내 원대로 마시옵고 아버지의 원대로 되기를 원하나이다"라는 주제의 변주다(참조. 눅 22:42).

어떤 경우에도 하나님은 기도의 응답을 손에 쥐고 그분의 계획과 목적에 따라서-항상 그분의 영광과 우리의 선을 위해서-응답하신다. 히브리서 4장 16절을 마음에 새기라. "그러므로 우리는 긍휼하심을 받고 때를 따라 돕는 은혜를 얻기 위하여 은혜의 보좌 앞에 담대히 나아갈 것이니라." 우리는 굽실거리거나 애원하거나 구걸하거나 흥정하러 오는 것이 아니다. 우리는 담대히, 그러나 본분에 맞게 겸허히, 그분 앞에 나아간다. 그분은 우리가 구하는 것을 주실 수 있는 권능이 있지만, 그분의 뜻대로 응답할 권세도 있으시다는 것을 인정한다. 그리고 그분이 어떻게 응답하시든-그렇다, 아니다, 기다려라, 또는 이게 더 좋은 것이다-모든 것이 합력하여 해익이 아닌 선을 이루실 것을 안다(롬 8:28).

그러므로 우리는 하나님의 뜻에 따라 담대하게 하나님께 나아간다. 우리의 뜻이 아니라 하나님의 뜻이다. 물론 그러려면 하나님의 뜻을 알기 위해 우리 안에 그분의 말씀이 충만해야 한다. 나는 평생 하나님의 뜻을 배우고 순종해온 성숙한 신자들이 그토록 강력한 기도의 용사들이 될 수 있는 이유가 이것이라고 확신한다. 그들은 무엇을 구해야 하는지 안다. 어떻게 구해야 하는지 안다. 하나님이 그들의 기도를 들으신다는 것을—하나님의 뜻을 아는 데서 나오는 자신감으로—안다(요일 5:15). 그리고 하나님이 그들의 기도를 들으시면 그들이 구한 대로 받으리라는 것을 안다.

우리가 하나님의 뜻이 무엇인지, 그분의 때에 우리를 위해 마련해놓으신 답이 무엇인지 항상 알 수는 없는 노릇이므로 하나님께 간구했다고 무조건 하나님이 행하실 거라고 기대하면 안 된다. 하나님은 우리를 부자로 만들어준다고 약속하지 않으셨다. 직장 상사의 마음을 움직여 우리를 승진시켜주거나, 육신의 병을 치유해주거나, 이런저런 시련이나 고난을 없애주겠다고 약속하지 않으셨다. 하나님은 이런 문제들에 대해서 당신의 뜻을 명확히 밝히지 않으셨기 때문에 우리가 우리의 뜻대로 응답받았다고 '주장'하는 것은 주제넘은 짓이다. 어떤 사람에게 그들과 당신이 함께 기도하면 하나님이 구체적으로 약속하지 않으신 것을 받을 수 있다고 장담하면 절대 안 된다.

요한은 5장 16-17절에서 두 종류의 죄—"사망에 이르지 아니하는 죄", "사망에 이르는 죄"—를 언급하면서 이 점을 강조한다. 어떤 사람이 저지른 사망에 이르지 않는 죄를 놓고 기도하는 것은 지극히 타당하며 하나님이 치유하시고 용서하실 것이다. 어떤 사람이 지은 사망에 이르는 죄를 위한 기도는 효과가 없을 것이다. 본문에서 확실히 밝힌 것은 여기까지다. 즉, 무언가를 위해 기도할 때 그 기도가 하나님의 뜻에 맞는 것도 있지만, 그렇지 않은 것도 있다.

그러면 요한이 말한 "사망에 이르는 죄"와 "사망에 이르지 않는 죄"란 정확히 무엇을 의미하는가? 구체적으로 어떤 죄를 말하는가? 하나의 죄인가? 아니면 한 범주의 죄인가? 그리고 어떤 "죽음"을 말하는가? 육체적 죽음인가? 영적 죽음인가?

이 두 구절을 놓고 몇 년 동안 골머리를 앓았던 나는 이 수수께끼 같은 구절에 대한 케네스 웨스트(Kenneth Wuest)의 정직한 고백을 칭찬해야겠다. "필자는 이 구절을 이해하지 못하는 전적인 무능을 고백한다…그리고 가능한 해석도 아예 제안하지 않을 것이다."[11] 나도 그 멋진 남자를 따라서 똑같이 말하고 싶다. 하지만 나는 이 구절의 매듭을 완전히 풀지는 못하더라도 최소한 조금은 느슨하게 만드는 데 도움이 될 만한 몇 가지 의견을 제시하고 싶다.

첫째, 우리는 요한이 말하는 것이 특정한 죄인지, 혹은 죄의 한 유형인지, 혹은 죄의 특정 기간인지 판단해야 한다. 특정한 죄라면 예수님이 말씀하신 "성령을 모독하는 죄"(참조.

막 3:29)일 수 있다.[12] 성령을 거스르는 신성모독의 심각성에 대해 윌리엄 헨드릭슨(William Hendriksen)은 이렇게 썼다. "어떤 사람의 마음이 강퍅해져서 성령의 속삭임에 전혀 주의를 기울이지 않고, 탄원과 경고의 목소리도 듣지 않기로 결심했다면, 그는 스스로 멸망의 길로 들어선 것이다. 그는 '죽음에 이르는' 죄를 지었다."[13] 만약 이것이 요한이 요한일서 5장 16-17절에서 말하는 일종의 "사망에 이르는" 죄라면, 요한이 의미한 "사망"은 영원한 저주, 즉 구원받지 못한 자의 죽음일 것이다.[14]

한편으로는 죄의 특정한 종류나 질이 아니라 한 사람의 지속적인 죄가 결국 육체의 죽음으로 처벌되는 상황을 의미한다는 해석 역시 그럴듯하다.[15] 우리는 신약성경에서 아나니아와 삽비라(행 5:1-11) 그리고 성만찬을 악용해서 그리스도의 공동체에 대항한 죄로 인해 육신의 죽음으로 심판받은 고린도 사람들(고전 11:27-30)의 사건을 예로 들 수 있다. 야고보도 야고보서 5장 14-16절에서 이와 유사한 시나리오를 암시하는 것일 수도 있다.

> 너희 중에 병든 자가 있느냐 그는 교회의 장로들을 청할 것이요 그들은 주의 이름으로 기름을 바르며 그를 위하여 기도할지니라 믿음의 기도는 병든 자를 구원하리니 주께서 그를 일으키시리라 혹시 죄를 범하였을지라도 사하심을 받으리라 그러므로 너희 죄를 서로 고백하며 병이 낫기를 위하여 서로 기도하라 의인의 간구는 역사하는 힘이 큼이니라.

요한일서 5장 16-17절도 이와 비슷한 경우-신자로 추정되는 사람이 그냥 병에 걸린 것이 아니라 죄로 인해 실제로 육신의 죽음에 이르는 심판을 받은 것-를 말하는 것이라면, 사람이 죽은 뒤에는 그 사람을 위해서 기도할 필요가 없다는 것이 요한의 요지다. 이 해석은 로마 가톨릭의 교리, 곧 망자들을 위한 기도나 사후의 회개나 용서의 가능성을 논박한다.[16] 사람은 죽기 전까지 기도를 받을 수 있지만 "한번 죽는 것은 사람에게 정해진 것이요 그 후에는 심판이 있[을]"(히 9:27) 것이다.

하지만 이 논의는 너무 피상적이다. 나는 이 수수께끼를 풀 수 있는 열쇠는 1세기에 요한과 그의 원독자들과 함께 사라졌을 가능성이 높다고 제안하는 주석가들의 생각에 동의한다. 그들은 요한이 무엇을 말하고 있는지 더 분명하게 이해했을 것이다. 그러나 큰 그림을 놓치지 말자. 계시된 하나님의 뜻에 따라 하는 기도는 응답받는다. 우리는 하나님이 우리 기도를 들으신다는 것을 절대적으로 확신할 수 있다.

—5:18-19—

요한은 진실로 거듭난 자들은 계속 죄에 빠져 살지 않는다는 주장으로 다시 돌아간다(요일 5:18). 나는 "범죄하다"는 동사의 현재 시제가 그 사람의 생활방식이 되어버린 지속적인 행위를 나타낸다고 해석한다. 이 말은 우리가 절대 죄에 빠지지 않는다는 뜻이 아니라(참조. 1:8-10) 영구히 계속 죄에 빠져 있지 않는다는 의미다. 따라서 요한은 3장 9절의 "하나님께로부터 난 자마다 죄를 짓지 아니[한다]"는 가르침을 반복하고 있다.

야박하게 들릴지 모르지만, 요한의 이 가르침은 어떤 사람의 생활방식-처음부터 끝까지, 새벽부터 황혼까지, 매일, 매달-이 한결같이 사악한 것이 특징이라면 그 사람은 진정으로 거듭나지 않았다는 뜻이다. 습관적이고 회개하지 않은 죄와 거듭남은 양립할 수 없다.

요한은 진정으로 구원받은 사람이 계속 범죄할 수 없는 이유를 설명한다. 왜냐하면 "하나님께로부터 나신 자가 그를 지키시매 악한 자가 그를 만지지도 못하[기]"(5:18) 때문이다. 하나님께 속한 자들은 "악한 자 안에"(5:19) 있는 죽음, 악마, 세상의 어둠의 영지에서 해방된다. 어떤 사람이 진실로 하나님에게서 났다면 사탄은 그들 위에 군림하지 못한다. 예수님-"하나님에게서 나신 그분"-은 궁극적으로 구원받은 하나님의 자녀를 마귀의 손아귀에서 벗어나게 하실 수 있다. 그것이 가능한 것은 앞서 요한이 말했듯이, "너희 안에 계신 이가 세상에 있는 자보다 크[시기]"(4:4) 때문이다.

—5:20-21—

요한이 마지막으로 말한 "아는 것"은 하나님의 아들이 오셔서 하나님의 구원의 지식을 우리에게 주시고 성령으로 그분과 하나가 되게 하셨기 때문에 "우리가 참된 자 곧 그의 아들 예수 그리스도 안에 있는 것"(5:20)을 안다는 뜻이다. 이 대목은 요한이 편지 전반에 걸쳐 가르치고 있는 것, 즉 하나님을 가깝게 알게 되면서 그분과 하나가 된 것, 우리의 구세주로 지상에 오신 신인(God-man)이신 예수님의 진정한 정체성을 요약하고 있다. 그런 다음 요한은 "그[예수 그리스도]는 참 하나님이시요 영생이시라"(5:20)고 말한다.

우리가 구원을 얻기 위해 의지하는 다른 것이 있다면 그게 우상이다. 그것은 신인(God-man)이 아닌 다른 '예수'일 수 있다. 그리스도의 대속의 죽음과 부활이 아닌 다른 '복음'일 수 있다. 오직 그리스도에 대한 믿음으로 오직 은혜로 받는 구원이 아닌 다른 구원의 방법일 수 있다. 우리가 제멋대로 생각해서 "참 하나님과 영생"을 대체한 것은 모조리 우상이다.

그래서 요한은 독자들에게 마지막 경고를 남긴다. "자녀들아 너희 자신을 지켜 우상에게서 멀리하라"(5:21). 우리가 마음과 생각과 삶에서 살아계신 하나님보다 더 위에 놓는 것은 모두 다 우상이다.

- 우리를 그리스도에게서 멀어지게 만드는 헌신의 대상.
- 하나님과 화해하고 친밀해진 관계를 끊어놓는 모든 죄.
- 오직 믿음을 통해 은혜로만 얻는 하나님의 은혜를 우리의 선행으로 얻으려고 하는 것.
- 하나님보다 더 흠모하는 사람.
- 하나님의 영감으로 기록된 말씀보다 더 좋아하는 진리를 표방한 가설.

구원을 전적으로 확신하는 우리의 우선순위이자 열정과 추구의 대상은 오직 그리스도 한 분뿐이다. 그분께 순종하며 친밀하게 사랑을 나누는 교제가 다른 모든 것에 우선한다. 아들을 통해 성령으로 이루어지는 아버지와의 그런 교제는 우리 삶을 확신으로 채운다.

적용: 요한일서 5:13-21

그릇된 세상에서 바르게 살기

요한일서를 덮기 전에 잠시 멈추고 한 발 물러서서 지금까지 걸어온 여정을 돌이켜보기 위해 책 전체를 마지막으로 살펴보자. 그러면 최종적으로 실제적인 적용을 수렴할 수 있을 것이다. 요한이 이 편지를 쓴 목적이 독자들에게 성령의 능력을 힘입은 아버지와 아들과의 교제가 기쁨이 충만한 삶(1:1-10), 정결한 삶(2:1-17), 분별하는 삶(2:18-4:6), 확신에 찬 삶

(4:7–5:21)을 낳는다는 것을 일깨우기 위함이었다는 사실을 기억하라. 이 개요를 하나하나 되짚으면서 비뚤어진 세상에서 바르게 사는 것이 어떤 의미인지 되새겨보자.

첫째, 괴롭고 어두운 세상에서 기쁨에 찬 그리스도인은 밝은 빛이다. 주님의 기쁨이 당신의 삶에서 빛을 발해 사람들이 그 기쁨의 원천이 당신과 그리스도와의 관계라는 것을 알게 되면 그것이 사람들–신자와 불신자 모두–에게 영향을 미친다. 기쁨을 잃었을 수 있는 신자들에게 당신의 기쁨은 격려가 될 것이다. 불신자들은 아직 당신의 믿음을 이해할 수 없겠지만, 당신의 기쁨은 많은 사람의 주목을 끌 것이다. 처음에는 당신에게 호기심을 느끼고, 그다음에는 그 빛에 끌릴 것이다. 그런 기쁨은 전염성이 있다. 그 기쁨은 다른 사람들을 어둠에서 이끌어낼 것이다.

둘째, 무법한 사회에서 순결한 그리스도인은 파급력 있는 증인이다. 해병대 복무 시절, 내 동료들은 내가 술자리에 함께하지 않는 이유를 궁금해했다. 집에서 수천 킬로미터나 떨어져 있으니 외도를 해도 아무도 모를 텐데 어째서 결혼 서약을 그렇게 신성하게 지키는지 이해하지 못하는 이들도 많았다. "육신의 소욕"과 "안목의 정욕"의 영향 아래 있는 사람들은 이해하지 못했다. 그래서 나를 '수도사', '집사', '설교자'라고 놀렸다. 그러다가 그들이 술 때문에 곤경에 처하거나 끔찍한 병을 얻게 되면 누구에게 도움을 청했는지 아는가? 그들과 같은 술꾼이나 난봉꾼이 아니라 타락한 세상에서 순결을 지킨 '수도사'를 찾아왔다. 자기의 순결을 과시하지 않으면서 그릇된 세상에서 바른 행실을 고수하면 사람들이 처음에는 이상하게 볼 수 있다. 그러나 그들이 지은 죄의 썩은 열매가 맺히기 시작하면 당신은 그들을 회복시켜 그리스도께로 돌려보내는 구조 요원이 될 것이다.

셋째, 거짓이 판을 치는 문화 속에서 분별력 있는 그리스도인은 죄를 일깨우는 존재다. 당신이 사물을 평가하고, 옳고 그름, 의와 악, 참과 거짓을 명확히 분별하면 당신의 존재 자체가 죄를 드러나게 한다. 우리가 살고 있는 이 세계는 사물을 흑백으로 판단하기를 거부하고, 칙칙한 회색 문화의 '도덕 규범'인 상대주의의 희미한 어둠 속으로 쇠락하고 있다. 이 흐릿한 배경 속에서 성경의 기준을 토대로 서 있는 우리의 모습은 눈에 띌 것이다. 사람들은 주목할 것이다. 더러는 화를 내거나 불쾌해할 것이다. 그러나 진리의 성령은 당신처럼 분별력 있는 존재를 사용해서 거룩하신 하나님과 화해하고 용서받아야 할 필요성을 느끼도록 사람들의 양심을 자극하실 수 있다.

마지막으로, 혼란스러운 시대에 확신에 찬 그리스도인은 강력한 자석이다. 불안, 불확실성, 두려움으로 가득 찬 세상에서 하나님의 약속을 의지하는 그리스도인이 누리는 평온한 확신은 매력적일 수밖에 없다. 사람들은 보이지 않는 것을 확신하는 당신에게 고개를 절레절레 저을 것이다. 그들은 당신이 아무리 나쁜 소식에도 동요하지 않는 것에 놀랄 것이다. 그리고 그들에게는 없고 당신에게는 있는 것이 무엇인지 알고 싶어 할 것이다. 당신이 미쳤다고 생각하는 사람도 있을 것이다. 그건 당신도 어쩔 수 없다. 그러나 당신을 자기들이 아는 한 가장 온전한 사람이라고 생각하는 사람도 있을 것이다.

우리 각자가 성령의 권능으로 예수 그리스도를 통해 하나님과 맺은 친밀한 관계는 우리에게 기쁨, 성결, 분별력, 확신을 준다. 우리가 이런 덕목들을 외부 사람들에게 보여줄 때 어떤 사람들은 주 예수님이 자기들을 위해 해주실 수 있는 것에 대해 새롭게 생각해볼 것이다. 물론, 우리가 가진 기쁨, 순결, 진리, 확신의 빛을 보는 사람들이 꼭 긍정적으로 반응하는 것만은 아니다. 어떤 이들은 우리와 우리가 표방하는 것에 대항할 것이다. 그러나 결국 우리는 우리가 세상을 이기었고 계속 빛 가운데서 행했다는 것을 알기에 당당하게 우리 구주 앞에 서게 될 것이다.

주

1. '화목 제물'의 의미에 대해서는 요한일서 2장 2절의 해설을 보라.
2. Bauer 외, *Greek-English Lexicon*, 996.
3. Smalley, *1, 2, 3 John*, 256–257.
4. Merrill C. Tenney, *John: The Gospel of Belief–An Analytic Study of the Text*(Grand Rapids: Eerdmans, 1976), 31–32.
5. Bruce M. Metzger, *A Textual Commentary on the Greek New Testament*, 재판(New York: United Bible Societies, 1994), 647.
6. 같은 책, 647–648.
7. 같은 책, 648.
8. Smalley, *1, 2, 3 John*, 273.
9. Metzger, *Textual Commentary*, 648.
10. Karl Braune, "The Epistles General of John", 출전: *Commentary on the Holy Scriptures: Critical, Doctrinal, and Homiletical*, John Peter Lange 편집, J. Isidor Mombert 번역, 신판(Grand Rapids: Zondervan, 1976), 156을 보라.

11. Wuest, *In These Last Days*, 182.
12. Stott, *Letters of John*, 188–190.
13. William Hendriksen, *Exposition of the Gospel According to Matthew*, 제5판, New Testament Commentary, 제9권, Simon J. Kistemaker 편집(Grand Rapids: Baker, 1982), 529.
14. Smalley, *1, 2, 3 John*, 297–301을 보라.
15. Wiersbe, *Be Real*, 184–186.
16. F. F. Bruce, *Answers to Questions*(Grand Rapids: Zondervan, 1972), 134를 보라.

요한이서

사랑과 진리의 조화(요한이서 1:1-13)

1장로인 나는 택하심을 받은 부녀와 그의 자녀들에게 편지하노니 내가 참으로 사랑하는 자요 나뿐 아
니라 진리를 아는 모든 자도 그리하는 것은 2우리 안에 거하여 영원히 우리와 함께 할 진리로 말미암
음이로다 3은혜와 긍휼과 평강이 하나님 아버지와 아버지의 아들 예수 그리스도께로부터 진리와 사
랑 가운데서 우리와 함께 있으리라

4너의 자녀들 중에 우리가 아버지께 받은 계명대로 진리를 행하는 자를 내가 보니 심히 기쁘도다
5부녀여, 내가 이제 네게 구하노니 서로 사랑하자 이는 새 계명 같이 네게 쓰는 것이 아니요 처음부터
우리가 가진 것이라 6또 사랑은 이것이니 우리가 그 계명을 따라 행하는 것이요 계명은 이것이니 너
희가 처음부터 들은 바와 같이 그 가운데서 행하라 하심이라

7미혹하는 자가 세상에 많이 나왔나니 이는 예수 그리스도께서 육체로 오심을 부인하는 자라 이
런 자가 미혹하는 자요 적그리스도니 8너희는 스스로 삼가 우리가 일한 것을 잃지 말고 오직 온전한
상을 받으라 9지나쳐 그리스도의 교훈 안에 거하지 아니하는 자는 다 하나님을 모시지 못하되 교훈
안에 거하는 그 사람은 아버지와 아들을 모시느니라 10누구든지 이 교훈을 가지지 않고 너희에게 나
아가거든 그를 집에 들이지도 말고 인사도 하지 말라 11그에게 인사하는 자는 그 악한 일에 참여하는
자임이라

12내가 너희에게 쓸 것이 많으나 종이와 먹으로 쓰기를 원하지 아니하고 오히려 너희에게 가서
대면하여 말하려 하니 이는 너희 기쁨을 충만하게 하려 함이라

13택하심을 받은 네 자매의 자녀들이 네게 문안하느니라

미국 미네소타주 북부의 이타스카 호수의 얕은 상류에서 발원한 미시시피강은 남쪽으로 멕시코만까지 근 4천 킬로미터를 굽이굽이 흐르며 생명을 탄생시키고 유지한다. 많은 사람에게 이 강은 다정한 거인이며 아낌없이 좋은 선물을 베풀어주는 은인이다. 거대한 미시시피강은 농토를 위한 자양분을 자급자족하는 풍부한 저장고, 야생 동물들의 서식지, 바지선들이 바쁘게 오가는 고속도로다. 그러나 강의 명확한 경계를 벗어나면 그 온화한 거인은 통제불능의 괴물이 된다. 40여 개의 댐과 2,600킬로미터에 달하는 제방이 거센 물살을 제어하려고 하지만, 올드 맨 리버(미시시피강의 별칭-역주)가 가슴을 부풀려 이 빈약한 방어선을 밀어붙이는 무서운 때가 있다. 파괴적인 홍수로 강변의 요지는 호수로 변하고, 마을 전체가 지도에서 지워지며, 여러 주의 제방이 쓸려나간다. 경계가 없으면 강은 축복이 아니라 파괴를 부른다.

여러 면에서 사랑은 미시시피강과 비슷하다. 사랑은 생명을 주는 힘을 품고 흐르지만 경계가 없으면 큰 해를 끼칠 수 있다. 처음에는 이상하게 들릴지 몰라도 사실이다. 죄인들을 사랑한다는 명목으로 우리는 너무 멀리–참고, 받아들이고, 정당화하고, 최근에는 죄에게 갈채를 보내는 지경으로까지–갈 수 있다. 이런 사랑은 다른 사람들을 죽음에서 생명으로 옮기기는커녕 위험한 물살에 그들을 조용히 떠내려 보낸다.

요한이 두 번째로 쓴 이 짧은 편지는 우리의 삶에 두 개의 견고한 제방–진리와 분별력–을 세워서 안전한 경계선 안에서 사랑을 유지하는 방법을 보여준다.

핵심 용어

ἀλήθεια[*alētheia*, 알레데이아]*(225)* '진리', '현실', '신실함'

이 용어는 사물을 가리거나 왜곡하지 않고 실제 그대로 나타내는 고대 헬라 사상에 뿌리를 두고 있다.[1] 철학자들은 단순한 외양과는 정반대의 개념으로 사물의 진정한 본질을 나타내는 데 이 용어를 사용했던 반면, 요한은 현실, 의, 신실함의 표준으로서의 예수 그리스도, 그분의 가르침, 그분의 삶의 방식을 찬양하는 데 썼다(요 1:17, 3:21, 요이 1:2, 4).

τέκνον[*teknon*, 테크논]*(5043)* 문자 그대로 또는 비유적으로 '어린아이'

'어린아이'라는 뜻의 *teknon*은 문자적으로 아직 사춘기에 접어들지 않은 아이를 가리킨다(마 2:18). 그러나 신약성경에서는 디모데전서 1장 2절에서처럼 '스승, 사도, 선생과 관련된 영적 자녀'라는 뜻으로 많이 사용되었다.[2] 사도 요한은 자기의 영적 후손으로 생각하는 교인들을 가리키는 용어로 가장 많이 사용했다(요 1:12, 11:52, 요일 3:1–2, 10, 5:2, 요삼 1:4). 사도 요한은 "택하심을 받은 부녀"뿐만 아니라 그 "자녀들"에게 두 번째 편지를 보냈는데, 이들은 말 그대로 그녀의 가족 또는 그녀 교회의 가족, 또는 둘 다일 수 있다.

διδαχή[*didachē*, 디다케]*(1322)* '가르침', '가르침의 요지', '교리'

요한이서에서 세 번 사용된 *didachē*는 이 맥락에서는 예수 그리스도에 관한 올바른 가르침이나 교리를 가리킨다. 이 경우에는 육신으로 오셔서 죽으시고 다시 살아나신 신인(God–man)으로서의 그리스도의 인격과 사역에 대한 약술을 지칭한다. 또는 예수님이 가르치신 신자들에게 기대되는 생활방식을 나타낼 수도 있다. 이것은 1장 7절에 언급된 사기꾼들과 적그리스도들의 가르침과 대조된다. 신자들은 '그리스도의 가르침에 따라야' 하고, 그렇지 않은 사람들은 내쳐야 한다(1:9–10).

—1:1–3—

서두에서 우리는 이미 "장로"가 사도 요한 자신을 가리킨다는 사실을 입증했다. 편지 전체의 개인적인 어투로 보아 편지의 수신인이 저자를 개인적으로 알고 있으며 바로 그를 알아보았을 것이다. 그렇다면 왜 자기를 "사도"나 "요한"이라고 하지 않고 "장로"라고 말했을까?

요한이 "장로"라는 호칭을 사용한 것은 그가 사도직에서 물러나 스스로를 낮춰 부른 것이 아니라 편지에 친밀감과 따뜻함을 더하기 위해서였다. 요즘 사역자들이 선교여행을 떠나서 친서에 간단히 "여러분의 목사"라고 서명해서 교인들에게 편지를 보내는 것과 비슷하다. 사도 베드로도 그의 편지 중 하나에서 교회 지도자들을 언급하면서 "나는 함께 장로 된 자요"라고 하면서 자기를 그들의 "동료 장로"(벧전 5:1)라고 불렀다.

편지의 수신인은 "택하심을 받은 부녀와 그의 자녀들"(요이 1:1)이다. 위의 서론에서 언급했듯이 나는 "택하심을 받은 부녀"가 교회 전체를 비유적으로 의인화시킨 것이 아니라 문자 그대로 한 개인을 나타낸다는 해석에 동의한다. 그렇다면 그녀의 "아이들"(헬라어 *teknon*)은 실제로 어린아이들이거나 그 여인이 양육하고 있는 영적 자녀들일 수 있다. 그 택하심을 받은 부녀는 대가족을 거느린 미망인이었을까? 고아들을 돌보는 데 헌신한 독신 여성이었을까? 공동체의 젊은 신도들을 보살피는 일에 힘쓰는 교회의 성실한 일꾼이었을까? 자세한 것은 알 수 없다. 여하튼, 이 편지가 "택하심을 받은 부녀"라는 개인을 지목하기는 하지만, 요한이 쓴 내용 대부분은 큰 집단("그의 자녀들")을 대상으로 쓰였다는 사실에는 변함이 없다.

일부 주석가는 "택하심을 받은"으로 번역된 헬라어 *eklektos*(1588)를 고유명사로 생각해서 'Electa 부인'으로 해석한다.[3] 마찬가지로 "부녀"로 번역된 *kyria*(2959)도 고유명사일 수 있다. 사실, '*Kyria*'는 아람어로 하면 신약성경에 나오는 유명한 인물의 이름인 '마르다'이다(참조. 요 11:1).[4] 요한이 요한복음에 나오는 마리아와 나사로의 누이인 그 마르다에게 편지를 쓴 것일까? 요한이서 1장 13절에 언급된 "택하심을 받은 네 자매"가 마르다의 여동생 마리아를 가리키는 것일까?(눅 10:38–42) 이런 추측들은 흥미롭기는 하지만, 그냥 추측일 뿐이다. 우리로서는 그 "택하심을 받은 부녀"가 누구인지 알 길이 없다. 또한 이 편지의 메시지를 이해하는 데 중요하지도 않다.

택하심을 받은 부녀와 그 자녀들에 대한 요한의 사랑은 "진리"에 근거한다. 그리고 그들은 요한 혼자가 아니라 진리를 아는 모든 사람의 사랑을 받고 있다(요이 1:1). 그런데 요한은 "우리 안에 거하여 영원히 우리와 함께 할 진리로 말미암음이로다"(1:2)라고 썼다. 1장 3절에서 요한이 "진리와 사랑"을 하나님 아버지와 아들 하나님에게서 오는 은혜, 자비, 평화와 불가분의 관계로 연결시킨다는 점에 유의하라. 구원을 주는 진리의 지식에 대한 확고한 신념은, 다른 사람들에 대한 무조건적인 사랑이 교리적 진리 안에서 확장되어야 하듯이, 반드시 사랑을 동반해야 한다. 이 둘 사이의 균형을 유지하려면 분별력이 필요하다. 주석가 존 스토트(John Stott)가 이것을 잘 설명했다. "우리의 사랑은 진리로 강해지지 않으면 약해지고, 우리의 진리는 사랑으로 부드러워지지 않으면 딱딱해진다."[5]

—1:4-6—

믿음 안에서 성장한 자녀들이 믿음으로 행하는 것을 보면 늘 힘이 난다. 나는 수년 동안 소식을 듣지 못했던 누군가의 아들, 딸, 손주들에 대한 좋은 소식을 들으면 감사함으로 마음이 벅차오른다. 그들이 그리스도인으로 계속 살고 있다거나, 수련회 카운슬러로 섬기고 있다거나, 교회 사역이나 선교에 몸담고 있다거나, 자기 아이들에게 믿음을 물려주고 있다거나 하는 소식은 나를 언제나 행복하게 한다. 그러나 항상 그렇게 되는 것은 아니며, 우리 아이들이 모두 신실하게 진리 안에서 행할 것이라는 보장도 없다.

사도 요한은 이것을 조금 더 현실적으로 표현한다. 그는 택함받은 여인의 자녀들 중에 진리를 행하는 자들이 있다고 말한다. 헬라어 어법으로 볼 때 이 사람들은 다수일 수도 있고 소수일 수도 있다. 그러나 요한이 사뭇 기뻐하는 것으로 보아 그 여인의 자녀들이 보인 신실함은 예외가 아니라 예사였음을 알 수 있다.

이것은 영적 양육과 제자훈련의 중요한 원칙을 강조한다. 우리의 물리적 가족과 영적 가족 모두 부모나 멘토의 가르침에서 벗어나는 구성원들이 있다. 나는 이것을 직접 체험했고 사역하면서 수많은 가족에게서 보았다. 그럴 때 우리는 마음이 아프다. 그래서 우리는 이 자녀들이 언젠가 돌아오리라는 희망을 품고 기도하게 된다. 그러나 몇몇 사람이 엇나갈 때 '진리의 길'에 남아 있는 사람들을 놓치면 안 된다. 요한은 영적 우회로를 택한 사람들보다는 진리를 행하라는 계명을 받든 사람들에게 집중한다(1:4).

"진리를 행한다"는 것은 어떻게 한다는 것일까? 이것을 정의하기 위해 요한은 원래 그리스도가 주신 "서로 사랑하라"(참조. 1:5, 요 13:34)는 계명을 언급한다. 이것은 새로운 계명이 아니라 처음부터 그리스도인의 삶에 드러나는 특징이었다. 서로 사랑하고 진리를 행하는 것은 둘 중 하나만 해도 되는 것이 아니다. 우리가 누군가를 조건 없이 사랑하지만 그들이 우리를 진리에서 멀어지게 한다면, 우리는 그 관계에 진리를 더 적용해야 한다. 요한은 계속해서 말한다. "또 사랑은 이것이니 우리가 그 계명을 따라 행하는 것이요"(요이 1:6).

진리 안에 굳게 서는 것과 다른 사람들에게 사랑을 베푸는 것, 꼭 이 둘 중 하나를 택해야 하는 것은 아니다. 사실, 진정한 사랑은 그것이 우리를 그리스도께로 더 가까이 이끄는가의 여부로 분별된다. 사랑은 엉터리로 정의된 화합을 위해 그리스도가 세우신 기준을 타협하지 않는다. 사랑은 은혜와 관용의 이름으로 죄에 동의하지 않는다. 무조건적인 사랑은 진리의 분별과 균형을 이루어야 한다.

분별에 관한 1세기 지침서(요한이서 1:7–11)

1세기 후반에 이곳저곳을 떠돌며 그리스도인이 모인 사랑의 공동체에 기생하는 거짓 선지자들은 공동체를 위협하는 문제를 일으켰다. 이에 대해 안디옥 교회는 상대적으로 경험이 적은 소규모의 외딴 교회들이 참 선지자와 거짓 선지자를 분별할 수 있도록 몇 가지 원칙을 만들어야 했다. 디다케(*The Didache* 또는 '가르침')로 알려진 1세기 교회의 사역 지침서는 교회를 보호하기 위한 예방조치를 엿볼 수 있게 해준다.

> 여러분에게 오는 모든 사도를 주님을 대하듯 환대하십시오. 그 사도는 하루 이상 머물지 않으며, 필요할 경우 하루를 더 머물 수 있습니다. 그러나 그가 사흘을 머물면 그는 거짓 선지자입니다. 그가 떠날 때는 다음 숙소에 도착할 때까지 먹을 빵 이외에 아무것도 받으면 안 됩니다. 만약 그가 돈을 요구하면, 그는 거짓 선지자입니다…주님의 방식을 따르지 않으면 아무리 성령의 영감으로 말해도 선지자가 아닙니다. 따라서 그 사람의 태도를 보고 거짓 선지자와 참 선지자를 구별해야 합니다…진리를 가르치면서 그대로 행하지 않는 선지자는 모두 거짓 선지자입니다.
>
> 그러나 주님의 이름으로 오는 모든 사람을 환영하십시오. 그러고 나서 그를 시험해보면 알게 될 것입니다…그리고 그가 기술을 가진 노동자로 여러분과 함께 있고 싶어 하면 그가 일을 해서 생계를 유지하도록 하십시오. 만약 아무 기술이 없으면 그가 그리스도인으로서 놀고먹지 않으면서 여러분과 어떻게 함께 살 것인지를 협의하십시오. 그가 그런 방식을 원하지 않으면 그는 그리스도를 파는 장사꾼입니다. 그런 자들을 조심하십시오.[6]

—1:7-11—

사랑은 환대의 문을 열어주는 경첩과 같다. 그러나 문에는 자물쇠와 밖을 볼 수 있는 구멍 그리고 간혹 경보 장치도 있다. 진정한 그리스도인의 사랑도 그렇다. 당신 집을 생각해보라. 언제나 문을 활짝 열어 친구와 이웃들을 맞이한다고 해서 밤에도 현관문을 열어놓지는 않는다. 아무리 낯선 사람들을 환대한다고 해도 당신의 가족을 해치려고 집에 침입한 사람에게 문을 열어주지는 않을 것이다. 진정한 사랑은 약탈자에게 문을 열어주지 않는다. 이것이 1장 7-11절에 나오는 요한의 가르침의 요지다.

"택하심을 받은 부녀"가 자기를 거쳐가는 모든 사람에게 지나칠 정도의 접대로 사랑을 베풀었다면 위험한 영적 병균이 그녀의 성근 필터를 통과했을 가능성이 크다. 특히 유독한 이단자들이 가능한 곳이면 어디서나 선의만 있고 의심하지 않는 신자들을 감염시키려고 혈안이 되어 배회하고 있을 때는 신중할 필요가 있다. 요한은 경험과 입소문을 통해 "미혹하는 자가 세상에 많이 나왔[다]"(1:7)는 사실을 알고 있었다. 그들은 성육신을 부정하는 잘못을 저질렀다. 예수 그리스도, 참 "아버지의 아들"(1:3)이 육신으로 오셨다(1:7). 이것이 기독교 신앙의 가장 중요한 토대다. 거짓 교사들이 들어올 기회를 얻으려고 "예수 그리스도"에 대해 말할지 몰라도 실제로 그들은 사기꾼들—사실은 적그리스도들—이었다(1:7).

아마도 요한은 1세기에는 아직 잠복기에 있었지만, 2세기에 접어들면 완전히 창궐하게 될 한 이단의 움직임을 염두에 두고 있었을 것이다. 주로 영지주의라고 불리는 이 이단의 가르침은 영혼은 선하고 물질은 악하다는 헬라의 이원론적 개념에서 유래했다. 영지주의는 그리스도가 정말 육신으로 오셨다면 악으로 오염되었을 것이므로 그럴 리 없다고 믿었다. 대신 그들은 그리스도는 인간의 형태를 취한 것으로 보였을 뿐이라고 주장했다. (자세한 내용은 44쪽 "육신이 없는 그리스도를 주장한 최초의 이단" 참조.)

세상에는 사기꾼들이 존재하기 때문에 손님을 환대하는 관행은 그 부녀와 가족을 영적 위험에 빠트릴 수 있었다. 이런 이유에서 요한은 독자—이번에는 그 부녀와 자녀들—에게 "너희는 스스로 삼가"(1:8)라고 권면한다. 그릇된 가르침과 관행으로 오도된 결과는 심각하다. 결코 빼앗길 수 없는 진정한 구원을 상실하지는 않으나(참조. 요일 5:11-13), "온전한 상"을 잃는다. 이것은 아마도 하나님의 참된 자녀들이 각자 "그리스도의 심판대"에 서서 "자기

일을 하나님께 직고"할 때를 가리킬 것이다(롬 14:12).

우리가 구주 앞에 섰을 때 그리스도는 신자들이 유죄인지 무죄인지-천국인지 지옥인지-를 판결하지 않으실 것이다. 그리스도의 구속의 죽음에 근거한 우리의 회심으로 하나님이 우리를 의롭다고 선포하셨을 때 '무죄' 판결은 이미 내려졌다(고후 5:21). 우리는 예수님을 믿음으로써 그분이 성취하신 사역을 우리 것으로 받아들였기에 우리는 부활을 보장받았고, 천국에 우리의 영원한 처소가 확보되었다(고전 1:21-22, 5:5, 엡 1:13-14). 그러나 장차 하나님 나라에서 받게 될 보상은 우리의 행위와 그 뒤에 숨어 있는 동기의 질에 따라 그리스도의 심판대에서 결정될 것이다(참조. 고전 3:10-15, 4:4-5). 따라서 요한은 이 땅에 사는 동안 무조건적인 사랑과 진리의 분별 사이에서 어떻게 균형을 잡을지를 진지하게 생각해야 한다고 말한다. 진리를 타협하면(그 명목이 사랑이어도), 그릇된 길로 마음이 쏠리면서 심각한 결과를 초래할 수 있다(고전 3:12-15).

물론 '너무 멀리' 가서 "그리스도의 교훈 안에 거하지 아니하는 자"(요이 1:9)도 있다. 즉, 그들은 단순히 속임을 당하거나 죄에 빠진 것이 아니라 한때 공언했던 믿음을 완전히 버렸다. 그들은 하나님의 진리와 사랑을 노골적으로 무시하는 행동을 보였다. 그런 심각한 경우에 처한 사람들은 "하나님을 모시지 못[했다]"(1:9)고 요한은 말한다. 그들은 속는 사람들이 아니라 속이는 자들 편에 속한다. 그들이 바로 적그리스도다(1:7).

요한은 이런 종류의 배교를 요한일서 2장 19절에서 더 상세히 다룬다. 거기서 요한은 그런 거짓 교사들은 예수 그리스도의 구원의 은혜를 진실로 체험하지 못했다고 주장한다. 참된 기독교 신앙의 핵심 가르침에서 근본적으로 벗어난 사람들은 "우리에게 속하지 아니하였[다]"(요일 2:19). 이 적그리스도들이 거듭나게 하시는 성령의 사역으로 인해 진실로 그리스도와 연합했다면 그들은 진정한 교회와 "함께 거하였을[남아 있었을]" 것이다. 그러나 그들이 떠났다는 사실이 "우리에게 속하지 아니함"(요일 2:19)을 분명히 보여준다.

다시 말하지만, 이것은 의심을 품거나, 죄에 빠지거나, 일시적으로 옳은 길에서 벗어난 그리스도인에 대해 말하는 것이 아니다. 요한일서와 요한이서에서 요한이 정의한 '적그리스도들'은 신앙에 대해 보편적인 고민을 품는 수준이 아니라 그 정도가 훨씬 더 심한 경우다. '적그리스도들'은 신앙의 핵심 교리를 부인하고 하나님의 명령에 위배되는 죄의 생활방식을 완전히 받아들인 명백한 이단의 죄를 범했다.

세상에는 진리와 영원한 보상에서 멀어지도록 우리를 꾀는 사기꾼들이 들끓는다. 대부분의 거짓 교사는 우리가 사용하는 바로 그 성경을 사용한다. 그러나 그들은 그것을 비틀고, 원뜻에 다른 뜻을 더하거나 뺀다. 요한은 "그리스도의 교훈," "교훈," "이 교훈"을 말한다(요이 1:9-10). 우리는 그 가르침을 따라야 한다. 다른 가르침을 들고 오는 사람들은 쫓아내야 한다. 아니 아예 집에 들이지 않는 것이 더 좋다(1:10).

요한이 언급한 이 기본적인 기독교의 '가르침'은 어떤 내용을 담고 있는가? 이 목록이 전부는 아니지만, 우리 신앙에 관한 다음과 같은 기본 원칙을 숙지하면 집을 찾아오거나 텔레비전, 라디오, 인쇄물, 인터넷을 통해 접하는 교사들을 분별할 수 있다.

- 성경의 영감성과 무오성(딤후 3:16, 벧후 1:21).
- 삼위일체의 하나님, 곧 성부, 성자, 성령이 만물의 창조주이심(창 1-2장, 마 28:19).
- 인류의 타락과 하나님의 은혜의 필요성(창 3장, 롬 3:23).
- 그리스도의 동정녀 탄생, 완전한 신성과 완전한 인성, 죄 없는 삶(사 7:14, 마 1:18-25, 눅 1:26-38, 요 1:1, 14, 8:53-58, 골 1:15-20, 히 1:3, 8, 4:15).
- 우리 죄를 위한 그리스도의 대속의 죽음과 육체의 초자연적인 부활(롬 5:6-8, 고전 15:1-11, 고후 5:21, 히 9:22, 26, 요일 1:7, 9).
- 그리스도의 승천과 지금도 성령을 통해 신자들에게 사역하심(요 14:12-21, 행 1:6-9, 롬 8:34, 엡 4:7-10).
- 문자 그대로 장차 그리스도가 지상에 다시 오심(요 14:1-3, 살전 4:13-18).

거짓 교사들은 절대 대놓고 "우리가 성경을 왜곡했다"고 공표하지 않는다. 당신 집 대문을 두드리는 이교도도 "우리 인쇄물에 '예수'라는 이름이 나오기는 하지만, 솔직히 말해 우리는 다른 예수를 전파합니다"라고 하지 않는다. 속물 같은 텔레비전 설교자도 카메라를 똑바로 쳐다보면서 "저는 이단입니다. 그래도 저한테 돈을 보내십시오!"라고 외치지 않는다. 사기꾼들은 자기들의 신념과 관행을 은폐하는 데 도가 텄기 때문에 우리는 분별력이 필요하다. 그리고 그들이 주장하는 교리의 썩은 냄새가 나면 바로 그들과 거리를 두어야 한다. 요한은 더 노골적으로 말한다. "누구든지 이 교훈을 가지지 않고 너희에게 나아가거든 그를 집에 들이지도 말고 인사도 하지 말라 그에게 인사하는 자는 그 악한 일에 참여하는 자임이라"(요이 1:10-11).

가혹해 보일지 모르지만 생각해보라. 요한은 2인칭 복수를 사용해서 그가 지금 진리를 행하고 있는 택함받은 부녀와 그 자녀들에게 말하고 있음을 알려준다. 그 여인이 사랑을 지나치게 강조하고 진리를 경시하는 문제가 있다면, 그 자녀들 또한 진리에 대한 이해가 부족할 테고 따라서 분별력도 부족할 것이다. 초신자의 경우는, 거짓 가르침에 속지 않게 보호하고, 사람들을 혼란하게 해 그릇된 길로 끌고 갈 기회만 호시탐탐 노리는 적그리스도들에게서 지키는 것이 최선이다. 거짓 교사들을 능란하게 다루려면 많은 훈련과 경험이 필요한데, 대부분의 어린 신자는 그렇지 못하기 때문이다. 그렇다고 전도자, 변증자, 훈련받은 교사들도 이단의 오류에 맞서지 말라는 말은 아니다.

우리가 사랑과 진리 사이에서 균형을 잘 맞추는 방법을 배울 때까지는 아직 영적 면역이 없기 때문에 감염에 취약한 신자들을 독살시킬 수 있는 대화를 아예 차단하는 것이 최선이다.

—1:12-13—

요한은 개인적인 인사로 이 짤막한 편지를 끝낸다. 택하심을 받은 부녀와 그 자녀들을 직접 "대면하[고]" 싶어 하는 간절한 마음에서 요한의 애틋한 사랑이 드러난다. 그는 할 말이 많았지만, 종이와 잉크로는 다 전달할 수 없었다. 노년에도 요한은 그리스도 안에 있는 형제자매들을 찾아가고 싶어 했다. 이런 요한의 모습은 문자 메시지, 전자 메일, 소셜 미디어로 소통하는 비인간적인 세상에서 우리가 배울 수 있는 교훈이다. 요한은 얼굴을 맞대고 나누는 교감을 통해서만 그들의 기쁨을 충만하고 완전하게 할 수 있었다(1:12).

마지막으로 요한은 "택하심을 받은 네 자매의 자녀들"(1:13)로부터 다정한 인사를 전한다. 이로 미루어볼 때 그 자매는 더는 에베소에 살고 있지 않으며, 에베소에 요한과 함께 살고 있는 그녀의 자녀들이 이모에게 사랑을 전하기 원한다는 것을 알 수 있다. 하지만 더 자세한 이야기가 없어서 단정할 수는 없다. 여하튼, 다정한 사랑의 말로 시작한 이 편지는 한결같이 자애로운 사랑의 인사로 끝난다.

적용: 요한이서 1:1-13

사랑과 진리의 조화를 위한 원칙

겨우 13절뿐이지만 요한이서에는 우리가 평생 실천해야 할 세 가지 원칙이 담겨 있다. 이 원칙들은 복잡하지는 않아도 어렵다. 무조건적인 사랑과 진리의 분별 사이에서 길을 찾는 것은 균형 잡힌 그리스도인의 삶을 살려고 노력하는 신자들에게는 늘 도전이기 때문이다.

첫째, 다른 사람들을 사랑하는 것은 순전한 기독교의 기본 특성이다. 택하심을 받은 부녀와 그 자녀들은 따뜻한 환대와 환영 정신의 훌륭한 귀감이었다. 요한은 이런 진심에서 우러나오는 사랑의 필요성을 경시하거나 무시하려고 하지 않는다. 증오로 가득 찬 세상에서 우리가 할 수 있는 가장 위대한 증언은 하나님의 가족과 교회 밖에 있는 모든 사람에게 사랑과 자비를 보여주는 것이다. 그러니 사랑을 행하자.

둘째, 진리를 받아들이는 것도 똑같이 중요하다. 당신을 가장 사랑하는 사람은 당신에게 진실을 말하는 사람이다. 내가 파괴적인 행위에 빠져 있다면 나는 그것을 지적해줄 만큼 나를 사랑하는 사람이 있었으면 좋겠다. 어떤 사람의 기분을 상하게 하고 싶지 않아서 그 사람이 지옥에 가는 것을 방치하는 것은 사랑이 아니다. 그렇다면 우리는 진리를 알고, 진리 안에서 성장하며, 평생 성경과 건전한 교리를 공부해야 한다. 당신이 무엇을 믿는지, 왜 믿는지 모른다면 교리적, 도덕적 쟁점이 있을 때 어느 편에 서야 할지 모를 것이다. 안다고 해도 확고한 신념을 갖지는 못할 것이다. 그러므로 시간을 들여 공부하고 진리를 견고히 다지라.

셋째, 오류가 밝혀지면 사랑은 그 범위 안에서 유지되어야 한다. 지금 우리에게 주어진 도전은 진리를 알고, 물러서거나 타협하거나 간과하지 않으며 진리를 고수하는 것이다. 동시에 우리는 증인으로서 관용과 매력이 있어야 한다. 우리는 항시 우리가 품고 있는 소망에 대해 "대답할 것을 항상 준비하되 온유와 두려움으로"(벧전 3:15) 해야 한다. 우리는 진리를 위해 싸워야 하지만, 동시에 사랑과 은혜로 행해야 한다. 우리는 진리와 분별의 제방 안에서 사랑해야 한다. 그리고 은혜와 진리 사이의 팽팽한 긴장 속에서 사는 법을 배워야 한다. 그러므로 신자와 불신자 모두에게 "[사랑으로] 참된 것을 말하[는]"(엡 4:25) 법을 배우라.

주

1. Gerhard Kittel and Gerhard Friedrich 편집, *Theological Dictionary of the New Testament: Abridged in One Volume*, Geoffrey W. Bromiley 번역(Grand Rapids: Eerdmans, 1985), 38. (『신약성서 신학사전:킷텔단권 원어사전』 요단출판사 역간)
2. Bauer 외, *Greek-English Lexicon*, 994.
3. Earl F. Palmer, *1, 2, 3 John, Revelation*, The Communicator's Commentary, 제12권, Lloyd J. Ogilvie 편집(Waco, TX: Word Books, 1982), 82.
4. Smalley, *1, 2, 3 John*, 318.
5. Stott, *Epistles of John*, 205.
6. Didache 11.4-6, 8, 10, 12.1, 3-5, Rick Brannan 번역, *The Apostolic Fathers in English* (Bellingham, WA: Lexham Press, 2012)에서 인용.

요한삼서

진리와 사랑의 조화(요한삼서 1:1-15)

1장로인 나는 사랑하는 가이오 곧 내가 참으로 사랑하는 자에게 편지하노라

2사랑하는 자여 네 영혼이 잘됨 같이 네가 범사에 잘되고 강건하기를 내가 간구하노라 3형제들이
와서 네게 있는 진리를 증언하되 네가 진리 안에서 행한다 하니 내가 심히 기뻐하노라 4내가 내 자녀
들이 진리 안에서 행한다 함을 듣는 것보다 더 기쁜 일이 없도다

5사랑하는 자여 네가 무엇이든지 형제 곧 나그네 된 자들에게 행하는 것은 신실한 일이니 6그들
이 교회 앞에서 너의 사랑을 증언하였느니라 네가 하나님께 합당하게 그들을 전송하면 좋으리로다
7이는 그들이 주의 이름을 위하여 나가서 이방인에게 아무 것도 받지 아니함이라 8그러므로 우리가 이
같은 자들을 영접하는 것이 마땅하니 이는 우리로 진리를 위하여 함께 일하는 자가 되게 하려 함이라

9내가 두어 자를 교회에 썼으나 그들 중에 으뜸되기를 좋아하는 디오드레베가 우리를 맞아들이
지 아니하니 10그러므로 내가 가면 그 행한 일을 잊지 아니하리라 그가 악한 말로 우리를 비방하고도
오히려 부족하여 형제들을 맞아들이지도 아니하고 맞아들이고자 하는 자를 금하여 교회에서 내쫓는
도다

11사랑하는 자여 악한 것을 본받지 말고 선한 것을 본받으라 선을 행하는 자는 하나님께 속하고
악을 행하는 자는 하나님을 뵈옵지 못하였느니라 12데메드리오는 뭇 사람에게도, 진리에게서도 증거
를 받았으매 우리도 증언하노니 너는 우리의 증언이 참된 줄을 아느니라

13내가 네게 쓸 것이 많으나 먹과 붓으로 쓰기를 원하지 아니하고 14속히 보기를 바라노니 또한
우리가 대면하여 말하리라

15평강이 네게 있을지어다 여러 친구가 네게 문안하느니라 너는 친구들의 이름을 들어 문안하라

간혹 그리스도인들이 초대교회가 보여준 단순하고, 순수하며, 순결한 모습으로 돌아가야 한다는 말을 듣는다. 교리가 타락하기 전, 도덕이 부패하기 전, 권력에 목마른 지도자들이 자리다툼을 하기 전, 사도들의 황금시대가 저물기 전으로 말이다. 그런 말을 하는 사람들은 1세대의 그리스도인들이 교회 안에서 벌어지는 끊임없는 문제들을 해결할 필요없이 복음 전파에만 집중할 수 있었다고 생각하는 것 같다.

그렇지 않다. 심지어 비슷하지도 않다. 신약성경을 몇 장만 넘겨 보면 그런 시대는 아예 없었다는 것을 알게 된다. 얼핏 보아도 고린도 교회는 갈등으로 바람 잘 날이 없었고, 골로새 교회와 갈라디아 교회는 교리적 오류로 골머리를 앓았으며, 예루살렘 교회는 재정 파탄의 위기 속에서 허우적대고 있었고, 라오디게아 교회는 미온적인 태도로 거의 망가진

상태였다. 초기부터 사도들은 거짓 교사들과 싸우고(벧후 2:1), 신자들에게 거룩한 삶을 살라고 권면했다(엡 4:1). 그리고 권력 싸움에 열을 올리고 있는 지도자들을 대면해야 했다(요삼 1:9). 외부의 문제, 내부의 문제, 아래에서 벌어지고 있는 문제, 위의 문제…교회는 늘 복음을 선포하고 교회를 세우는 사역을 무위로 돌리려는 도전을 받았다.

핵심 용어

ἀγαπητός[*agapētos*, 아가페토스]*(27)* '사랑하는', '친애하는', '소중한'

'사랑하는'이라는 뜻의 *agapētos*는 신약성경에서 깊은 애정을 나타내는 용어로 자주 쓰인다(마 3:17, 행 15:25, 롬 1:7, 빌 2:12, 약 1:16, 벧전 2:11). 사도 요한은 복음서에서는 이 용어를 쓰지 않았는데 5장밖에 안 되는 요한일서에서는 여섯 차례나 사용했다(2:7, 3:2, 21, 4:1, 7, 11). 그런데 고작 열다섯 구절로 이루어진 요한삼서에서 가이오를 지칭할 때 이 "사랑하는"을 네 차례나 썼다는 것은 더 놀랍다. 이중 두 번은 첫 두 구절에서 나오고, 나머지는 5절과 11절에 나온다. 이 말은 '지극히 사랑하는, 친애하는, 사랑스러운, 소중한, 중요한 사람'을 가리킨다.[1] 이로 보건대 요한과 가이오가 개인적으로 아주 친밀한 사이였음을 알 수 있다.

περιπατέω[*peripateō*, 페리파테오]*(4043)* '걷다', '행동하다', '처신하다'

*peripateō*의 문자적 의미는 '걸어다니다'(참조. 마 4:18)이지만, 흔히 관용적으로 개인의 생활방식이나 행동양식을 나타내는 데 쓰인다(롬 6:4, 요일 1:6). 요한삼서에서 사도는 사랑하는 가이오가 "진리 안에서 행[하는 것]"(요삼 1:3–4)을 기뻐한다. 골로새서 1장 10절에서 바울은 "그래서 여러분이 주님을 믿는 성도다운 생활을 하여 모든 일에 주님을 기쁘시게 하고 모든 선한 일에 열매를 맺으며 하나님을 아는 지식이 점점 자라기를 바라는 것입니다"(현대인의 성경)라는 말로 그리스도인이 진리를 행하는 모습을 묘사한다.

—1:1–8—

사도 요한은 자신을 "장로"로 소개한 뒤(참조. 요이 1:1) 편지의 수신인을 "사랑하는 가이오"라고 직접 밝힌다. 요한은 가이오가 "참으로 사랑하는 자"(요삼 1:1)임을 밝히면서 가이오가 영육으로 안녕하도록 몸과 영혼이 잘되기를 위해 기도한다(1:2). 1세기 말에 교회가 당면하고 있던 어려움을 알기에 가이오의 육체적 건강을 구하는 이 기도는 의미심장하다. 당시

많은 거짓 교사는 물질적인 것들을, 실제로 악하지 않더라도 최소한 무의미하고 사소한 것으로 업신여겼다. 육신 자체는 그 안에 있는 진정한 영적 존재를 위해 쓰고 버려질 껍질 같은 것, 곧 영적 진보의 방해물로 간주되었다. 그러나 가이오의 육체적 건강에 대한 요한의 관심은, 하나님은 영혼의 하나님만이 아니라 육신의 하나님이시기도 하다는 더 뛰어난 신학을 보여준다.

어쩌면 요한이 가이오가 육체적 질병이나 교회의 갈등에서 오는 스트레스, 또는 둘 다로 인해 건강이 좋지 않다는 소식을 듣고 기도한 것일 수도 있다. 혹은 바울처럼 가이오도 끊임없이 그리스도 안에서 충족감을 얻도록 그를 몰아치는 "육체의 가시"에 시달리고 있었을지도 모른다(고후 12:7-10). 아마도 이런 고통에도 불구하고, 어쩌면 그것 때문에(시 119:71) 가이오는 그리스도께 더 깊이 헌신하게 되었을 것이다.

언젠가 우리 육신이 부활해서 영화롭게 될 때 하나님은 질병과 고통을 물리치실 것이다(고전 15:53-54, 계 21:4). 기복 신학은 그때까지 모든 신자가 꼭 건강해야 하는 것처럼 말하지만, 그것은 올바른 하나님의 뜻이 아니다. 기복 신학이 하는 거짓말은 현대 교회의 거의 모든 면을 감염시킨 것 같다. 고통받고 있는 사람들의 치유와 건강을 위해 기도하고, 우리가 도울 수 있는 부분을 돕는 것은 온당한 일이지만, 육체적인 고통을 통해 하나님의 자녀들이 영적으로 성장하는 것이 그분의 뜻일 때도 있다. 그러나 우리의 영혼이 잘되는 것은 한결같은 하나님의 뜻이다. 요한은 가이오에게도 이러한 영적 성장을 기대했다. 기도의 도움이 분명히 필요했던 가이오의 체력과 건강 상태와 무관하게 그는 영적으로 "진리 안에서 행[하고 있었고]", 그로 인해 요한의 마음은 기쁨으로 가득 찼다(요삼 1:3-4).

요한은 어떻게 가이오의 상태를 알았을까? 분명 교회와 신도들의 근황을 전해주는 방문객들이 꾸준히 노사도를 찾아왔을 것이다. 이런 정보를 듣고 요한은 다른 사람들을 위해 언제 어떤 기도를 드려야 할지, 언제 편지를 보내야 할지, 언제 직접 찾아가야 할지 알았다(참조. 요이 1:12, 요삼 1:13-14). 이 모습은 교회와 그가 회심시킨 사람들에 대한 요한의 지속적인 보살핌과 관심의 깊이를 보여준다. 생의 마지막 순간까지 요한은 다른 사람들을 위해 기도하고 돌보는 일에 온 힘을 다했다.

1장 5-8절에서 요한 사도는 사도들이 교회의 기틀을 다지는 한시적인 시대에서 목사와 교사들이 이끄는 영구적인 시대로의 전환기였던 1세기 교회 사역의 켯속을 살짝 보여준다.

신약 교회에는 기본적으로 두 종류의 사역자가 있었다. 그들은 '개척자'와 '정착자'로 분류될 수 있다(더 자세한 역사적 배경에 관해서는 193쪽 "개척자에서 정착자로" 참조). 개척자 속에는 순회 사도들, 선지자들, 선교사들 그리고 그들의 사절과 동료가 포함되었다. 이들은 새로운 지역에서 복음을 선포하고 교회를 개척했다. 보통 이 개척자들은 여러 교회를 순회하며 회중이 자립할 때까지 지도자들을 훈련하고 임명했다(행 14:23). 바울은 에베소서 4장 11절에서 이런 유형의 사역자들을 사도, 선지자, 복음 전도자로 언급한다.

반면에 정착자들은 지역 교회에서 지속적인 보살핌과 성장을 책임지는 사역자들이었다. 이들은 특정한 무리를 보살피고, 거의 돌아다니지 않고 몇 년씩 신자들을 양육하는 장로와 집사, 목사와 교사들이었다. 바울은 에베소서 4장 11절에서 이런 유형의 사역자들을 지역 교회에서 집사들의 보조를 받는 장로인 목사와 교사로 지칭했다(빌 1:1). 이렇게 설립된 교회들은 순회 개척 사역자들을 지원하는 본거지가 되었다(참조. 고전 9:1-14).

이 신생 교회들은 처음에는 갓난아기처럼 끊임없는 보살핌이 필요했기 때문에 개척자들의 지혜로운 가르침을 열렬히 환영했다. 그러나 지역 교회가 갓난아기에서 유아로 성장하고, 아장아장 걷던 다리가 튼튼해지면서 교회들은 의존에서 독립으로 전환하는 어정쩡한 시기로 접어들었다. 그러자 여전히 사도들과 그 동료들의 지도가 필요한 1세기의 일부 젊은 개척 교회들이, 의식주를 위해서는 부모가 필요하지만 그 외에는 부모의 참견을 원하지 않는 요즘 청소년들처럼, 외부의 권위에 반기를 들기도 했다. 그렇게 점차 개척자들과 정착자들 사이에 간극이 형성되다 보니, 지역 교회가 순회 지도자들에게 숙소 제공을 거부하고 기본적인 접대를 하지 않는 경우도 생겼다.

교회의 '정착' 지도자였던 가이오는 사도들과 그들의 전령에게서 교리적으로나 실제적으로나 계속 지도를 받아야 한다는 것을 알았다. 그는 헌신적인 개척 사역자들의 방문을 언제나 환영했다. 그는 생면부지의 사도 사절들에게도 "신실하게"(요삼 1:5) 행했다. 그는 그들을 존경하고 존중했으며, 그들이 다른 생계 수단이 없다는 것을 알았기 때문에 그들이 받아 마땅한 재정 지원까지 했다(1:6-7). 가이오는 이런 순회자들을 지원하고 후히 대접하면서 그들의 사역에 동참했다(1:8). 이런 환대에 대한 소식은 요한의 귀에까지 들어갔다. 아마 에베소에 있었을 요한의 교회도 여행하는 사역 팀에게 보여준 가이오의 후의에 대해 이미 들었을 것이다(1:6).

그러나 모두가 가이오처럼 환대를 베푼 건 아니었다.

—1:9-10—

우리는 이 구절에 나오는 몇 가지 정보 외에는 디오드레베로 알려진 적대적인 인물에 대해서 아는 바가 거의 없다. 그러나 이 구절에 나오는 짧은 묘사는 이런 류의 자리다툼이나 영역 싸움에 대한 경고가 충분히 될 수 있다. 가이오처럼 디오드레베도 안수받은 교회의 '정착' 사역자였을 것이다. 그러나 가이오와 달리 디오드레베는 요한의 사절, 편지 그리고 사도의 권위까지도 거부했다!

요한이 "교회에"(1:9) 썼다고 말한 편지는 요한일서일 수도 있지만, 우리에게 없는 잃어버린 편지일 가능성이 더 높다.[2] 그 편지는 어떻게 없어졌을까? 1장 9절에 나오는 요한의

개척자에서 정착자로(요한삼서 1:5-8)

한 고대의 역사 기록이 1세기에 개척자에서 정착자 사역으로 전환하는 과정을 보다 분명하게 보여준다. 요한삼서가 기록된 AD 95년경 로마 교회의 지도자 클레멘트는 로마 교회 형성기에 행해졌던 사도들의 개척 활동에 대해 썼다. 이 기사는 단순히 점점 사라져가는 구전 전통의 메아리가 아니었다. 클레멘트가 살았던 시대와 장소로 보아 그는 1세대 개척 사역자 중 하나 또는 다수의 사역자에게서 가르침을 받은 직속 제자였을 것이다. 그래서 그의 글은 실제로 일어난 일에 대한 기억을 적은 것이다. 그는 이렇게 썼다.

> 그들(원사도들)은 명령을 받았고, 우리 주 예수 그리스도의 부활로 완전한 확신을 얻었으며, 하나님의 말씀에 대한 믿음으로 충만했다. 그들은 하나님 나라가 임박했다는 성령이 주시는 절대적인 확신을 가지고 복음을 선포하며 나아갔다. 그들은 지역과 도시를 다니며 설교했고, 그들의 첫 열매를 성령의 검증을 거쳐 미래의 감독(말 그대로 '감독하는 사람들')과 집사로 임명했다….
>
> 그리고 우리 사도들은 우리 주 예수 그리스도가 알려주신 바와 같이 감독(말 그대로 '감독자')의 직함에 관한 분쟁이 있을 것을 알았다. 이런 연유로 완전한 예지력을 받은 사도들이 앞에서 언급한 사람들을 임명했고, 그 후 만약 그들이 죽으면 다른 승인받은 사람들이 그들의 사역을 이어받아야 한다는 규칙을 세웠다.[3]

이 대목에서 로마의 클레멘트는 개척 사역자들(사도들)이 교회를 안정시키고 자리다툼을 방지하기 위해 정착 사역자들(감독과 집사)을 세웠다고 보고한다. 이 영속적인 사역은 사도들의 시대를 넘어 우리 시대까지도 지속될 것이었다.

말로 미루어 볼 때 디오드레베가 교인들에게 그 편지를 읽어주면서 사도의 가르침을 전달하지 않고 중간에서 가로챘을 가능성이 있다. 그는 요한 사도와 사도의 전령이 한 말을 받아들이지 않았기 때문에 그 편지를 없애버렸을 것이다. 그 외에도, 그는 사도의 사절들을 대접하기를 거부하고, 그들에 대해 거짓말을 하며, 심지어 다른 교인들과 교회 지도자들이 그들을 접대하는 것까지 막았다. 디오드레베는 자기 분에 겨워 심지어 사도의 연락망을 복구해 다시 접촉하려고 한 사람들을 모두 교회에서 내쫓았다(1:10-11).

그는 왜 이런 짓을 했을까? 교회에서 "으뜸되기를" 좋아했기 때문이다. 사도들은 원래 각 교회마다 복수의 지도자를 세웠다(행 14:23, 20:17, 딛 1:5, 약 5:14, 벧전 5:1-5). 지도자 중 한 사람이 의장, 수석 장로, 또는 우리가 원로 목사라고 부르는 것과 비슷한 직책을 맡기는 했지만, 장로 협의회 위에 군림하는 우두머리가 아니라 그들은 '동등한 통솔자'로 간주되었다. 그러나 디오드레베는 이러한 사도적 이상을 완전히 잃어버리고 독재자처럼 지배하기를 원했다. 이는 지도자들은 자기가 맡은 사람들에게 "권세를 부리[면]" 안 된다는 예수님과 베드로의 분명한 가르침에 정면으로 위배되었다(마 20:25-26, 벧전 5:1-3).

나는 디오드레베의 시대가 끝났다고, 그들은 1세기에 죽었다고, 그의 정신은 요한삼서의 그 두 구절에서 벗어나지 못했다고 말할 수 있다면 참 좋겠다. 슬프게도 디오드레베의 정신은 그 시대보다 오래 살아남아 우리 시대까지 계속되고 있다. 왕년의 한 작가가 그런 부류를 잘 묘사했다.

> 자신을 위해 큰일을 도모하고, 개인의 출세가 삶의 유일한 목표이며, 책략을 꾸미고 모의하며, 허세를 부리고 아첨하며, 다른 사람들을 짓밟고, 헛된 야망에 우쭐해지며, 그저 사익만 채우려고 절묘한 자화자찬으로 자기들만의 거짓되고 유해한 묘책을 만들어낸다.[4]

나는 평생 사역하는 동안 이런 증상들을 동반하는 급성 '디오드레베 병'이, 그것만 없었다면 건강했을 교회를 죽일 수 있다는 사실을 증언할 수 있다. 성질은 어기차면서 영적으로 미성숙한 사람들이 슬그머니 영향력 있는 자리를 차지하고 자기들 뜻대로 하기 위해 다른 사람들을 위협하기 시작한다. 문제는 대개 나쁜 신학이 아니라 자존심이다. 그릇된 가

묵상의 서재

악성 디오드레베 병(요한삼서 1:9)

1961년에 나와 아내는 레이 스테드먼(Ray Stedman) 목사님에게 목회를 배우려고 캘리포니아의 팔로알토로 이사했다. 우리는 행성지형을 전공한 캘리포니아 공과대학 교수인 달 과학자 집에 세 들어 살았다. 이때는 사람이 달에 발을 들여놓기 전인 1960년대 초였다. 달의 지형에 관한 연구의 일환으로 그와 그의 가족은 바위가 많은 땅이 달의 지형과 비슷하다고 알려진 서부 텍사스로 잠시 이주했다. 그래서 우리 부부는 그들이 없는 동안 살 수 있는 집을 얻는 축복을 누렸다. 아니 그렇게 생각했다.

그런데 그들은 가족 중 하나를 남겨놓고 떠났다. 신밧드라는 이름의 샴 고양이. 그 녀석은 당신이 상상할 수 있는 가장 똑똑하고 가장 성질이 고약한 고양이였다. 신밧드는 매사에 대장 노릇을 하려고 했다. 녀석은 수년 동안 최상의 대우를 받는 것에 익숙해져 있었다. 하지만 녀석이 가진 고양이 디오드레베 병증 중에서도 도가 지나친 가장 짜증나는 두 가지가 있었다. 신밧드는 안방 침대 위-옆도 아니고 아래도 아니고-에서 자고, 그리고 다른 가족과 함께 식탁에서-주변도 아니고 아래도 아니고-식사를 하곤 했다.

“어림없지!” 내가 말했다. “저 고양이가 우리 식탁에 앉고 우리 침대에서 자는 일은 절대 없을 거야!”

허무맹랑하게 들릴지 모르겠지만, 나는 그 고양이가 영어를 알아듣고 사이코패스의 치밀한 두뇌를 가지고 있었다고 확신한다. 집 문단속을 하고 침실 문을 닫은 첫날 밤, 신밧드는 정말 신밧드 같은 모습을 드러냈다. 녀석은 비명을 지르고 문을 긁고 할퀴기 시작했다. 내가 문을 열어주지 않자 신밧드는 계속 문을 향해 돌격하기 시작했다. 놈은 복도를 달려가서 돌아선 다음에 전속력으로 돌진해 문에 몸을 부딪혀 부수려고 했다.

그 집에 사는 동안 나는 그 고양이의 버릇을 고치고 동물 왕국의 질서와 그 안에서 녀석의 위치가 어디인지를 가르치기 위해 갖은 애를 다 썼다. 나는 그 고양이에게 우리 인간들에게 “땅에 기는 모든 것을” 다스릴 권한이 있다는 창세기 1장 26절의 진리를 가르치려고 했다. 그러나 신밧드는 아랑곳하지 않았다. 우리가 그 집을 떠날 때까지도 녀석의 버릇은 고쳐지지 않았다.

오늘날 교회에도 신밧드처럼 매사에 첫째가 되고 싶어 하는 골목대장 같은 사람들이 있다. 그들 중 일부는 고쳐질 수 있다. 나머지는 자기 뜻대로 될 때까지 멈추지 않을 것이다. 내가 할 수 있는 최선의 충고는 직설적이고 단호하다. 그들을 내쫓고 문을 잠그라!

르침이 아니라 오도하는 것이다. 치료를 받지 않으면 '디오드레베 병'은 회중 전체를 감염시켜 지역 교회를 갈등과 분열과 죽음으로 몰고 간다.

사도 요한은 또 '디오드레베 병'이 처음 발병했을 때 격리되고 제거되지 않으면 어디까지 퍼질지 정확히 알고 있었다. 그래서 그는 1장 10절에서 "그러므로 내가 가면 그 행한 일을 잊지 아니하리라"고 말한다. 실제로 1장 13절을 쓸 즈음해서 요한은 마음을 정한 것 같다. 그는 펜을 내려놓고 "대면하여 말하[기 위해]"(1:14) 여행용 지팡이를 집어 들기로 마음먹었다. 나는 디오드레베가 가이오에게 배달된 편지를 손에 넣고 사도 요한이 자기 집 문간에 나타날 경우 어떤 태도를 보일지 다시 생각해보는 모습이 그려진다. 그는 어쩌면 자만의 병이 너무 깊어 "예수께서 사랑하시던 제자"(요 20:2)도 냉대했을 수 있다

—1:11–12—

사도 요한은 분명히 디오드레베의 '내가 먼저' 증상을 치료하거나 교회 공동체에서 그를 도려내는 수술로 문제를 해결하는 절차를 밟고 있었다. 그러면서 한편으로는 가이오에게 "악한 것을 본받지 말고 선한 것을 본받으라"(요삼 1:11)고 권면한다. 그 맥락에서 "악한" 것은 사악한 디오드레베가 그 예다. 그의 횡포에 굴복해야 한다는 압력이 컸음에도 불구하고 가이오는 꿋꿋이 버티라는 지시를 받는다. 그러고 나서 요한은 그 상황에 심각성을 더하기 위해 그의 첫 번째 서신을 떠올리게 만드는 말을 한다. "선을 행하는 자는 하나님께 속하고 악을 행하는 자는 하나님을 뵈옵지 못하였느니라"(1:11, 참조. 요일 2:4–5).

이 외에도 요한은 가이오에게 긍정적인 모범, 특히 데메드리오를 본받고 함께 일하라고 이른다(요삼 1:12). 아마 가이오는 칠흑 같은 어둠 속에서 간신히 깜박이는 작은 등불처럼 디오드레베가 일으킨 분쟁의 한가운데서 혼자라고 느꼈을 것이다. 1장 12절에서 데메드리오를 언급함으로 새벽이 올 때까지 가이오가 계속 불을 밝히는 데 필요한 연료를 제공해주었다. 데메드리오에 대한 언급은 단 한 구절뿐이지만, 그 작은 구절은 그마저 없었다면 캄캄했을 항로에 밝은 빛을 비추는 등대였다.

데메드리오는 디오드레베 병에 걸리지 않은 가이오의 동료 장로였을까? 그럴 수도 있다. 그러나 더 나은 설명은 데메드리오가 가이오에게 요한의 편지를 전달한 사람이었다는

것이다. 따라서 데메드리오는 디오드레베가 전에 거절한 사도 요한의 사절 중 하나였을 수 있다(1:9). 스티븐 스몰리는 이렇게 썼다. "그러나 데메드리오가…디오드레베에게 맞서고 있는 장로를 지지하기 위해 요한삼서에 언급된 회중에게 가는 길이었다는 추정이 합리적이다."[5] 나는 사도 요한이 데메드리오라는 전투기로 공중에서 지원하는 모습을 즐겨 상상한다.

데메드리오는 확실히 그 임무에 적격이었다. 요한은 데메드리오에 대해 세 가지를 말하면서 그를 본받을 만한 귀감이라고 평가한다(1:11). 첫째, 데메드리오를 아는 모든 사람이 그를 보증했다. 그의 성품과 인격을 의심하는 사람은 한 사람도 없었다. 둘째, 그는 '진리 자체의' 인정을 받는 삶을 살았다(참조. 1:12). 진리와 사랑에 따라 살지 않은 디오드레베와 달리 데메드리오는 교리와 실천에서 모범이 되는 삶을 살았다. 셋째, 요한은 개인적으로 데메드리오에게 자기가 속한 사도 지도층의 승인을 보냈다.

—1:13-15—

가이오가 1장 13-15절을 읽고 있을 때 그 편지의 전달자였을 데메드리오는 그의 곁에 서 있었을 것이다. 나는 가이오가 1장 12절에서 데메드리오를 지지하는 요한의 글을 읽고 고개를 들어 폭군 디오드레베와의 싸움을 도울 태세로 자기 앞에 서 있는 그를 바라보며 안도의 한숨을 내쉬는 모습이 눈에 선하다. 그런 다음 가이오는 눈물이 그렁그렁한 눈으로 다시 편지를 내려다보며 지친 그의 영혼을 일으켜 날아오르게 할 말을 읽었을 것이다. "내가 네게 쓸 것이 많으나 먹과 붓으로 쓰기를 원하지 아니하고 속히 보기를 바라노니 또한 우리가 대면하여 말하리라"(1:13-14).

요한이 오고 있었다!

격려를 담은 이 편지의 마지막 말을 읽었을 때 가이오는 얼마나 기뻤을까? "평강이 네게 있을지어다 여러 친구가 네게 문안하느니라 너는 친구들의 이름을 들어 문안하라." 가이오와 남아 있는 신실한 자들은 어둠 속에 혼자 있지 않았다. 멀리서 날아온 우정과 형제애는 그들을 강하게 만들어줄 것이고, 그 거리는 사도가 직접 오면 곧 메워질 것이다.

적용: 요한삼서 1:1–15

디오드레베 병 치료하기

확신하건대 거의 모든 교회에는 그들 나름의 디오드레베가 있다. 그들은 부당하게 지도자들을 비난하고, 도움이 필요한 사람들을 따돌리며, 교인들을 위협해서 사역에 어두운 그림자를 드리우려고 한다. 이 디오드레베 병은 교회 전체를 감염시켜 교인과 지도자 모두를 지배하고 절대적인 주권을 행사하려고 한다. 그들은 신학적으로나 교리적으로는 철두철미하고 건전한 명제적 진리를 내세울지 몰라도 동료 교인들과 다른 교회의 형제자매들에 대한 사랑은 부족하다.

동시에 모든 교회에는 그들만의 가이오나 데메드리오, 곧 공동체를 세워주는 사랑, 환대, 관용, 도덕성, 순결의 미덕을 보여주는 인품과 강인함을 갖춘 사람들이 있다는 사실은 고무적이다. 그런 사람들은 폭군들과 충돌하는 한이 있어도 기꺼이 사랑으로 균형 잡힌 진리의 편에 선다. 그들은 불의에 맞서 목소리를 높이고, 은혜와 자비를 베풀지 않는 것에 항의하며, 무서워서 스스로를 방어하지 못하는 사람들을 보호한다. 부디 그런 종족이 더 많아지기를!

우리는 디오드레베 병에 걸려서 교만이 우리를 고압적이고 자기 중심적인 깡패로 변화시키도록 방치할 것인가? 아니면 그런 자들의 위협에 굴복해서 '선한 것'을 받아들이지 않고 '악한 것'의 편에 설 것인가? 사소한 차이를 놓고 정식으로 안수받은 교회의 지도자들에게 저항할 것인가? 교회 지도자들과 그들을 지지하는 자들에 대한 추문과 비판을 믿고, 거짓말이나 근거 없는 비행을 넌지시 흘리는 말을 받아들이고 퍼뜨릴 것인가? 아니면 우리 지도자들이 마땅히 받아야 할 존경을 보여줄 것인가?(딤전 5:19, 히 13:17)

반대로, '선한 것'의 본보기로는 누구를 바라볼 수 있는가? 당신 삶의 데메드리오, 곧 모든 이에게 칭송받고, 교회 지도자들의 인정을 받으며, 사랑과 진리가 균형을 이루는 삶을 사는 사람은 누구인가? 대개 이런 사람들은 수십 년 간 한결같은 모습을 보여온 연륜 깊은 교인들이다. 시끄럽지 않고 조용하며, 사리를 꾀하지 않고 종의 마음을 가진 사람들이다. 갈라디아서 5장 22–23절에 나오는 성령의 열매와 고린도전서 13장의 '사랑 장'을 그대로 보여주는 걸어다니는 표본이다. 이런 건강하고 유익한 사람들을 찾아 그들과 함께 시간을 보내고 그들을 본받으라. 그러면 그들에게서 디오드레베 병 예방 접종을 받을 수 있다.

주

1. Walter Bauer 외, *A Greek-English Lexicon of the New Testament and Other Early Christian Literature* (Chicago: University of Chicago Press, 2000), 7.
2. Stephen S. Smalley, *1, 2, 3 John*, Word Biblical Commentary, 제51권, David A. Hubbard and Glenn W. Barker 편집(Waco, TX: Word Books, 1984), 353.
3. 1 Clement 42.3-4; 44.1-2, Rick Brannan 번역, *The Apostolic Fathers in English*(Bellingham, WA: Lexham Press, 2012)에서 인용.
4. J. Stuart Holden, *Some Old Testament Parables*(London: Pickering & Inglis, 1934), 49.
5. Smalley, *1, 2, 3 John*, 360.

유다서 인사이트

우리가 유다 시대의 신학적, 도덕적 위기에 몰려 있는 1세기의 신자라면 유다의 말은 모루를 내리치는 망치처럼 우리 마음을 쳐서 우리의 태도와 행동의 틀을 잡고 예리하게 벼릴 것이다. 유다서는 당대의 사람들에게 아주 시의적절하고 실용적인 책이었다. 그리고 우리가 이 책의 역동적인 언어와 이미지를 이해한다면 우리에게도 마찬가지로 적절하고 실용적인 지혜를 전해줄 것이다.

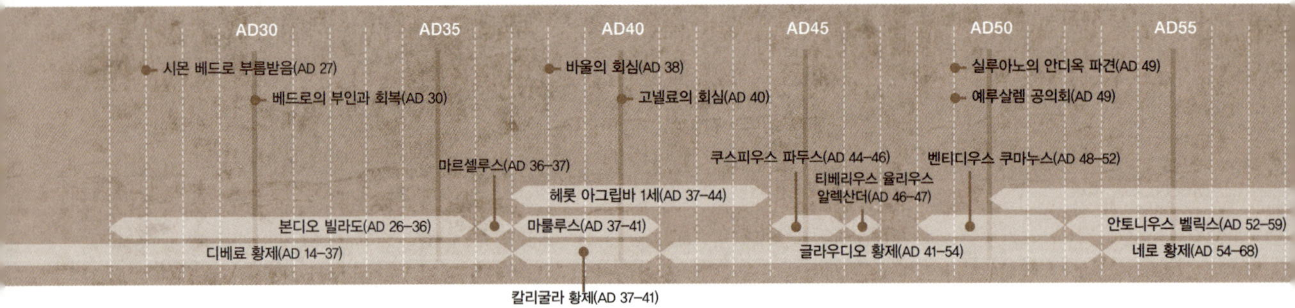

로마 제국의 영토는 시리아에서 스페인, 이집트에서 마케도니아에 이르기까지 지중해 전역을 망라했다. 유다는 어디서 누구에게 썼는지 밝히고 있지 않지만, 대부분의 주석가는 그가 안디옥의 시리아 그리스도인이나 알렉산드리아 인근의 이집트 그리스도인에게 편지를 썼다고 생각한다.

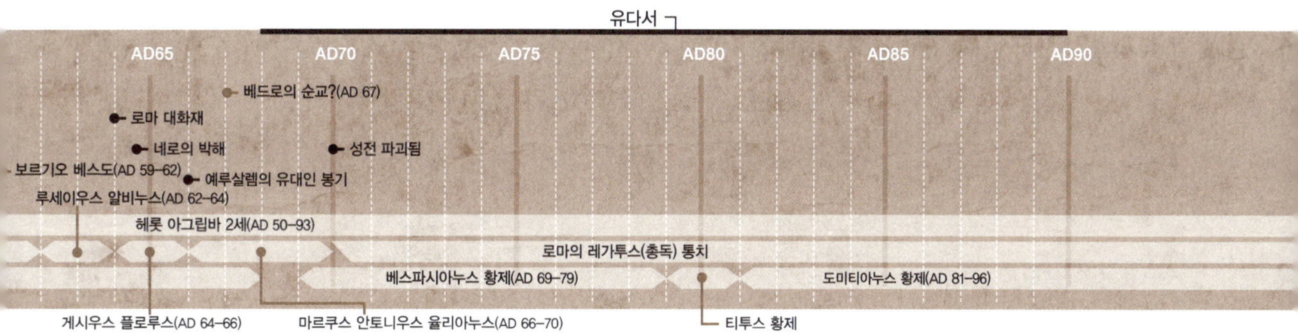

유다서

서론

마지막에 웅장하게 울려 퍼지는 송영을 제외하고 유다의 이 간명한 편지는 신약성경에서 거의 알려지지 않은 글이다. 유다서를 읽고 이해해보려고 시도한 몇 안 되는 사람들은 알쏭달쏭하고, 심지어 신비롭기까지 한 언어와 이미지 때문에 머리를 싸맨다. 유다는 자기의 주장을 펼치기 위해 계속 구약성경–일부 성경 외 전설까지–으로 돌아간다. 또 나무, 구름, 별에서 유사점을 끌어내어 논지를 설명한다. 유다의 모호한 말과 낯선 그림언어가 우리 귀에는 가끔 외국어처럼 들린다는 사실을 인정하지 않을 수 없다.

우리가 유다 시대의 신학적, 도덕적 위기에 몰린 1세기의 신자라면 유다의 말은 모루를 내리치는 망치처럼 우리 마음을 쳐서 우리의 태도와 행동의 틀을 잡고 예리하게 벼릴 것이다. 유다서는 당대의 사람들에게 참으로 시의적절하고 실용적인 책이었다. 그리고 우리가 이 책의 역동적인 언어와 이미지를 이해한다면 우리에게도 마찬가지로 적절하고 실용적인 지혜를 전해줄 것이다.

누가, 언제, 왜 썼는가?

당신이 1세기 예루살렘의 혼잡한 시장 한복판에 서서 "어이, 유다!"라고 소리친다면 아마

한눈에 보는 유다서

<table>
<tr><td>단락</td><td colspan="2">배교자들의 행태</td></tr>
<tr><td>주제</td><td>인사말
목적: 거짓 교사들이
"가만히 들어[왔으니]"
믿음을 위해 싸우라.</td><td>거짓 교사들을 폭로함
• 타락한 천사
• 가인과 아벨
• 반항적인 이스라엘 백성</td></tr>
<tr><td>핵심 용어</td><td colspan="2">싸우다…멸망하다</td></tr>
<tr><td>본문</td><td>1:1-4</td><td>1:5-16</td></tr>
</table>

전열을 가다듬으라!

경고와 명령 • 기억하라(1:17). • 자신을 지키라(1:21). • 긍휼히 여기라(1:22). • 구원하라(1:23).	축도 • 우리의 궁극적 희망 • 우리의 무한하신 하나님
1:17–23	1:24–25

도 수십 명이 당신 쪽으로 얼굴을 돌릴 것이다. 유다라는 이름은 1세기 유대인들에게 아주 흔했다.[1] 유다서의 저자가 이 유다라는 이름만 남겼다면 우리는 그가 정확히 누구인지 몰라 헤맸을 것이다. 우리가 말할 수 있는 것은 그가 유대인이라는 게 전부였을 것이다.

그런데 이 유다는 자신을 "야고보의 형제"(1:1)라고 부른다. 이 관계는 저자가 예수님의 형제임을 강력히 시사한다. "야고보의 형제"인 그는 "다대오"라고도 불렸던(참조. 마 10:2-4), 예수님의 원래 제자인 야고보의 아들 유다(눅 6:16)는 아니었을 것이다. 또 다른 유력한 후보는 사실상 익명인 다메섹의 유다(행 9:11)이거나 바울과 바나바와 실라가 예루살렘 공의회의 결과를 전하기 위해 안디옥으로 갈 때 동행했던 예루살렘의 예언자 유다일 것이다(행 15:22-32). 그런데 그 선지자 유다는 야고보라는 이름을 가진 인물과 아무 관련이 없다. 신약성경에서 잘 알려진 야고보라는 이름을 가진 유일한 인물은 예수님의 동생 야고보였다(마 13:55).

신약성경에 나오는 여섯 '유다'	
예수님의 동생 유다	마리아와 요셉의 아들이자 야고보, 요셉, 시몬의 형제(마 13:55).
가룟 유다	"예수를 판"(마 10:4) 열두 제자 중 하나.
야고보의 아들 유다	다대오라고도 불렸던 예수님의 열두 제자 중 하나 (참조. 마 10:2-4, 막 3:16-19, 눅 6:14-16, 행 1:13).
갈릴리의 유다	반란을 일으켰다가 죽임당한 실패한 혁명가(행 5:37).
다메섹의 유다	바울이 회심한 뒤 임시 거처를 제공했던 다메섹 주민(행 9:11).
바사바의 아들 유다	예루살렘 공의회의 결과를 전달하기 위해 안디옥에 파견된 사절 중 하나였던 예루살렘의 선지자(행 15:22, 27, 32).

형 야고보와 마찬가지로 유다도 예수님이 생전에 사역을 하고 계실 때는 주님을 믿지 않았을 것이다. 유다는 예수님이 부활하신 뒤에야 형 예수의 추종자가 되었을 가능성이 크다. 고린도전서 9장 5절에서 바울은 "주의 형제들"이 결혼해서 교회의 선교 사역에 몸담고 있다고 말한다. 다른 사람들이 아니라면 이들 중에는 최소한 유다와 야고보가 포함되어 있

었을 것이다. 그리고 4세기의 교회 역사가 유세비우스는 선대 역사가 헤게시푸스(약 110-180)의 기록을 인용해서 예수님의 동생 유다의 후손들에 대해 약간의 솔깃한 정보를 제공한다.

> 주님의 가족 중에 주님의 육신적 동생으로 알려진 유다의 손자들이 아직 살아 있었다. 그들은 다윗 가문에 속해 있으며, 로마의 퇴역 군인에게 잡혀 도미티아누스 황제에게 끌려갔다고 전해진다. 도미티아누스 황제는 헤롯처럼 그리스도의 출현을 두려워했기 때문이다. 황제는 그들이 다윗의 자손인지 물었고, 그들은 시인했다. 그런 다음 황제는 그들의 재산이 얼마나 되는지, 돈은 얼마나 가지고 있는지 물었다. 두 사람은 모두 합해 고작 9천 데나리온이 있으며 각각 절반씩 소유하고 있는데, 그마저도 현금이 아닌 39에이커밖에 안 되는 한 필지의 토지로, 거기서 받는 세와 자신들이 직접 일해서 먹고산다고 대답했다. 그리고 그들은 팔을 내밀어 노동의 증거인 근육과 지속적인 노역으로 생긴 굳은살을 보여주었다. 황제는 그들에게 그리스도와 그분의 왕국에 대해, 그것이 어떤 종류의 왕국이며 언제 어디서 나타날 것인지 물었다. 그들은 그것은 일시적으로 왔다가 사라지는 지상의 왕국이 아니라 세상 끝 날에 나타날 천상의 신성한 왕국이며, 그때 그리스도가 영광 가운데 오셔서 산 자와 죽은 자를 심판하시고 모든 사람을 그 공로에 따라 보상하실 것이라고 대답했다. 이 말을 들은 도미티아누스 황제는 그들에게 불리한 판결을 내리지는 않고, 그들을 하찮은 인간들이라고 경멸하면서 풀어주었다. 그리고 교회의 박해를 중단하라는 칙령을 내렸다. 그들은 증인이면서 주님의 가족이었기 때문에 석방된 뒤 교회를 이끌었다.[2]

우리는 유다의 초상을 처음에는 자기 형을 의심하며 살았던 한 남자로 그리기 시작한다. 그러나 그는 결국 예수님을 믿게 되었다. 결과적으로 그는 선교를 통해 자기 세대뿐 아니라 그의 자녀와 손주들을 통해 다음 세대에까지도 영향을 미쳤다. 신앙이 있는 아내와 아이들과 함께 그는 예수님을 메시아, 하나님의 아들, 세상의 구세주로 선포하면서 이 도시 저 도시를 옮겨다녔다.

그런데 예수님의 동생 유다는 언제 이 책을 썼을까? 유다는 마태복음 13장 55절에 나오는 예수님의 형제들 중 제일 마지막으로 이름이 나오는 것으로 보아 요셉과 마리아의 막내아들이었을 가능성이 높다. 따라서 유다는 예수님의 공생애 시절에 10대였거나 20대 초반이었을 것이다. 유다는 요한처럼 80대까지 살았을 것으로 추정된다. 따라서 1세기의 어느 시점–90년대 후반까지도–을 짚어도 다 개연성이 있다.

유다서가 기록된 배경

누가 기록했는가? 야고보의 형제이자 예수님의 동생 유다.

언제 기록했는가? AD67에서 90년 사이로 추정.

어디서 기록했는가? 확실치 않음.

왜 기록했는가? 거짓 교사들을 폭로하고 신자들이 믿음 안에 굳게 서도록 격려하기 위해서.

유다서가 쓰인 시기에 대한 한 가지 단서는 베드로후서와의 관계다. 뒤에 나오는 해설에서 볼 수 있듯이 베드로가 그의 서신서를 쓸 때 유다서를 알고 있었거나, 또는 유다가 베드로의 편지를 알고 있었던 것은 거의 의심의 여지가 없다. 두 편지는 특정 언어에 유사점이 있으며 동일한 이미지를 사용했다. 나는 베드로가 66년경에 먼저 썼다고 생각한다. 베드로는 그의 편지에서 거짓 교사들의 출현을 예언적으로 언급했다. "먼저 이것을 알지니 말세에 조롱하는 자들이 와서 자기의 정욕을 따라 행하며 조롱하여"(벧후 3:3). 유다는 그의 편지에서 이 예언을 언급하면서 독자들에게 베드로가 말한 일이 벌어졌다고 알린다. "사랑하는 자들아 너희는 우리 주 예수 그리스도의 사도들이 미리 한 말을 기억하라 그들이 너희에게 말하기를 마지막 때에 자기의 경건하지 않은 정욕대로 행하며 조롱하는 자들이 있으리라 하였나니"(유 1:17–18).

추측하건대 이 관계에 관한 가장 좋은 설명은 유다가 그의 독자들에게 베드로후서의 말씀을 상기시켜주고 있었다는 것이다. 따라서 유다서는 AD 66년 이후에 쓰였음을 알 수 있다. 하지만 정확한 시점을 특정할 수 없기 때문에 유다서가 쓰인 시기는 AD 67년에서 90년 사이로 추정되며, 그 중에서도 80년 즈음이 더 유망한 듯하다.

마지막으로 이 간략한 편지는 무슨 연유로 쓰였을까? 유다는 무엇 때문에 이 편지를 쓰게 됐을까? 그 배경은 이 책의 서두에 명시되어 있다. "사랑하는 자들아 우리가 일반으로 받은 구원에 관하여 내가 너희에게 편지하려는 생각이 간절하던 차에 성도에게 단번에 주신 믿음의 도를 위하여 힘써 싸우라는 편지로 너희를 권하여야 할 필요를 느꼈노니"(1:3). 이 편지의 나머지 부분에서는 유다가 거짓 교사들을 폭로하고 신자들에게 믿음 안에 굳게

서라고 격려하면서 이 주제를 펼친다.

유다의 간결함을 무관심으로 오해하면 안 된다. 그는 쟁점을 빙빙 돌리면서 말을 낭비하지 않고 바로 요점을 말한다. 거짓 교사들의 오류가 너무나 명백하고 터무니없어서 유다는 멀리서도 즉각 그들의 사악한 행위에 경종을 울리고 그들을 비판한다.

유다서의 개요

유다가 이 편지를 쓴 목적은 두 가지다. 그는 기독교 공동체에 침투한 거짓 교사들을 폭로하고, 신자들이 믿음 안에 굳게 서서 그들과 싸우도록 격려해야 했다. 이 책은 크게 두 단락으로 정확하게 나뉘며(1:1–16과 1:17–25), 각 단락은 두 개의 소 단락으로 나뉜다. 유다는 인사와 목적을 진술한 뒤(1:1–4) 바로 본론으로 돌입해서 거침없이 거짓 교사들을 폭로하기 시작한다(1:5–16). 거기서부터 그는 긴급한 경고와 명령(1:17–23)으로 독자들을 바로 끌어들이고, 격려의 축도로 짧지만 강력한 메시지를 끝맺는다(1:24–25).

인사와 목적(1:1–4). 빠른 추격 장면으로 시작되는 액션 영화처럼 유다는 두 개의 구절로 독자의 주의를 그의 주 관심사에 집중시킨다. 사뭇 통례적인 인사를 한 뒤(1:1–2), 1장 3–4절에서 긴급한 어조로 바꾸어 "가만히 들어온 사람 몇", 곧 교회를 파괴할 작정을 하고 덤비는 거짓 교사들을 향해 호각을 분다.

거짓 교사들을 폭로함(1:5–16). 유다는 자신의 주장에 힘을 싣기 위해 교회 안의 거짓 교사들의 위험성과 비슷한 성경의 이미지와 의미심장한 은유를 차용한다. 유다는 타락한 천사들에서 시작해 떨어지는 별, 가인이 아벨을 죽인 사건에서 광야의 이스라엘 백성의 반항에 이르기까지 가장 나쁜 예에 빗대어 교회 안에서 반란을 일으키려는 영적 도적떼에게 맹공을 가한다.

경고와 명령(1:17–23). 유다의 목적은 배교자들을 응징하는 것에서 그치지 않고 신실한 자들을 보호하는 것이었다. 그래서 이 세 번째 단락에서 유다는 자신의 독자들에게 앞에서 한 경고를 기억하고, 하나님의 사랑 안에서 그들 자신을 지키며(1:20–21), 거짓 교사들에게 속았던 자들에게 자비를 베풀고(1:22–23), 배교자들에게서 위협을 당하고 있는 자들을 구하라(1:23)는 명령으로 독자의 분별력을 예리하게 벼리려고 노력한다(1:17–19).

축도(1:24-25). 끝으로 유다는 성령의 능력을 힘입지 않고는 아무도 그런 영적인 공격에 맞설 수 없기에 성령의 초자연적인 힘을 달라고 기도한다(1:24). 그리고 아들을 통해 영원한 권세로 다스리실 성부 하나님을 찬양하는 송영을 높이 올려드리며 끝을 맺는다(1:25).

유다서의 핵심 용어

ἐπαγωνίζομαι[*epagōnizomai*, 에파고니조마이]*(1864)* '싸우다', '투쟁하다'

유다서 1장 3절에 나오는 "싸우다"라는 말은 '무언가를 위해서 온 힘을 다하다'는 뜻이다.[3] 이 용어는 운동선수가 경기에서 상대 선수를 이기기 위해 노력하는 모습을 나타낸다.[4] 격투사들이 상을 놓고 싸우거나 도시를 정복하기 위해 전투를 벌이는 군대의 모습이 그 의미를 잘 보여준다. 자세히 보면 영어의 'agonize'가 여기서 파생했음을 알 수 있다. 유다는 이 용어로 참 신자들과 거짓 교사들 사이의 신학적, 도덕적 갈등을 표현한다(1:3).

ἀπόλλυμι[*apollymi*, 아폴뤼미]*(622)* '파괴하다', '멸망하다', '잃다'

반항과 거짓 가르침의 대가는 무시무시하다. 유다는 이 생생한 용어로 완전한 파괴와 파멸을 전한다.[5] 바울은 진리를 받아들여 구원받기를 거부해서 멸망을 향해 가는 사람들에 대해 이 말을 썼고(살후 2:10), 베드로는 홍수 때에 세상이 파괴된 모습을 이 용어로 표현했다(벧후 3:6). 바울은 복음이 "망하는 자들에게"(고후 4:3) 가려져 있다고 말했다. 이 말에는 이런 멸망은 구원받지 않은 자들에게 임한다는 뜻이 내포되어 있다. 특히 유다는 진심으로 믿지 않았던 이스라엘 백성의 파멸(유 1:5)과 모세에게 대항한 고라의 반란군들의 멸망을 이 용어로 표현한다(1:11). 이것이 교회 안에 있는 거짓 교사들이 맞이할 심판과 파멸이다.

주

1. Gene L. Green, ***Jude and 2 Peter***, Baker Exegetical Commentary on the New Testament(Grand Rapids: Baker Academic, 2008), 1.
2. Eusebius of Caesarea, "The Church History of Eusebius", in Eusebius: ***Church History, Life of Constantine the Great, and Oration in Praise of Constantine***, Philip Schaff and Henry Wace 편집, Arthur Cushman McGiffert 번역, 제1권, ***A Select Library of the Nicene and Post-Nicene Fathers of the Christian Church***, 두 번째 시리즈(New York: Christian Literature Company, 1890), 148-149.
3. Walter Bauer 외, ***A Greek-English Lexicon of the New Testament and Other Early Christian Literature***(Chicago: University of Chicago Press, 2000), 356.
4. Fritz Reinecker 번역, ***A Linguistic Key to the Greek New Testament***, By Cleon L. Rogers, Jr. 편집(Grand Rapids: Zondervan, 1980), 803.
5. Bauer 외, ***Greek-English Lexicon***, 115-116.

생존 지침서

유다서 1:1-25

거대한 대성당 옆에 지어진 한 칸짜리 예배당처럼, 한 장짜리 유다서는 우뚝 솟아 있는 이웃집인 계시록의 그늘에 가려지기 십상이다. 대부분의 신자는 요한의 계시록에서 십여 개의 이미지를 생각해낼 수 있는 반면에, 유다의 여러 생생한 은유 중에서 한두 개라도 떠올릴 수 있는 사람은 거의 없다. '신약성경에서 가장 등한시되는 책'의 타이틀을 놓고 경주를 벌인다면 빌레몬서와 유다서가 막상막하일 것 같다.

그러나 이 작은 책에는 영적 혼란과 싸움의 세계에서 살아남기 위한 필수 지침이 강렬한 이미지와 열정적인 언어로 쓰여 있다. 진리 없는 사랑과 한계 없는 관용을 강조하는 현대 사회에서 유다의 편지는 "믿음의 도를 위하여 힘써 싸우라"(1:3)는 시의적절한 부름으로 우뚝 서 있다. 그런 만큼, 유다서는 '쉽게 읽히는' 책이 아니다. 간략하지만 밀도가 높다. 그러므로 이 안에 담긴 경고를 다 읽고 그 원칙들을 숙고하면 영적 전쟁에서 생존하고, 나아가 번성할 수 있도록 무장이 될 것이다.

배교자들의 행태(유다서 1:1–16)

1예수 그리스도의 종이요 야고보의 형제인 유다는
부르심을 받은 자 곧 하나님 아버지 안에서 사랑을 얻고 예수 그리스도를 위하여 지키심을 받은
자들에게 편지하노라 2긍휼과 평강과 사랑이 너희에게 더욱 많을지어다
3사랑하는 자들아 우리가 일반으로 받은 구원에 관하여 내가 너희에게 편지하려는 생각이 간절
하던 차에 성도에게 단번에 주신 믿음의 도를 위하여 힘써 싸우라는 편지로 너희를 권하여야 할 필요
를 느꼈노니 4이는 가만히 들어온 사람 몇이 있음이라 그들은 옛적부터 이 판결을 받기로 미리 기록
된 자니 경건하지 아니하여 우리 하나님의 은혜를 도리어 방탕한 것으로 바꾸고 홀로 하나이신 주재
곧 우리 주 예수 그리스도를 부인하는 자니라
5너희가 본래 모든 사실을 알고 있으나 내가 너희로 다시 생각나게 하고자 하노라 주께서 백성을
애굽에서 구원하여 내시고 후에 믿지 아니하는 자들을 멸하셨으며 6또 자기 지위를 지키지 아니하고
자기 처소를 떠난 천사들을 큰 날의 심판까지 영원한 결박으로 흑암에 가두셨으며 7소돔과 고모라와
그 이웃 도시들도 그들과 같은 행동으로 음란하며 다른 육체를 따라 가다가 영원한 불의 형벌을 받음
으로 거울이 되었느니라
8그러한데 꿈꾸는 이 사람들도 그와 같이 육체를 더럽히며 권위를 업신여기며 영광을 비방하는
도다 9천사장 미가엘이 모세의 시체에 관하여 마귀와 다투어 변론할 때에 감히 비방하는 판결을 내
리지 못하고 다만 말하되 주께서 너를 꾸짖으시기를 원하노라 하였거늘 10이 사람들은 무엇이든지 그

알지 못하는 것을 비방하는도다 또 그들은 이성 없는 짐승 같이 본능으로 아는 그것으로 멸망하느니
라 11화 있을진저 이 사람들이여, 가인의 길에 행하였으며 삯을 위하여 발람의 어그러진 길로 몰려 갔
으며 고라의 패역을 따라 멸망을 받았도다 12그들은 기탄 없이 너희와 함께 먹으니 너희의 애찬에 암
초요 자기 몸만 기르는 목자요 바람에 불려가는 물 없는 구름이요 죽고 또 죽어 뿌리까지 뽑힌 열매
없는 가을 나무요 13자기 수치의 거품을 뿜는 바다의 거친 물결이요 영원히 예비된 캄캄한 흑암으로
돌아갈 유리하는 별들이라

14아담의 칠대 손 에녹이 이 사람들에 대하여도 예언하여 이르되 보라 주께서 그 수만의 거룩한
자와 함께 임하셨나니 15이는 뭇 사람을 심판하사 모든 경건하지 않은 자가 경건하지 않게 행한 모든
경건하지 않은 일과 또 경건하지 않은 죄인들이 주를 거슬러 한 모든 완악한 말로 말미암아 그들을
정죄하려 하심이라 하였느니라 16이 사람들은 원망하는 자며 불만을 토하는 자며 그 정욕대로 행하는
자라 그 입으로 자랑하는 말을 하며 이익을 위하여 아첨하느니라

1세기 후반 유다가 활동하던 시대에는 무기와 무력으로 싸우는 전쟁은 아니어도 진짜 위험한 전쟁이 격렬히 벌어지고 있었다. 그 전쟁은 예수님을 배신한 제자 가룟 유다에게서 시작되어(마 26:47), 마술사 시몬 같은 변절자로 이어지다가(행 8:9-24), 사도 요한이 "우리에게서 나갔으나 우리에게 속하지 아니하였[다]"(요일 2:19)고 말한 배교자들에게서 극에 달했다.

그 전쟁은 배교와의 싸움이었다. 배교는 1세기에 국한된 문제가 아니었다. 실제로 교리와 실천에서 진리를 떠나는 사람들과의 영적 갈등은 수 세기를 거치면서 더 첨예해졌다. 그 결과 수많은 이교, 분파, 사이비 종교, 탈선한 교파, 진정한 그리스도인이라고 주장하는 수많은 거짓 교사가 출현했다. 성경의 어떤 책도 거짓 교사들을 폭로하고 믿음으로 굳게 서도록 신자들을 격려하기 위해 쓰인 이 간략한 유다서만큼 고대부터 지금까지 계속된 이 전쟁에 주의를 기울인 책은 없다.

책의 전반부에서 유다는 거짓 교사들의 맹공격에 맞서 싸우라는 의도를 분명히 밝힌다(유 1:3-4). 그러면서 유다는 기만적이고, 부도덕하며, 불경스럽고, 반항적이며, 무지하고, 이기적이며, 경건하지 않은 죄인들인 그들의 실체를 폭로한다(1:4-16). 그런 거짓 교사들은 교회사 전반에 걸쳐 다양한 형태로 나타났지만, 그들의 기본 요소는 그대로다. 오늘날 우리가 믿음을 위해 싸우려면 유다의 설명을 더 잘 이해해서 배교자들의 행태에 대응할 준비를 갖춰야 한다.

—1:1-4—

유다는 요셉과 마리아 사이에서 태어난 예수님의 동생이고 야고보서를 쓴 야고보의 형제였다. 유다는 한때 예수님을 미쳤다고 생각한 사람 중 하나였다(막 3:21). 하지만 그는 오래지 않아 미친 사람의 말처럼 들리는 주장이 사실은 신이자 인간이신 분의 주장임을 깨달았다! 그의 형은 세상 죄를 위해 죽었다가 다시 살아나신, 오랫동안 기다려온 메시아였다. 유다는 우주의 하나님과 함께 자란 것이다!

하지만 유다는 구세주와 친족 관계임을 과시하거나 악용하지 않는다. 오히려 그는 자신을 그분의 "종"(유 1:1)이라고 부른다. 유다는 자기 자신, 자기의 명성, 자기의 계획을 내세우려는 마음이 없었다. 그의 유일한 목표는 신실한 종으로 주 예수 그리스도를 섬기는 것이었다. 그래서 그는 편지의 서두에서 "예수님의 육신의 형제 유다"라고 하지 않고 "야고보의 형제"라고 자신을 밝히면서 스스로 독자와 영적으로 동등한 위치에 선다.

유다는 독자를 "부르심을 받은", "사랑을 얻은", "지키심을 받은" 자들이라고 칭한다. 여기서 우리는 신자들의 삶에 역사하시는, 거의 눈에 띄지 않는 삼위일체의 사역을 엿보게 된다. 한 주석가는 이렇게 말한다. "부르심은 성령의 적극적인 사역이다. 사랑은 아버지로부터 나온다(참조. 고후 13:14). 지키는 일은 아들의 사역이다. 따라서 유다의 인사 속에는 삼위일체가 다 들어 있다. 하나님의 부르심, 사랑, 지키심을 알면 신자들은 배교의 시대에 확신과 평안을 얻을 수 있다."[1] 유다는 독자에게 "긍휼과 평강과 사랑이 너희에게 더욱 많을지어다"(유 1:2)라는 기도로 거룩하신 세 위격의 사역에 세 개의 축복을 더한다. 이 또한 아들을 통해 성령에 의해 아버지로부터 온다.

이 고무적인 인사와 관련해서 유다는 원래 독자들이 소유하고 있는 구원의 영광에 관해 쓰고 싶어 했다(1:3). 그는 성령의 부르심, 아버지의 사랑, 그리스도의 구원과 보존하시는 사역의 풍성함을 풀어내고, 진정한 신자들이 삼위일체의 신앙 안에서 공유하는 자비와 평화, 사랑의 깊고도 실제적인 측면을 깊이 들여다보고 싶은 마음이 있었다. 그런데 갑자기 가던 길에 위급한 상황이 발생하는 바람에 급정거한 뒤 저속 기어로 전환했다. 그리고 시급한 주제인 배교의 위협이라는 더 어두운 길로 갑자기 방향을 틀게 되었다.

유다는 "성도에게 단번에 주신 믿음의 도를 위하여 힘써 싸우라"(1:3)는 새 목적으로 글을 써야 할 “필요”가 있었다고 말한다. “힘써 싸우라”로 번역된 *epagōnizomai*(1864)라는 말은 신약성경에서 여기 딱 한 번 나오지만, 이 단어는 더 일반적으로 쓰이는 *agōnizomai*(75)를 강화시킨 말이다. 바울은 디모데에게 “믿음의 선한 싸움을 싸우라”(딤전 6:12)고 촉구하면서 이 일반적인 용어를 사용했다. 이 용어는 상을 놓고 경쟁하는 운동선수들의 분투를 묘사하는 데 쓰인다(고전 9:25). 유다서 1장 3절에 나오는 강화된 형태는, 말하자면 그 싸움의 위대함과 “힘써 싸우기” 위한 영적 능력의 필요성을 강조하고, 밑줄을 그은 다음, 하이라이트를 한 것과 같다. 그러면 믿음을 위해 싸우는 이 힘은 어디에서 오는가? 바울은 이 점을 분명히 밝힌다. “이를 위하여 나도 내 속에서 능력으로 역사하시는 이의 역사를 따라 힘을 다하여 수고하노라[*agōnizomai*]”(골 1:29).

유다가 그의 독자들이 “믿음”을 위해 싸워야 한다고 쓴 것은 무슨 의미인가? “믿음”은 신자 개인의 믿음이 아니라 사도들이 가르치고, 성경에 담겨 있으며, 역사를 통틀어 찬송가, 신앙고백, 신경으로 반복되어온 것, 곧 믿음의 핵심 교리를 말한다(222쪽 “배교자들, 그들은 무엇에서 이탈했는가?” 참조). 유다서 1장 3절의 이 “믿음”은 예수 그리스도를 통해 하나님으로부터 단번에 전달되었다. 기독교 신앙은 역사를 통해 더 잘 이해되고 설명될 수는 있지만, 각 세대의 세계관에 맞추어 더하거나, 빼거나, 만들어질 수는 없다. 마지막으로 “믿음”은 “성도”, 즉 모든 신자에게 전해졌다. 믿음은 세상이 비판하고, 역사가들이 평가하며, 철학자들이 분석하고, 연예인들이 풍자하라고 주어진 것이 아니다. 하나님의 의도는 모든 신자, 곧 신학자와 목사뿐 아니라 단순하게 그리스도를 신뢰하는 어린아이까지도 믿음을 이해하고, 공부하며, 그대로 사는 것이었다.

독자에게 기독교 신앙을 위해 싸우라고 촉구한 유다는 이 훈계가 왜 그렇게 긴급했는지 설명한다. 일부 경건하지 않은 사람들이 교회에 슬그머니 들어오면서 도덕적 부패와 교리적 일탈을 함께 들여왔다(1:4). 이런 사람들은 “옛적부터 이 판결을 받기로 미리 기록”되어 있었으므로 믿음의 변절자들이 있다는 사실에 놀랄 필요는 없다. 실제로 예수님도 이렇게 예언하셨다. “그 때에 많은 사람이 실족하게 되어…거짓 선지자가 많이 일어나 많은 사람을 미혹하겠으며”(마 24:10–11). 사도 바울은 “그러나 성령이 밝히 말씀하시기를 후일에 어떤 사람들이 믿음에서 떠나 미혹하는 영과 귀신의 가르침을 따르리라 하셨으니”(딤전 4:1)라고 경고했다. 히브리서의 저자도 엄중히 경고한다. “형제들아 너희는 삼가 혹 너희

중에 누가 믿지 아니하는 악한 마음을 품고 살아 계신 하나님에게서 떨어질까 조심할 것이요"(히 3:12). 거짓된 마귀의 가르침에 이끌리는 불신의 마음은 배교-기독교 신앙의 참된 교리에서 이탈하는 것-로 이어진다.

유다는 배교자가 "가만히 들어[왔다]"(1:4)고 말한다. 헬라어 *pareisdyō*(3921)는 음험하고 은밀한 침투를 의미한다. 윌리엄 바클레이(William Barclay)는 유다서 주석에서 이 용어를 다음과 같이 설명한다.

> 이 말은 교묘한 변론으로 판사와 배심원들의 마음속으로 서서히 파고들어 무죄를 호소하는 사람의 그럴듯하고 솔깃한 말을 표현할 때 쓰인다. 또 공동체에서 추방당한 사람이 몰래 다시 들어오거나, 새 제도가 공동체의 삶에 눈에 띄지 않게 서서히 조금씩 침투해 결국 조상 대대로 내려온 법제를 훼손하고 무너뜨리는 현상을 나타내는 데 쓰인다. 이 말은 항상 무언가가 사회나 상황 속으로 은밀히 스며드는 현상을 표현한다.[2]

이 사기꾼들은 한 나라를 내부에서부터 붕괴시키기 위해 철저하게 그 나라 사람으로 위장한 외국의 간첩들처럼 교활하고 위험했다. 그 배교자들은 믿음이 있는 척하면서 조용히 교회에 침투해 일단 인정과 신뢰를 얻은 뒤 두 가지 방식으로 기독교 진리의 핵심을 갑자기 공격하기 시작했다.

첫째, 배교자들은 하나님의 은혜를 '방종'으로 변질시켰다(1:4). 그들은 하나님의 은혜를 죄를 용서받고 거룩한 그리스도인의 삶을 살 수 있는 자유로 받아들이는 대신 온갖 부도덕한 행위를 마음껏 즐겨도 되는 자유로 재해석했다(참조. 롬 6:15-23). "방탕"으로 번역된 *aselgeia*(766)는 "사회적으로 용인되는 한계를 넘는 행위에 탐닉하는 자제심의 결여"를 나타낸다.[3] 그들은 하나님의 은혜를 내세워 죄의식도 없이 무덤덤하게 음란한 도락에 빠져 지냈다. 다시 말해서, 그들은 최악의 도덕적 타락을 불러왔다.

둘째, 배교자들은 "홀로 하나이신 주재"(유 1:4) 예수 그리스도를 부인했다. 도덕 규범의 거부는 으레 교리적 진리를 준수하는 데 영향을 미치고, 교리적 규범에서의 이탈은 으레 도덕적 해이로 이어진다. 배교자들에게 예수님은, 그들을 감옥에서 빼내어 다시 거리에서

묵상의 서재

몰래 숨어들다(유다서 1:4)

내가 어렸을 적에 우리 부모님은 매년 가족을 데리고 멕시코만 인근의 작은 별장으로 휴가를 가셨다. 우리는 대부분의 시간을 멕시코만에서 내륙으로 3-5킬로미터 쑥 들어간 바닷가에서 보냈다. 그러다가 형, 누나와 함께 더 안쪽에 있는 저수지에 수영하러 가기도 했다. 만을 가득 채운 탁하고 미지근한 소금물에서 벗어나 샘물에서 흘러나온 맑은 물에 텀벙 뛰어들면 기분이 참 좋았다. 그 물은 늘 시원하고, 깨끗하고, 맑았다.

그런데 어느 날 정체를 알 수 없는 무언가가 물속으로 기어들어 왔다. 내가 먼저 물에 뛰어들었고, 형, 누나, 친구가 내 뒤를 따라 들어왔다. 우리는 즐겁게 놀았다. 내가 물속에서 눈을 뜨고 옆눈으로 어떤 움직임을 포착하기 전까지는 그랬다. 나뭇가지인가? 물렁물렁한데? 해초인가? 아냐, 어디에 붙어 있지 않은 걸. 순간 나는 그것의 정체를 알아차렸다. 길이가 아빠 키만 한 거대한 물뱀이었다!

나는 아무 생각도 나지 않았다. 물 밖으로 머리를 내밀어 숨을 내쉬면서 다급하게 소리쳤다. "물 속에 뱀이 있어!"

첨벙, 첨벙, 첨벙, 첨벙.

우리는 '독사'라는 말이 채 끝나기도 전에 쏜살같이 저수지에서 뛰쳐나왔다. 그 뱀은 방금 기어들어 왔다. 그런데 우리는 아무런 낌새도 채지 못했다.

예전처럼 장사할 수 있게 해준 국선 변호사 같은 존재에 불과했다. 그들은 주님–신성과 주권을 다 나타내는 용어–이신 그분의 실체를 부인했다. 그 결과 교리와 실천에서 일탈하게 되었다.

—1:5–11—

유다를 노엽게 만든 침략자들은 은혜를 죄의 면죄부로 왜곡하고, 그리스도의 인격과 사역도 부인하고 있었다. 이런 특징은 나중에 영지주의로 알려진 특정한 이단의 유형과 일치한다. 다양한 영지주의 집단이 기독교와 헬라 철학을 뒤섞고 상당량의 중동 종교와 약간의 신비주의를 더했다. 물리적 세계의 일부인 우리의 육신은 악하지만 영혼은 선하다는 것이 그들이 가르치는 핵심이었다. 신학자 밀라드 에릭슨(Millard Erickson)에 따르면 이 가르침은 두 가지 극단으로 갈렸다.

> 일부 영지주의자들은 몸은 악한 것이므로 엄격한 금욕주의가 실행되어야 한다고 주장했고, 또 다른 영지주의자들은 몸의 행위는 영적인 것과 무관하므로 음란한 행위를 해도 괜찮다고 생각했다.[4]

보기에는 두 번째 유형의 영지주의자들과 비슷한 교사들이 교회에 침투했는데, 그들은 대놓고 부도덕한 자들이었다. 그들은 그리스도의 은혜가 그들의 영혼을 육체에서 해방시켜 영적인 부분은 "거룩하게" 만들고 육체의 행위는 영적인 영역과 무관하게 만들었다고 주장한 것 같다. 한 주석자는 이렇게 해설했다. "그들에게 성적인 순결이라는 주제를 제기하고 호들갑을 떠는 사람들은 지나치게 순진해 보였다."[5] (더 자세한 내용은 113쪽 "영지주의적 쾌락수의" 참조.)

이 거짓 교사들은 육체적인 것과 영적인 것을 분리하고 영적인 것을 숭상하는 이원론적 세계관과 더불어 그리스도의 성육신도 부인했다. 그들은 하나님이신 '그리스도'가 자신의 사명을 수행하기 위해 일시적으로 인간 '예수'의 몸에 거했다고 가르쳤다. 최악의 경우 그리스도가 육신이 있는 것처럼 보였을 뿐 유령 같은 환영이었다고 믿기도 했다. (더 자세한 내용은 44쪽 "육신이 없는 그리스도를 주장한 최초의 이단" 참조.) 교회에서 추종자들을 확보한 이 신생 영지주의자들은 기독교 신앙의 토양에 파멸의 씨앗을 심었다.

이러한 신흥 이단에 맞서야 하는 독자에게 힘을 실어주기 위해서 유다는 그들이 "본

배교자들, 그들은 무엇에서 이탈했는가?(유다서 1:3-4)

배교자들은 자의적이고 의도적으로 믿음과 참된 신학을 거부하고 이단을 받아들이는 사람들이다. 그들은 한때는 기독교의 기본 교리에 대해 교회와 생각이 같아 보였으나, 실제로는 영원한 구원을 위해 그리스도를 진정으로 신뢰하지 않았다. 오만과 반항심을 마음에 품은 배교자들은 기독교 신앙의 중심인 정통 가르침을 의도적으로 반대하면서 신자들 사이에 의심, 분열, 불화의 씨앗을 심는다.

분명히 말해서 배교는 "어떤 그리스도인이 내가 다니지 않는 다른 교회나 교파에 참석하는 것"을 의미하지 않는다. 그리고 이단자는 "어떤 것을 내가 믿는 것과 다르게 믿는 그리스도인"이 아니다. 진정한 기독교는 다양하다. 여러 교파 사이의 일부 차이점은 수 세기 동안 불화와 논쟁 심지어 갈등의 요인이 되었다. 그러나 현재의 모든 참된 기독교 교회, 교단, 교사들은 믿음의 중심 교리에 항상 동의했다.

초대 교회 때부터 지금까지 그리스도인들은 다음과 같은 본질적인 진리를 성경적인 믿음의 핵심 교리로 지켜왔다.

- 성경의 영감과 무오성(딤후 3:16, 벧후 1:21).
- 만물을 창조하신 성부, 성자, 성령의 삼위일체의 하나님(창 1-2장, 마 28:19).
- 인류의 타락한 상태와 하나님의 은혜의 필요성(창 3장, 롬 3:23).
- 그리스도의 동정녀 탄생, 완전한 신성과 완전한 인성, 그분의 무죄한 삶(사 7:14, 마 1:18-25, 눅 1:26-38, 요 1:1, 14, 8:53-58, 골 1:15-20, 히 1:3, 8, 4:15).
- 우리 죄를 위한 그리스도의 대속의 죽음과 기적적인 육체의 부활(롬 5:6-8, 고전 15:1-11, 고후 5:21, 히 9:22, 26, 요일 1:7, 9).
- 그리스도의 승천과 지금도 성령을 통해 신자들을 돌보심(요 14:12-21, 행 1:6-9, 롬 8:34, 엡 4:7-10).
- 문자 그대로 미래의 그리스도의 지상 재림(요 14:1-3, 살전 4:13-18).

고의적으로 영구히 이 정통의 중심에서 이탈한 사람들이 배교자와 이단자다.

요즘의 일부 자유주의 신학자들과 비판적인 학자들은 정통 기독교의 경계를 느슨하게 하고, 확장하며, 없애야 한다고 주장한다. 그들은 역사적인 신앙의 본질적인 진리, 곧 성도들에게 단번에 맡겨진 믿음(유 1:3)을 부인하는 가르침을 받아들이면서 그들 자신을 여전히 그리스도인이라고 부르고 싶어 한다. 다원주의와 상대주의로 기운 이런 교사들은 교회 초기 수 세기 동안 있었던 소위 '급진적인 다양성'을 의도적으로 강조한다. 그들은 믿음의 핵심 진리와 아무 관계도 없는 기독교의 다양성을 지지하는 자들을 그리스도 안에 있는 형제자매로 받아들이라고 우리에게 요구한다. 그러나 우리 시대의 진정한 그리스도인들은 이단을 묵인하거나 포용하지 않고 맞서 싸웠던 신실한 옛 성도들 편에 서야 한다.

래 모든 사실을 알고 있[음]"(1:5)을 일깨운다. 이 말은 신자들이 성령의 역사로 받은 "기름 부음"이 그들에게 '만물에 관하여' 가르친다(요일 2:27)고 한 요한의 주장을 떠올리게 한다. "거룩하신 자에게서 기름 부음을 받고 모든 것을 아[는]"(요일 2:20-21) 사람들이다.

또한 유다서 1장 5절에 "단번에"(한글 성경에는 없으나 일부 영어 성경에 표현됨.-역주)로 번역된 용어는 1장 3절에서 "성도에게 단번에 주신 믿음의 도"(밑줄 나의 강조)라고 할 때 사용된 용어와 겹친다. 이 말은 사도들이 그들에게 전한, 성경에서 말하는 믿음이 그들에게 필요한 전부라는 뜻인 것 같다. 그들은 영지주의의 새롭고 신기하고 신비적인 지식을 추구할 필요가 없다. 그들은 필요한 지혜와 지식을 얼마든지 바로 이용할 수 있다(고전 2:10-16, 엡 1:8-9, 17, 약 1:5, 3:17). 유다는 신자들이 믿음을 위해 치열하게 싸워야 하는 이유를 이 영적 지혜와 지식의 보고에서 꺼내온다.

신자들이 믿음을 위해 싸워야 하는 이유 중 하나는 배교자들의 운명이 확정되었기 때문이다(유 1:5-7). 그렇기 때문에 더 이상 피해가 커지지 않도록 막고 희생자들을 구조하는 것이 무엇보다 중요하다. 유다는 세 가지 예로 그들이 파멸할 운명이라는 주장의 근거를 제시한다.

첫 번째 예는 민수기 13-14장에 기록된 사건이다. 이스라엘 백성은 모세를 따라 애굽에서 탈출한 뒤 약속의 땅 가나안 변방에서 멈춰 섰다. 왜일까? 불신 때문이다. 그들은 자기들이 새로운 땅을 차지할 수 있다고 믿지 않았다. 그들은 주님의 지시대로 정찰꾼을 몇 명 보내 그 땅을 살펴보게 했다(민 13:1-2). 그러나 암울한 상황 앞에서 대부분의 정찰꾼은 하나님의 명령과 반대로 그 땅을 침략하는 것에 반대했다. 불순종으로 드러난 그들의 불신으로 인해 주님은 광야 세대를 심판하셨고, 그들은 그 땅에 들어가지 못했다(민 14:20-25). 유다 시대의 거짓 교사들을 향한 경고는 분명하다. 진정한 믿음이 없는 자들은 반드시 심판받을 것이다.

두 번째 예는 하나님이 심판하신 타락한 천사들과 관련이 있다. 이것은 타락한 천사들(마귀)이 알 수 없는 경로로 물리적 영역에 들어와 지상의 여인들과 동거한 창세기 6장에 나오는 사건을 가리키는 것 같다. 이 유례없이 부도덕하고 비정상적인 결합으로 "네피림"이라는 "용사" 종족이 생겨났다(창 6:1-4). 그 영향력이 두루 퍼져 악이 전 세계에 횡행하게 되었다(창 6:5). 유다 시대의 극악무도한 거짓 교사들을 향한 경고는 이번에도 분명하다. 그런 행위에 참여하는 자들은 엄중한 심판을 받을 것이다.

세 번째 예는 창세기 19장에 기록된 소돔과 고모라의 섬뜩한 사건으로 우리를 데려간다. 창세기 13장 13절에 따르면 "소돔 사람은 여호와 앞에 악하며 큰 죄인이었[다]." 창세기 18장 20절은 이렇게 말한다. "소돔과 고모라에 대한 부르짖음이 크고 그 죄악이 심히 무거우니." 하나님은 그들의 성적 타락을 묵과하지 않으시고 멸망으로 심판하셨다. 이처럼 소돔과 고모라의 심판은 그와 같은 악을 행하는 구원받지 못한 배교자들을 기다리는 "영원한 불"의 심판에 대한 하나의 원형이자 예표가 되었다. 유다 시대의 부도덕한 거짓 교사들도 이와 같은 '음란'에 빠져 있었기 때문에 비슷한 형벌이 예비되어 있었다.

그런 배교의 결과는 파멸이기 때문에 신자들은 이 거짓 교리와 악한 생활방식에 맞서 싸워야 한다. 그리고 그런 거짓 교사들에게 오도된 불신자들은 진리를 듣고 파멸로 치닫는 악한 생활방식과 영원한 심판에서 구원받을 기회를 잃게 된다.

신자들이 믿음을 위해 싸워야 하는 또 다른 이유는 배교자들의 말이 하나님을 모독하기 때문이다(유 1:8-10). 배교자들은 신성한 것에 대한 조롱과 불경스러운 태도로 불신자들뿐만 아니라 새 신자들에게도 큰 해를 끼칠 수 있다. 그들의 생각은 하나님의 계시가 아니라 자기들이 "꿈꾼" 상상에서 나온 것이다. 그들은 그것을 내세워 옳고 그른 것을 자기들 마음대로 판단한다. 그 결과는 영적인 것을 매도하고 모욕하는 것이다(1:8, 10).

1장 9절에서 유다는 독자들이 익히 알 법한 외경에 기록된 배교자들의 신성모독에 관한 이야기로 그들의 지극히 어리석은 행태를 보여준다. 이 책은 모세 승천기 또는 모세의 언약으로 알려져 있다.[6] 유다는 성경 외의 글을 인용해서 이 거짓 교사들이 빠져나갈 구멍을 남겨놓지 않는다. 성경을 끌어다 대도 그들은 심판을 받았다(1:5-7). 다른 글에서 근거를 찾으려고 해도 마찬가지로 단죄를 받았다(1:8-9). 모세의 승천에 따르면 천사장 미가엘이 모세의 시신을 장사 지내기 위해 파송되었지만, 루시퍼가 자기 것이라며 시신을 가로챘다. 미가엘은 "주께서 너를 꾸짖으시기를 원하노라"며 만유의 재판관께 이 문제를 맡겼다. 유다의 요지는 이렇다. 미가엘도 루시퍼한테 말할 때 그렇게 조심했는데 배교자들이 천사 같은 존재를 함부로 매도한 것은 얼마나 주제넘은 짓인가!

하나님을 모독하는 이 배교자들은 "그 알지 못하는 것을 비방[했다]." 여기서 "알지 못하는 것"이란 영적인 것들을 말한다. 그러나 자기들이 익숙한 것, 곧 육신의 자연적인 것은 자멸에 이르기까지 탐닉한다(1:10). 달리 말해서, 그들은 믿음으로 살지 않고 보는 것으로 산다. 배교자들은 인본주의의 나락으로 한없이 추락하면서 자기가 자기 몸의 주인이므로 마음대로 할 수 있다고 생각한다. 그들은 바울이 강조한 진리를 무시했다. "너희 몸은 너희가 하나님께로부터 받은 바 너희 가운데 계신 성령의 전인 줄을 알지 못하느냐 너희는 너희 자신의 것이 아니라 값으로 산 것이 되었으니 그런즉 너희 몸으로 하나님께 영광을 돌리라"(고전 6:19-20). 몸으로 하나님을 영화롭게 하는 대신 그들은 모든 육체적 욕구를 채우는 동물처럼 되었다.

신자들이 믿음을 위해 싸워야 하는 세 번째 이유는 배교자들의 종교가 허망하기 때문이다(유 1:11-13). 그것은 몇 가지 사소한 잘못이 있기는 해도 그럭저럭 유효한 대안이 될 수 있는 종교가 아니었다. 그들은 추종자들에게 아무것도 줄 것이 없었다. 과거에 활동한 부정적인 인물들의 예에서 볼 수 있듯이 배교자들의 오류는 각양각색이었다. 가인은 하나님의 요구를 거스르고 제멋대로 제물을 바쳤다. 제멋대로 자기가 일해서 얻은 열매(동물 제물이 아니라)를 바친 가인의 제사는 하나님께 인정받지 못했다(창 4:1-7, 히 11:4). 가인이 바친 제사는 겉보기에는 경건했지만, 그 안에는 진실한 믿음과 순종이라는 알맹이가 없었다.

이 배교자들은 탐욕에 이끌려, 주님이 막으시기 전까지 이스라엘에 대한 예언을 모압 사람들에게 팔려고 했던 "발람의 어그러진 길"로 몰려갔다(민 22장, 신 23:3-4, 느 13:1-2, 벧후 2:15-16). 그뿐 아니라 발람은 이스라엘 사람들을 음행과 우상숭배로 이끌었다(민 25:1-3, 31:15-16). 구약성경의 발람은, 교리를 왜곡해서 훼손시켰을 뿐만 아니라 사람들을 속여서 죄에 빠트렸다는 점에서 배교자들과 비슷하다.

마지막으로, 유다는 모세와 아론의 합법적인 지도력에 맞서 반란을 일으킨 레위인 고라에 대한 증언을 불러온다. 고라는 오만해져서 자기 방식대로 하나님께 다가갈 수 있다고 생각했다. 그의 주제넘은 도전 때문에 하나님은 땅을 열어 그와 그의 추종자들을 삼켜버리셨다(민 16:1-33). 마찬가지로, 유다 시대의 배교자들도 그리스도와 사도들의 권위를 거부하고 그 대신 자기들의 자아는 충족시키지만, 그 추종자들에게는 아무 구원의 능력을 제공하지 못하는 종교를 대충 꿰맞춰 제시했다.

천사 배교자들(유다서 1:6)

유다서 1장 6절에 언급된 "자기 처소를 떠난" 천사들은 누구일까? 세 가지 가능성이 있다. 첫째, 유다가 말하는 것은 사탄의 타락과 함께 발생한 최초의 천사의 타락일 수 있다(겔 28:11–19). 그러나 사탄과 그의 천사들은 지금 세상에서 자유롭게 활동하고 있는 반면에(엡 6:11–12, 벧전 5:8), 이 천사들은 "큰 날의 심판까지 영원한 결박으로 흑암에 가두셨다"(유 1:6)고 유다는 말한다.

두 번째 가능성은 최초의 사탄과 악마들의 타락 이후 어느 시점에선가 발생한 의로운 천사들의 타락을 말하는 것일 수 있다. 그러나 성경에는 천사들의 두 번째 배교에 대한 기록이 없다. 사실 사탄과 함께하지 않은 천사들은 즉각 의로운 상태로 봉인되어 그 후로는 유혹에 넘어갈 수 없게 되었다. 사도 바울은 "택하심을 받은 천사들"(딤전 5:21)을 언급하는데, 이들은 보통 사탄이 제시한 타락 시험을 통과해서 완전성이 검증된 상태로 봉인된 천사들로 해석된다. 그렇다면 유다가 말한 것이 의로운 천사들 사이에서 발생한 두 번째 변절이라는 견해는 개연성이 없다.

세 번째는 유다서 1장 6절의 범죄한 천사들이 사탄과 함께 타락했다가 나중에 다시 극악한 죄를 저질러 전에 그들에게 내려진 것보다 더 엄중한 심판을 받아야 하는 천사들을 가리킬 수 있는데, 이것이 가장 개연성 있는 해석이다. 이에 상응하는 구절인 베드로후서 2장에서 베드로는 "하나님이 범죄한 천사들을 용서하지 아니하시고 지옥에 던져 어두운 구덩이에 두어 심판 때까지 지키게 하셨[다]"(벧후 2:4)고 말한다.

유다서 1장 6절과 베드로후서 2장 4절의 내용은 1세기에 유대인과 그리스도인들 사이에서 인기가 있었던 에녹 1서라는 책에서 나온 것이다. 이 책의 저자들은 인간 여성과 동거한 천사들의 죄를 기술하면서 홍수에 관한 성경의 기록(창 6장)을 창의적으로 고쳐 썼다. 이 가증스럽고 비정상적인 범죄로 인해 그들은 어둠의 나라 속으로 던져져 심판의 날을 따로 기다리고 있다. 그날에 악한 영들은 불 속에 던져질 것이다(에녹 1서 10:6–9).[7]

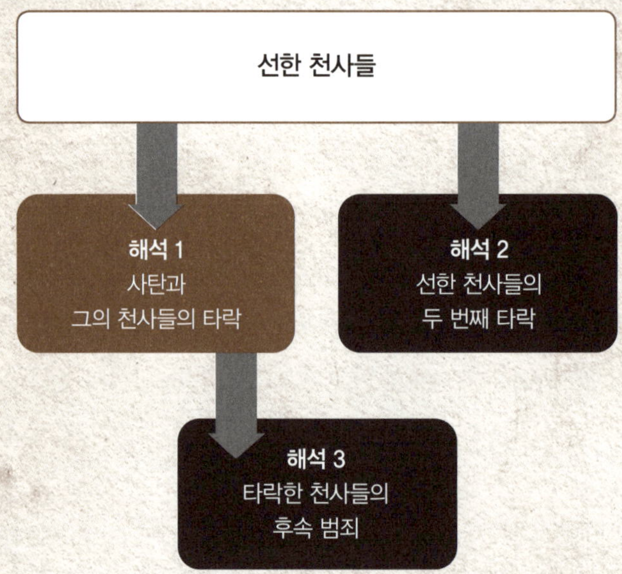

—1:12–16—

유다는 1장 5–11절에서 배교자들의 사악함을 증명하기 위해 구약성경의 긴 명단과 성경 밖 증인들까지 불러들였다. 1장 12–13절에서는 자신의 주장을 예증하기 위해 자연에서 가져온 생생한 이미지들을 장황하게 나열한다. 거짓 교사들은 마치 신도들의 공동체에 속한 진짜 일원인 양 교회의 "애찬"에 참여했지만, 사실 그들은 다른 사람들의 믿음을 난파시키려고 물 밑에 잠복해 있는 숨겨진 "암초"와 같은 존재들이었다(1:12). 그들은 교회의 창고에서 자기들의 배를 불리는 데만 열심이었지 성도들에게 소임을 다할 마음은 없었다! 그들은 자기 자신 외에 다른 사람은 안중에 없었다.

유다가 배교자들은 목마른 영혼에게 실제로 줄 것이 아무것도 없는 "물 없는 구름" 같다고 말할 때 그들이 빈탕이라는 것이 분명히 드러난다(1:12). 같은 맥락에서 이단자들은 열

"애찬"은 무엇이었는가?(유다서 1:12)

"애찬"이라는 표현은 신약성경에 딱 한 번 나온다(유 1:12). 애찬은 대개 성만찬 또는 최소한 성만찬 전이나 후에 하는, 더 규모가 큰 친목을 위한 식사로 알려졌다. "애찬"의 취지는 교회의 다양한 구성원들이 함께 음식을 나누고, 서로를 돌아보며, 연대감을 형성하기 위함이었던 듯하다. 특히 부자 교인들이 교회 안의 궁핍하고 도움이 필요한 사람들에게 온정을 베푸는 기독교의 자선(이타적 사랑) 정신을 구현하기 위해 애찬을 베풀었다. 다시 말해서, 애찬은 과부, 고아, 노숙자, 굶주린 사람들 같은 가난한 자들의 물리적 필요에 대한 명확하고 가시적인 관심의 표현이었다.

그런 식사와 함께 주님의 최후의 만찬을 기념하는 성찬식을 가졌을 수도 있지만, 이 두 가지 '식사'는 초대 교회에서 분명히 구분되었다. 한 학자는 이렇게 썼다.

> 성만찬과 애찬은 별개의 활동이었다. 성만찬은 예수님의 죽음과 부활을 기리고 선포하는 것이고, 애찬은 자비와 친교를 위한 활동이었다. 기능이 분리되는 데 시간이 걸렸기 때문에 각기 다른 용어가 보편화되는 데도 시간이 걸렸다. 하지만 활동 자체의 의미는 처음부터 명확히 구분되었다.[8]

기독교 예배 역사를 연구한 한 전문가는 이 자선 식사가 시작되었을 법한 상황을 설명한다. "공동체의 식사는 자선과 상호 원조의 구현으로, 하나의 몸 안에서 이루어지는 친교의 또 다른 측면이었다. 궁핍한 시절에 서로 돕지 않으면 살 수 없었던 상황이 자연스레 가난한 사람들을 위해 매일 식사를 제공하는 제도로 발전했을 것이다."[9]

이단자들과 배교자들이 이 애찬에 참여했던 것으로 보아(1:12) 그들은 교회가 제시하는 영적 진리에는 동의하지 않으면서 물질적인 혜택에는 적극 참여했다는 것을 알 수 있다.

매와 뿌리 없는 나무 같았다. 그들의 삶에서 성결의 흔적을 찾아볼 수 없었고, 그래서 결국 생명을 키우는 교회 사역에서 배제되었다. 이런 의미에서 그들은 "죽고 또 죽[었다]"(1:12). 유다는 그들의 파괴적인 본성을 온갖 더러운 부유 쓰레기를, 그것만 없으면 쾌적할 교회의 해변으로 밀어 올리는 바다의 거친 파도에 비유한다(1:13). 마지막으로 그들의 삶은 잠시 빛을 발하지만 방향을 알려주지 못하는 "유리하는 별들"과 같다. 그들에게 의지해 길을 찾는 사람은 누구나 파멸의 어둠 속으로 끌려 들어간다.

©Bwww.rodjonesphotography.co.uk

Public Domain/Bobanny/Wikimedia Commons

유다는 바람에 불려가는 물 없는 구름과 수확의 계절에 뿌리까지 죽어서 열매를 맺지 못한 나무 등 여러 가지 예시로 배교자들의 패악을 묘사한다.

유다는 자연에서 여러 예시를 든 뒤 유명한 외경 에녹 1서에서 따온 구절로 배교자들이 받을 심판에 대한 진술을 마무리한다. 에녹 1서 1장 9절에 사용된 강력한 언어는 이 거짓 교사들의 심판을 표현하는 데 안성맞춤이다. 그렇다면 유다는 에녹 1서 자체가 정경으로 구약성경에 포함되어야 한다고 믿었던 걸까? 리처드 보컴(Richard Bauckham)은 유다가 에녹 1서 1장 9절을 예언으로 여겼지만, "그렇다고 꼭 유다가 이 책을 정경으로 보았다는 뜻은 아니다. 예를 들어 쿰란에서는 에녹의 글과 다른 외경들을 성경의 정경에 포함시키지 않은 채로 분명한 가치를 인정했다"고 설명한다.[10] 이와 유사한 예로 사도 바울은 디도서 1장 12–13절을 쓸 때 성령의 영감을 받지 않은 그레데의 시인 에피메니데스의 말을 인용했다. "그레데인들은 항상 거짓말쟁이며 악한 짐승이며 배만 위하는 게으름뱅이라 하니 이 증언이 참되도다."[11] 유다 역시 진리를 예시하기 위해 영감을 받지는 않았어도 진리를 담고 있는 다양한 자료를 끌어다 썼다. 유다서 1장 8–9절에 나오는 모세의 승천이나 유다서 1장 14–15절의 에녹 1서 등이 그 예다.

에녹 1서의 어떤 내용이 유다의 눈에 띄어 배교자들의 행실에 적용하게 되었을까? 인용된 구절은 경건하지 않은 자들이 받을 심판의 절대성을 강조한다. 그는 이 인용문으로 앞에서부터 이어온 논의를 정리하고 마무리한다. 이 구절은 거짓 교사들에게 맞서 믿음을 지키기 위해 치열하게 싸워야 한다는 마지막 논거에 대한 '최후 변론'인 셈이다. "아담의 칠대 손 에녹이 이 사람들에 대하여도 예언하여 이르되 보라 주께서 그 수만의 거룩한 자와 함께 임하셨나니 이는 뭇 사람을 심판하사 모든 경건하지 않은 자가 경건하지 않게 행한 모든 경건하지 않은 일과 또 경건하지 않은 죄인들이 주를 거슬러 한 모든 완악한 말로 말미암아 그들을 정죄하려 하심이라 하였느니라"(1:14-15).

"경건하지 않은"이라는 말이 반복되는 것을 눈치챘는가? 이 말은 바울이 "하나님의 진노가 불의로 진리를 막는 사람들의 모든 경건하지 않음과 불의에 대하여 하늘로부터 나타나나니"라고 한 로마서 1장 18절에 나오는 것과 같은 단어다. 언젠가 그리스도는 불경한 자들을 무찌르기 위해 천군 천사를 거느리시고 영광을 입은 성도들의 행렬을 이끌고 오실 것이다. 그 심판은 아무도 피할 수 없을 것이다. 그들은 자신들이 저지른 불경한 행위와 그들의 유일한 주인이신 예수 그리스도를 거부하면서 하나님을 모욕했던 모든 말에 대해 하나도 빠짐없이 심판받을 것이다(1:15).

마지막으로 유다는 거짓 교사들을 머리끝부터 발끝까지 뒤덮고 있는 악행을 길게 나열하며 그들을 맹렬히 비난한다. 원망, 불평, 정욕, 자랑, 아첨 등으로 얼룩진 그들은 원래 되었어야 하는 모습의 정반대였다. 그들은 알면서도 의도적으로 완고하게 반항했기 때문에 언젠가는 하나님이 그들을 벌하실 것이다.

적용: 유다서 1:1-16

배교자들을 대하는 자세

유다가 방종한 배교자들의 타락상을 자세히 기술하고 파멸을 예언한 까닭은 독자에게 그들의 악행과 기만에 대해 의로운 분노의 감정을 깊이 심어주기 위해서였다. 당신에게도 효과가 있었는가? 당신은 그런 배교자들과 대결할 준비가 되어 있는가? 그보다 먼저 주의할 것은 조심해야 한다는 것이다. 조심하지 않으면 의로운 분노가 끓어올라 걷잡을 수 없는 적개심으로 변할 수 있다. 순식간에 조용한 대면이 격렬한 말싸움과 욕설로 변할 수 있다. 그러면 아무도 이기지 못한다.

어떻게 해야 냉정을 유지하면서 믿음을 위해 진지하게 싸울 수 있을까? 관건은 철저한 준비다. 어떤 논쟁이든 가장 설득력 있는 주장은 진실이다. 그러니 그것을 사용하라. 당신이 기독교 신앙의 중요한 사안에 대해 교리적으로 어느 지점에 서 있는지 알라. 또 거짓 교사들은 어느 지점에 있는지 알라. 그들이 무엇을 가르치는지 알아내라. 그들의 말을 듣고 그 함의를 분별하라. 대부분의 경우 그들은 우리와 동일한 성경과 동일한 복음을 가진 정상적인 복음주의 그리스도인과 같은 말을 할 것이다. 그러나 자세히 들어보면 그들은 용어를 우리와 다르게 정의한다는 것을 알게 될 것이다. 두려워하지 말고 분연히 일어나라. 어쩌면 당신이 어둠 속에서 유일하게 깜박이는 불꽃, 거짓에 속은 군중 속에서 유일하게 '아니오'를 외치는 목소리일지도 모른다.

거짓 교사들과 맞서 싸우는 것은 분명 쉬운 일은 아니다. 신자는 정신적(정확한 답변으로)으로도, 영적(올바른 자세로)으로도 준비되어 있어야 한다. 정신적으로 준비되어 있는 사람 중에도 그릇된 마음을 가진 사람이 간혹 있다. 영적으로 준비된 사람 중에도 틀린 답을 가진 사람이 있다. 우리는 둘 다 필요하다! 정신적으로 준비되려면 공부하고 지식을 갖추어야 한다. 영적으로 준비되려면 성숙하고 지혜로워야 한다. 이 두 가지는 모두 성령에게서 나오고(사 11:2), 그리스도가 그 전형이 되시며(골 2:1-3), 기도를 통해 하나님 아버지에게서 받는다(엡 1:17). 단번에 주어진 믿음을 위해 힘써 싸울 때 성실한 공부와 기도, 의도적인 사랑의 관여는 우리가 쓸 수 있는 양날의 검이다.

전열을 가다듬으라!(유다서 1:17-25)

17사랑하는 자들아 너희는 우리 주 예수 그리스도의 사도들이 미리 한 말을 기억하라 18그들이 너희에
게 말하기를 마지막 때에 자기의 경건하지 않은 정욕대로 행하며 조롱하는 자들이 있으리라 하였나
니 19이 사람들은 분열을 일으키는 자며 육에 속한 자며 성령이 없는 자니라 20사랑하는 자들아 너희
는 너희의 지극히 거룩한 믿음 위에 자신을 세우며 성령으로 기도하며 21하나님의 사랑 안에서 자신
을 지키며 영생에 이르도록 우리 주 예수 그리스도의 긍휼을 기다리라 22어떤 의심하는 자들을 긍휼
히 여기라 23또 어떤 자를 불에서 끌어내어 구원하라 또 어떤 자를 그 육체로 더럽힌 옷까지도 미워

하되 두려움으로 긍휼히 여기라
[24]능히 너희를 보호하사 거침이 없게 하시고 너희로 그 영광 앞에 흠이 없이 기쁨으로 서게 하실
이 [25]곧 우리 구주 홀로 하나이신 하나님께 우리 주 예수 그리스도로 말미암아 영광과 위엄과 권력과
권세가 영원 전부터 이제와 영원토록 있을지어다 아멘

1940년 히틀러가 일으킨 전쟁이 유럽을 휩쓸고 있을 때 영국 선박들은 프랑스의 덩케르크에서 독일군에게 포위되어 있던 30만 명 이상의 연합군을 구출했다. 프랑스와 영국 병사 3만 명이 죽임을 당하거나 포로로 잡혔지만, 영국 총리 윈스턴 처칠은 물러서지 않았다. 1940년 6월 4일 하원에서 그는 다음과 같은 유명한 연설을 했다.

> 우리는 끝까지 갈 것입니다. 우리는 프랑스에서 싸울 것이며, 바다와 대양에서 싸울 것입니다. 우리는 자신감과 힘을 길러 공중에서 싸울 것입니다. 어떤 대가를 치르더라도 영국을 지킬 것입니다. 우리는 해안에서 싸울 것입니다. 우리는 상륙 지점에서 싸울 것입니다. 우리는 들판과 거리에서 싸울 것입니다. 우리는 언덕에서 싸울 것입니다. 우리는 결코 항복하지 않을 것입니다![12]

처칠의 이 연설과 다른 많은 감동적인 연설은 전쟁으로 피폐해진 국가와 위기에 처한 군대의 결의를 다지는 데 도움이 되었다. 또한 절망 가운데 희망을, 의심 가운데 확신을, 점점 약해지는 투지에 새로운 활력을 불어넣었다.

유다는 이와 비슷한 결의와 결단으로 독자에게 "믿음의 도를 위하여 힘써 싸우라"(유 1:3)고 강권했다. 지금, 이단이 우리의 해안으로 밀려오고 있다. 지금까지 지켜온 진리와 도덕은 위기에 처했다. 유다는 편지 말미에 거짓 교사들의 맹공에 분연히 맞서 싸우고 있는 믿음의 용사들에게 마지막 호소를 한다. 자기 독자들이 영적 희생자가 될지 모른다는 걱정에 그는 영적 무기를 집어들고 반격하라고 외친다. 이를 위해 유다는 편지의 마지막 구절에서 다섯 가지 명령으로 독자의 용기를 북돋운다. 기억하라(1:17-19), 지키라(1:20-21), 설득하라(1:22), 구원하라(1:23), 긍휼히 여기라!(1:23)

1세기 이후로 분명 상황이 변했지만, 더 광범위한 쟁점은 변함이 없다. 수많은 그리스

도의 원수들이 교회 안팎에 숨어서 우리의 믿음을 공격할 기회를 노리고 있다. 그래서 일단 진리의 보호 갑주를 입었으면 우리 주위 사람들을 위해서 행동을 개시해야 한다.

—1:17-19—

사도 베드로는 생의 말년인 AD 66년경 로마에서 소아시아의 그리스도인들에게 쓴 편지에서 다음과 같이 경고했다. "말세에 조롱하는 자들이 [올 것이다]"(벧후 3:3). 그의 관점에서 볼 때 이 진술은 예언적이었다. 그렇다. 거짓 선지자들은 진즉에 나타나 사도들에게 반기를 들고 날조된 교리를 제시하기 시작했다. 이미 많은 신자가 믿음을 버리고, 이단, 정욕, 탐욕으로 오도되고 있었다. 그러나 베드로의 말에 따르면 이들은 앞으로 올 더 큰 위협의 전조에 불과했다. 멀리서 번개가 치고 천둥이 울리면 폭풍이 다가오는 것을 알듯이 베드로 시대의 거짓 교사들은 장차 거짓 선지자들이 홍수처럼 밀어닥칠 것에 대한 전조였다. 그들은 가차 없이 믿음이 약한 자들을 쓸어버리겠다고 위협할 것이다. 베드로가 조롱하는 자들에 대한 예언적 경고를 했는데도 불구하고 10년이 채 안 되어 이런 조롱하는 자들의 첫 물결이 벌써 밀려들기 시작했다. 실제로 유다서 1장 17-19절은 베드로의 예언(그리고 간접적으로 예수님과 다른 사도들의 경고)을 직접 언급하고 있는 것으로 보인다. 유다는 독자에게 다음과 같이 말한다. "사랑하는 자들아 너희는 우리 주 예수 그리스도의 사도들이 미리 한 말을 기억하라"(1:17). 이 구절이 독자에게 주는 다섯 가지 명령 중 첫 번째 명령이다. 신약성경에 기록된 것처럼 사도들은 마지막 때에 분명히 출현할 거짓 교사들에 대해 경고했다(행 20:28-30, 딤전 4:1-2, 벧후 3:3-4). 우리가 마음을 다잡고 홍수에 대비하면 사악한 거짓 교사들이 밀물처럼 우리 교회에 밀려와도 휩쓸리지 않을 수 있다. 이어서 1장 18-19절에서 유다는 배교자들을 식별하는 다섯 가지 특징을 알려준다.

첫째, 그들은 냉소적으로 쏘아붙이고 반대 의견을 제시하면서 조롱하는 자들이다. 그들은 기독교의 전통 신앙과 도덕성을 놀리고, 조롱하며, 비웃는다. 그들은 성경의 진리를 교묘히 피해서 제멋대로 믿고 싶은 것만 믿고, 하고 싶은 것만 하면서 산다.

이것은 배교자들의 두 번째 특징과 연결된다. 그들은 부도덕해서 "자기의 경건하지 않은 정욕대로 행[한다]"(1:18). 타락한 신학은 거의 예외 없이 도덕성도 타락시킨다. 배교자들이 일단 하나님 말씀의 안전벨트를 벗어버리면 타락의 나락으로 급강하해서 파멸로 치닫는다.

그런 조롱과 부도덕의 여파는 절대 개인에게만 국한되지 않고 교회에도 영향을 미친다. 배교자들의 세 번째 특징은 분열을 조장하는 것이다. 그들은 교회 안의 합법적인 지도층의 권위를 부정하고(참조. 1:8, 11), 공동체에 불화의 씨앗을 뿌려 분열을 일으킨다(1:12).

넷째, 그들은 "육에 속한 자"(1:19)이며, 마음을 "위의 것"(골 3:2)에 두지 않는다. "육에 속한"으로 번역된 *psychikos*(5591)는 바울이 "육에 속한 사람은 하나님의 성령의 일들을 받지 아니하나니 이는 그것들이 그에게는 어리석게 보임이요"(고전 2:14)라며 육에 속한 사람을 묘사할 때도 사용했다. 또 유다의 형제 야고보도 시기, 이기적인 야망, 오만의 뿌리인 속된 마음을 언급하면서 그것이 "땅 위의 것이요 정욕의 것이요 귀신의 것"(약 3:14-15)이라고 명시했다. 따라서 배교자들의 네 번째 특징은 세속적이고 본능적인 욕구의 지배를 받는 것이다.

마지막으로, 배교자들의 다섯 번째 특징은 "성령이 없[다]"(유 1:19)는 것이다. 바울이 분명히 가르쳤듯이, 참된 신자는 성령이 없을 수 없다. "누구든지 그리스도의 영이 없으면 그리스도의 사람이 아니라"(롬 8:9). 그들 안에 성령이 내주하시지 않는다는 증거는 앞의 네 가지 특징에서 드러난다. 그러나 거짓 신자도 한동안은 속일 수 있다. 이 배교자들이 회개하지 않고 계속 이단적 주장과 패역을 행하는 것 자체가 그들에게 성령이 없다는 증거다.

—1:20-21—

두 번째 명령에서 유다는 하나님의 사랑 안에서 그들 자신을 지키라고 지시한다(유 1:20-21). 그러면서 세 개의 현재 분사 구문으로 그 방법을 제시한다. 세우기, 기도하기, 기다리기.

1:20-21에 전개된 유다의 논리	
무엇을 해야 하는가	어떻게 해야 하는가
"하나님의 사랑 안에서 자신을 지키며"(1:21).	"지극히 거룩한 믿음 위에 자신을 세우며"(1:20). "성령으로 기도하며"(1:20). "영생에 이르도록 우리 주 예수 그리스도의 긍휼을 기다리라"(1:21).

이 명령은 요한복음 15장 9절에 기록된 예수님의 명령을 떠올리게 한다. "아버지께서 나를 사랑하신 것 같이 나도 너희를 사랑하였으니 나의 사랑 안에 거하라." 우리 자신을 하나님의 사랑 안에 지킨다는 것은 그리스도 안에 거해서 그분의 사랑이 우리를 통해 흐르게 한다는 것이다. 우리는 그분을 떠나서 아무것도 할 수 없다(요 15:5). 유다는 전적으로 우리 힘으로 우리의 구원을 유지해야 한다는 신학을 내세우고 있는 것이 아니다. 앞에서 그는 그의 독자들이 "본래 모든 사실을 알고 있[음]"(유 1:5)을 상기시켰다. 이제 그는 그들이 넘어지지 않게 "보호하실" 분은 하나님이시라는 확언으로 편지를 마칠 것이다(1:24). 그래서 1장 21절에서 유다가 그들에게 "하나님의 사랑 안에서 자신을 지키[라]"고 명령할 때 그것은 우리가 하나님의 은혜에 기대고 그분이 주시는 능력에 전적으로 의지해야만 가능하다는 사실을 이해해야 한다.

그렇다면 우리는 어떻게 그분께 의지하고 믿음으로 행하면서 우리의 삶에서 그분의 사랑을 키울 수 있는가? 첫째, 믿음 위에 우리 자신을 세워야 한다(1:20). 1장 3절에서와 마찬가지로 유다가 염두에 두고 있는 것은 믿음의 주관적 요소(우리의 믿음)가 아니라 믿음의 객관적 내용("성도에게 단번에 주신 믿음의 도")이다. 믿음 위에 서려면 성령과 신앙의 교리를 공부하고, 훈련받고 신뢰할 수 있는 교사들의 지도를 받으며, 수 세기에 걸쳐 계승된 교리를 굳게 지켜야 한다. 우리가 믿음에 대해 배우면서 자양분과 힘을 얻으면 그분과 다른 사람들을 향한 우리의 사랑도 커질 것이다.

둘째, 우리는 성령으로 기도함으로써 하나님의 사랑 안에서 스스로를 지킨다(1:20). 이것은 무슨 의미인가? 한 주석가는 그것을 "우리의 힘과 지혜에 의존하지 않고 그분과의 교감과 그분의 능력 안에서" 기도하는 것으로 정의한다.[13] 다시 말해서, 우리의 연약함을 인정하고 "오직 성령이 말할 수 없는 탄식으로 우리를 위하여 친히 간구하시느니라…성령이 하나님의 뜻대로 성도를 위하여 간구하심"(롬 8:26-27)을 알고 전적으로 성령을 의지해서 기도해야 한다. 우리의 기도는 우리의 연약함에서 시작해 하나님의 강함으로 끝난다. 우리는 아무것도 가진 것 없이 시작하지만, 그분이 모든 것을 주신다. 우리는 빈손으로 오지만, 그분이 채우신다. 성령의 능력으로 기도하는 것은 하나님의 사랑 안에서 스스로를 지키는 핵심 요소다.

셋째, 우리는 그리스도의 재림을 열렬히 사모하고 기다림으로써 하나님의 사랑 안에서 스스로를 지킨다(유 1:21). 교리적 오류의 폭풍과 걷잡을 수 없는 패역의 홍수가 세상에 범람할지라도 우리는 모든 것을 바로잡아주실 그리스도의 재림을 바라보며 그 소망 안에서 당당하다. 언젠가 그분은 큰 자비로 하늘에서 내려와 죽은 자들을 살리시고, 살아 있는 자들을 영생에 적합한 영광스러운 상태로 변화시키실 것이다(살전 4:16–17). 이 소망을 늘 품고 있으면 우리는 두려움에서 벗어나 어떤 어려움이 닥쳐도 맞닥칠 준비가 될 것이다. 그리고 이 소망이 우리의 믿음을 공고히 해주고, 그 영광의 날까지 하나님의 사랑 안에서 우리 자신을 지킬 수 있도록 도와줄 것이다.

—1:22–23—

유다의 셋째, 넷째, 다섯째 명령은 신자들이 배교자들에게 상처받은 사람들을 치유하는 방법과 관련이 있다. 어쩌면 그들은 배교자들의 거짓 교리와 파괴적인 행태에 일부분 휘말렸을 것이다. 이 영적 전쟁의 희생자들은 배제되고, 차단되며, 매장되어야 할까? 1장 22–23절에서 유다는 각각 다른 방법으로 치료받아야 할 세 집단을 언급한다. 의심하는 사람들, 불에서 끌어내야 할 사람들, 육신의 정욕으로 더럽혀진 사람들이다.

첫 번째 범주인 의심하는 사람들에 대해서는 1세기에 유다가 쓴 원문에 의문점이 있다.[14] 일부 고대 사본에는 1장 22절의 "긍휼히 여기다"라는 동사가 "설득하다"로 나온다. 어느 쪽이 맞는지 논란이 있을 수 있지만, 나는 유다가 1장 22–23절에서 두 개의 같은 명령 중간에 다른 명령("긍휼히 여기라…구원하라…긍휼히 여기라")을 쓴 것이 아니라 원래 세 개의 명령("설득하라…구원하라…긍휼히 여기라")을 명시했다고 생각한다. 그 편이 세 개씩 묶어 쓰는 유다 고유의 스타일에 더 잘 맞기 때문이다. 내 생각이 맞다면 이 구절은 이렇게 읽힌다. "그리고 어떤 의심하는 자들을, 설득하라"(1:22–23). 그러면 이 구절은 세 가지 범주와 세 가지 명령으로 구성된다.

그러면 신자들을 향한 세 번째 명령은 "어떤 의심하는 자들을 설득하라"(1:22)가 된다. 일부 신자는 진리를 선포하는 사람들과 그것을 왜곡하는 사람들 사이에 끼어 있다. 그렇게 거짓에 속아 믿음이 흔들리는 사람들과 함께하는 믿음의 싸움이란 의심하는 자들에게 올바른 길이 무엇인지 분별하게 하고 그릇된 길을 논박하는 것이다. 이는 오랜 인내의 가르

유다서의 트리오

- 부르심을 받은 자, 사랑을 얻은 자, 지키심을 받은 자(1:1).
- 긍휼, 평강, 사랑(1:2).
- 출애굽한 뒤 믿지 아니하는 자들, 홍수 전에 자기 처소를 떠난 천사들, 심판 전의 소돔과 고모라(1:5-7).
- 육체를 더럽힘, 권위를 업신여김, 영광을 비방함(1:8).
- 가인의 길, 발람의 어그러진 길, 고라의 패역(1:11).
- 분열을 일으킴, 육에 속함, 성령이 없음(1:19).
- 기도하라, 지키라, 기다리라(1:20-21).
- 설득하라, 구원하라, 긍휼히 여기라(1:22-23).

침, 기도가 담긴 소통, 성경적, 신학적, 역사적 사실을 있는 그대로 제시하는 많은 대화를 의미한다. 이 과정은 많은 기도와 시간과 에너지를 필요로 한다. 그러나 의심하는 자들의 믿음이 굳게 선다면 이런 수고는 얼마든지 할 가치가 있다.

네 번째 명령은 "또 어떤 자를 불에서 끌어내어 구원하라"(1:23)이다. 많은 사람이 이 명령과 다음 명령이 스가랴 3장 1-4절을 언급한 것이라고 본다. 스가랴서의 구절에서 스룹바벨 시대의 대제사장 여호수아는, 심판의 장소에서 끌려나와 순전히 하나님의 은혜로 영광의 자리에 올랐다는 뜻에서 "불에서 꺼낸 그슬린 나무"(슥 3:2)로 불렸다.

이 명령에 나오는 사람은 유다서 1장 22절처럼 배교를 망설이고 있는 의심하는 자들이 아니라 이미 속임수에 넘어간 사람들이다. 그래도 아직 시간이 있다. 그들은 아직 불이 붙지는 않았다. 하지만 그들을 구출하려면 신속하고 단호한 조치가 필요하다. 유다의 형제 야고보도 이와 비슷한 권고를 했다. "내 형제들아 너희 중에 미혹되어 진리를 떠난 자를 누가 돌아서게 하면 너희가 알 것은 죄인을 미혹된 길에서 돌아서게 하는 자가 그의 영혼을 사망에서 구원할 것이며 허다한 죄를 덮을 것임이라"(약 5:19-21). 변절자라고 경멸하거나 돌을 던지기보다는 거짓의 불길 속에서 그들을 구해낼 방법을 모색해야 한다.

유다의 다섯 번째 명령은 어떤 자들을 불쌍히 여기라는 것이다(유 1:23). 여기서 말하는 어떤 자들은 가장 극단적인 경우, 즉 죄로 완전히 오염되어 구조 활동을 하는 사람들까지 위험에 빠트리는 사람들을 말하는 듯하다. 바울 역시 그런 자들이 복귀할 경우의 위험성과 그 과정에서 신중해야 할 필요성을 암시한다. "형제들아 사람이 만일 무슨 범죄한 일이 드러나거든 신령한 너희는 온유한 심령으로 그러한 자를 바로잡고 너 자신을 살펴보아 너도 시험을 받을까 두려워하라"(갈 6:1). 죄에 완전히 빠진 사람들을 구하는 것이 위험하더라도,

우리는 "육체로 더럽힌 옷"과 그 옷을 입고 있는 사람들을 구별해야 할 소임이 있다. 이 역시 스가랴 3장에서 죄로 더럽혀진 대제사장의 옷을 벗기고 정갈한 "아름다운 옷"으로 갈아입히는 이미지를 차용한 것이다(슥 3:4). 이 비유는 회개를 통해 정결해지는 것을 나타낸다. 하나님은 회개하는 자를 멸망에서 구원하시고 용서와 의의 관을 씌우신다. 유다는 그렇게 심각한 경우에도 여전히 구속의 희망이 있다고 말한다.

—1:24-25—

유다의 마지막 축도는 현재 벌어지고 있는 전투와 앞으로 일어날 전투에서 하나님이 보호하실 것을 알린다. 우리를 보호하시는 하나님의 은혜를 구하는 이 장엄한 기도는 우리를 지키기 위해 단번에 주신 믿음의 도를 위하여 우리가 힘써 싸울 때 당당하게 나설 수 있는 힘을 줄 것이다(유 1:3). 유다는 싸울 수 있는 힘은 우리 자신이 아니라 하나님에게서 온다고 단언한다. 하나님은 우리가 넘어지지 않게 지켜주실 수 있다. "넘어지지 않게 지켜주다"(1:24, 현대인의 성경)라는 뜻의 헬라어 *aptaistos*(679)는 발디딤이 정확해서 잘 넘어지지 않는 말을 묘사할 때 쓰였다.[15] 그렇다, 그 길은 위험하다. 그러나 우리가 주 예수님께 우리 삶의 고삐를 넘겨드리면 주님이 여기저기 널려 있는 유혹의 바위를 피해 순결을 지킬 수 있는 확실한 길로 인도하실 것이다.

그러나 하나님이 당신을 믿는 사람들을 위해 하실 수 있고 또 기꺼이 하시는 일은 그뿐만이 아니다. 하나님은 우리가 이 세상에 사는 동안 우리를 보호하시고 우리의 최종 목적지—"그 영광 앞에 흠이 없이 기쁨으로 서게 하실"(1:24)—까지 안전하게 인도하실 수 있다. 어떻게 그렇게 될까? 우리의 힘을 다해서 선한 일을 충분히 이루거나 견뎌내기 위해 온 힘을 쥐어짜서? 아니다. 그것은 그리스도의 속죄라는 튼튼한 토대와 성령의 보호하시는 사역을 통해서 이루어진다. 하나님이 우리의 구세주이시니 우리는 두려울 것이 없다.

이 세상에서 영광에 이르기까지 우리를 보호하시겠다는 위대한 약속이 있으니 유다의 장려한 편지가 벅차오르는 찬양의 송영으로 끝나는 것은 당연하다. "곧 우리 구주 홀로 하나이신 하나님께 우리 주 예수 그리스도로 말미암아 영광과 위엄과 권력과 권세가 영원 전부터 이제와 영원토록 있을지어다 아멘"(1:25).

적용: 유다서 1:17-25

배교자들을 대하는 바람직한 자세

예수님의 동생은 배교자들에 대한 간략하지만 강력한 논쟁과 믿음을 위한 싸움을 변증하면서 거짓 가르침의 실체를 가차 없이 폭로하고, 싸움에 대비하는 여러 가지 방법을 설명하며, 거짓에 속아서 그릇된 길로 간 사람들을 끌어오는 방법을 설명했다. 영적 전쟁에서 부상당하거나, 두려움과 의심으로 마비되거나, 전투에서 입은 외상으로 망연자실한 동료 신자를 돕는 방법을 집중적으로 살펴보며 유다서를 숙독한 내용을 정리해보자. 우리는 거짓 교사들의 주장으로 믿음이 약해지거나 의심의 씨앗이 환멸의 싹을 틔운 사람들을 어떻게 돌볼 수 있는가? 우리가 믿음이 흔들리고 있는 형제자매들을 구하려고 할 때 도움이 될 몇 가지 실제적인 절차가 있다.

첫째, 그 사람의 말을 들으라. 그들을 피하거나 회피하지 말라. 그들이 왜 의심하게 되었는지 정확히 파악하라. 그들은 거짓의 땅에 허위의 씨앗이 뿌려지는 것보다 더한 일을 겪었을지도 모른다. 사실 이런 씨앗들이 뿌리를 내릴 수 있는 이유는 더 뿌리 깊은 문제들이 토양에 양분을 공급하기 때문이다. 그 사람은 고난이나 상실로 믿음이 흔들리는 고비를 힘들게 헤쳐나온 경험이 있는가? 교회 안에서 영적 권위자의 도덕적 타락을 목도하거나 영적, 정서적, 육체적 위기 가운데 있을 때 이해받지 못하고 소외되었던 상처가 있는가? 이해심을 갖고 더 깊은 문제를 살펴보라.

둘째, 그들과 계속 연락하고 정기적으로 만나라. 한 현자가 이런 말을 했다. "얼마나 많이 아는가보다 얼마나 남을 배려하는가가 중요하다." 윽박지르지도 말고 은혜를 베푸는 듯한 태도를 취하지도 말라. 허심탄회한 자세로 시간을 들여 관계를 쌓으라. 당신이 그들을 사랑과 존경으로 대하면서 이런 문제들에 대한 그들의 속 깊은 갈등을 이해하고 그들의 무거운 짐을 나누어 지기 위해 시간을 투자하면 그 사람의 삶에 변화를 가져올 가능성이 훨씬 크다.

셋째, 외부 전문가의 도움을 받아 문제에 접근하라. 정서적 또는 도덕적 문제의 경우 그런 문제를 다루는 목회 상담가나 자격을 갖춘 기독교 상담가를 찾으라. 담임 목사나 다른 교회 지도자에게 조언을 구하라. 때로는 그 사람에 대한 관심을 이 정도 보여주는 것만으로도 큰 도움이 된다. 문제가 지적인 것이라면 지적인 필요를 채워주는 자료를 찾으라. 당신이 도우려는 사람과 당신 자신을 위해 사본을 두 벌 준비하고, 그 사람이 원하면 직접 만나 쟁점을 토론하라. 그들과 보조를 맞추고, 그들을 낮은 사람 대하듯이 말하지 말며, 은혜를 몸소 실천하라.

끝으로 몇 번 만난 뒤 그 사람의 마음에 변화가 없는 것이 보일 수도 있다. 또는 진리에 대해 마음이 더 완고해질 수도 있다. 그럴 경우에는 그 사람에게 강력히 경고하고 회개할 것을 호소해야 한다(약 5:19-20). 그 사람을 보살필 다른 친구들의 도움이 필요할 수도 있다. 당신 친구가 계속 완강히 저항하거나 당신의 개입을 거부한다면 "두려움으로 긍휼히"(유 1:23) 여겨야 한다. 다시 말해서, 계속 사랑을 보여주고 기도하면서 주님이 그들을 돌보시고 훈계하시도록 의탁하라.

당신은 당신의 형제자매를 지키는 자다. 그들을 궁극적으로 지키시는 분은 하나님이시지만(1:24), 그분은 자기 자녀들을 사용해서 서로 책임지게 하시므로 중보적인 의미에서 그렇다. 우리 각 사람은 그리스도인 형제자매들의 영적 안전을 책임져야 한다. 우리는 또 그들이 기만당할 위험에 처했을 때 개입할 책임이 있다. 당신은 사탄의 달콤한 꼬임에 넘어가 그릇된 길로 빠진 사람을 돕고 싶은 마음이 들었던 적이 있는가? 오늘 하나님이 당신이 가는 길 위에 누군가를 두셨는가? 그렇다면 지체하지 말라. 그에게 달려가 당장 도우라!

주

1. Edward C. Pentecost, "Jude", 출전: *The Bible Knowledge Commentary: An Exposition of the Scriptures*, John F. Walvoord and Roy B. Zuck 편집, 제2권(Wheaton, IL: Victor Books, 1985), 919.
2. William Barclay, *The Letters of John and Jude*, The New Daily Study Bible, 제3판(Louisville: Westminster John Knox, 2002), 204-205.
3. Bauer 외, *Greek-English Lexicon*, 141.
4. Millard J. Erickson, *Christian Theology*, 재판(Grand Rapids: Baker, 1998), 1197.
5. Michael Green, *The Second Epistle General of Peter and the General Epistle of Jude: An Introduction and Commentary*, The Tyndale New Testament Commentaries(Grand Rapids: Eerdmans, 1968), 181.
6. Richard J. Bauckham, *Jude, 2 Peter*, Word Biblical Commentary, 제50권(Waco, TX: Word Books, 1983), 65-76쪽을 보라.
7. 베드로후서 2장 4절의 대구를 보라. 또 창세기 6장에 대한 더 깊이 있는 주해를 보고 싶으면 Charles R. Swindoll, *Swindoll's Living Insights New Testament Commentary*, 제13권, *James, 1 & 2 Peter*(Carol Stream, IL: Tyndale House, 2014), 267-269쪽에 나오는 베드로전서 3장 19-20절에 대한 나의 해설을 보라. (『찰스 스윈돌의 신약 인사이트: 야고보서, 베드로전·후서』 디모데 역간)
8. Everett Ferguson, "Lord's Supper and Love Feast", *Christian Studies* 21(2005-2006): 35.
9. Marcel Metzger, *History of the Liturgy: The Major Stages*, Madeleine M. Beaumont 편집(Collegeville, MN: Liturgical Press, 1997), 21-22.
10. Bauckham, *Jude, 2 Peter*, 96.
11. Pentecost, "Jude", 922쪽을 보라.
12. Sir Winston Churchill, *Bartlett's Familiar Quotations*, 제16판, Justin Kaplan 편집(Boston: Little, Brown and Company, 1992), 620에서 인용.
13. G. F. C. Fronmuller, "The Epistle General of Jude", in *Commentary on the Holy Scriptures: Critical, Doctrinal, and Homiletical*, John Peter Lange 편집, J. Isidor Mombert 번역, 신판(Grand Rapids: Zondervan, 1976), 29.
14. Bruce M. Metzger, *A Textual Commentary on the Greek New Testament*, 재판(London: United Bible Societies, 1994), 658-659쪽의 해설을 보라.
15. Michael Green, *Peter and Jude*, 190.

찰스 스윈돌의 신약 인사이트 시리즈

요한일·이·삼서, 유다서

1쇄 발행 2021년 5월 25일

지은이 찰스 스윈돌
옮긴이 김희수
펴낸이 고종율

펴낸곳 주) 도서출판 디모데 〈파이디온 선교회 출판 사역 기관〉
등록 2005년 6월 16일 제 319 – 2005 – 24호
주소 서울특별시 서초구 서초대로 141–25(방배동, 세일빌딩 8층)
전화 마케팅실 070) 4018–4141
팩스 마케팅실 031) 902–7795
홈페이지 www.timothybook.com

값 22,000원
ISBN 978–89–388–1674–0 04230
ISBN 978–89–388–1499–9 (세트)